U0595742

榜样

对话郑州大学MBA、EMBA

影响力人物

第一辑

主编 ◎ 罗敬党　王海杰

郑州大学出版社
·郑州·

图书在版编目（CIP）数据

榜样：对话郑州大学 MBA、EMBA 影响力人物·第一辑／罗敬党，王海杰主编. — 郑州：郑州大学出版社，2020.11（2024.6 重印）
ISBN 978-7-5645-7520-5

Ⅰ.①榜… Ⅱ.①罗…②王… Ⅲ.①郑州大学 - 校友 - 生平事迹 Ⅳ.①K820.7

中国版本图书馆 CIP 数据核字（2020）第 224219 号

榜样：对话郑州大学 MBA、EMBA 影响力人物·第一辑
BANGYANG DUIHUA ZHENGZHOU DAXUE MBA EMBA YINGXIANGLI
RENWU DIYIJI

策划编辑	孙保营　王卫疆	封面设计	苏永生
责任编辑	胥丽光	版式设计	凌　青
责任校对	吴　静	责任监制	李瑞卿

出版发行	郑州大学出版社	地　　址	郑州市大学路 40 号（450052）
出版人	孙保营	网　　址	http://www.zzup.cn
经　销	全国新华书店	发行电话	0371-66966070
印　刷	廊坊市印艺阁数字科技有限公司		
开　本	710 mm×1 010 mm　1 / 16		
印　张	18.75	字　　数	357 千字
版　次	2020 年 11 月第 1 版	印　　次	2024 年 6 月第 2 次印刷

| 书　号 | ISBN 978-7-5645-7520-5 | 定　价 | 118.00 元 |

作者名单

（按姓氏笔画排序）

主　编：罗敬党　王海杰
副主编：成　光　乔景亮　李占彪　郅英武
　　　　罗会军　段钢岭　梁文辉
编　委：王海杰　成　光　乔景亮　李占彪
　　　　余　白　郅英武　罗会军　罗敬党
　　　　段钢岭　梁文辉

郑州大学商学院 MBA 校友会
成员名单

（按姓氏笔画排序）

会　　　长：罗会军

常务副会长：乔景亮

副　会　长：刘军海　　李　倩　　李小军　　李红阳
　　　　　　　杨超锋　　张　勇　　张楸枫　　陈　波
　　　　　　　周永清　　夏　辉　　涂志澍　　梁　奇
　　　　　　　黎世民

秘　书　长：梁文辉

副秘书长：王志豪　　刘海源　　阮肇民　　孙连才
　　　　　　　孙国英　　苏卫平　　杨　帅　　张　鹏
　　　　　　　张永刚　　张召亮　　陈酉宜　　金彦辉
　　　　　　　周　娜　　赵汉章　　赵江流　　高　扬

郑州大学商学院 EMBA 校友会
成员名单

（按姓氏笔画排序）

会　　　长：成　光

常务副会长：段钢岭

副　会　长：王永庆　　仇顺林　　孔令华　　冯献辉
　　　　　　任俊杰　　刘　珂　　李　松　　杨　松
　　　　　　吴继忠　　张志勇　　张宗涛　　陈　坚
　　　　　　陈战军　　曹相学　　崔红旗　　薛少卿

秘　书　长：郅英武

副秘书长：于长伟　　王彩华　　刘　磊　　李新伟
　　　　　　杨玲玲　　忻　晖　　张芝豪　　张爱勋
　　　　　　张常贤　　耿晓丽　　徐凤霞　　翁延章
　　　　　　程　勇　　魏成勇

序

　　《榜样——对话郑州大学 MBA、EMBA 影响力人物·第一辑》(以下简称《榜样》)是一部既具纪念意义,又有启示价值的著作。她倾注了校友们的热忱,也寄托着母校的期望和自豪。本书由郑州大学商学院 MBA、EMBA 校友会发起,2020 年年初开始策划筹备,6 月 19 日正式成立编委会,7 月 1 日起向郑州大学商学院 MBA、EMBA 校友征稿,并邀请有关领导专家参与编写讨论,对稿件进行修改润色。《榜样》于 2020 年岁尾出版,恰可作为校友们献给母校的一份厚礼。

　　2020 年,恰逢郑州大学合校 20 周年和郑大商学院成立 40 周年庆典之际。哺华育英数十载,桃李芬芳满中原,迄今从郑州大学商学院已走出 5000 多位 MBA/EMBA 校友,他们活跃和奋斗在各行各业中,求是担当、求真善为,成为推动国家和区域经济、社会、文化发展的一支重要力量,也是新豫商精神的铸就者和传承者。在校庆、院庆之时,以结集成书方式向母校汇报成绩并表达感恩之意,并将此作为校友们忆念和交流的一种方式,有其十分有益的价值。她可以记录郑州大学商学院教学成果,宣传优秀校友代表的创业奋斗故事,激励更多的毕业生、在校生乃至奋斗路上的众多追梦人,不忘初心、砥砺前行,用奋斗去书写辉煌灿烂的人生。

　　本书旨在以"榜样"为鉴,知为商之态,明经商之道,通过宣传杰出校友的奋斗故事,给更多人以精神鼓舞与实践启示。所展示的是:榜样就在你我身边,而且,每个不懈奋斗的人都可以成为他人学习和效仿的榜样。2020年,出版《榜样》的第一辑,未来几年,我们还将继续编写第二辑、第三辑,持续努力,争取每年都有新一辑的《榜样》与读者见面,让郑州大学商学院更多MBA、EMBA 优秀学员的精彩故事,形成"榜样"的群体形象,辐射、鞭策、激励更多郑大人;让广大郑州大学商学院 MBA、EMBA 毕业生、在校生都以自己的事迹和文章能入选《榜样》而骄傲。可以期待,《榜样》的出版将激励更多学生和校友,志存高远、奋发图强,不断拓展人生宽度与深度,在更大舞台实现事业梦想。

　　本辑《榜样》，择取了29位优秀校友的故事。今天，他们已经功成名就、叱咤风云，有的已经成为身家过亿的企业家，而只有细细品读他们的文章，才能真正了解他们所经历过的艰辛和成功的不易。他们中有的人早年辍学，靠卖鸡蛋谋生，才走出创业第一步；有的人少时家贫，常以红薯充饥，以至于现在还会"见薯色变"；有的人饱受挫折、备尝坎坷，曾患上抑郁症，甚至一度有轻生的念头；有的人为了筹措资金，不惜卖掉全部家产……正应了那句话，"天将降大任于斯人也，必先苦其心志，劳其筋骨，饿其体肤，空乏其身，行拂乱其所为……"。所以，《榜样》不仅仅是一本人物传记，更是一本励志书籍，能够给迷茫中的创业者、奋斗者更多精神上的能量与助力。

　　《榜样》在很大程度上也是一本关于商业实操和企业管理的"商场兵书"。29位行业榜样，29段波澜壮阔的人生，读者可以从他们的经历中了解到上百种行业洞察、经营管理、为人处世、化解危机的方法与智慧。如果读者能感悟或者学习到一些对工作生活有用的经验技巧，那也将使本书编委会倍感欣慰。

　　2020年，突如其来的新冠疫情骤然按下了经济发展的"暂停键"，错综复杂的国际形势让世界进入"百年未有之大变局"。中国经济发展需要有更多有胆识的企业领袖弄潮搏浪，我们的社会也需要更多乐观积极的精神力量为前行中的人们拨开迷雾，散播光明。相信《榜样》的出版，可以为前进中的中国、腾飞起的河南增添一份积极进取的精神力量。

金榕

2020年11月18日

前言

2000 年 7 月,原郑州大学、郑州工业大学和河南医科大学三校组建的新郑州大学成立;2017 年 9 月,郑州大学进入世界一流大学建设高校序列;2018 年 2 月,郑州大学成为部省合作共建高校。栉风沐雨几十载,郑大人始终秉持"求是担当"的校训,"笃信仁厚,慎思勤勉"的校风,扎根河南、立足中原、面向全国、放眼世界,强力推进一流大学建设,切实发挥文化引领、人才支撑、科技支持作用,为全面建成小康社会、实现中原崛起与中华民族伟大复兴不断做出新的贡献。

郑州大学 MBA 教育是 2000 年经国务院学位委员会批准的全国第四批MBA 培养项目,2009 年学校成为河南省第一家 EMBA 培养单位。凭借一流的师资队伍、科学的培养模式、完善的教学设施、规范的教学管理、舒适的学习环境和强大的人脉资源,以及"锻造行业领袖,助推学员成功"的使命,郑州大学 MBA/EMBA 教育树立了良好的品牌形象,获得了较高的办学声誉。目前已培养五千余位 MBA、EMBA 校友,他们广泛分布于金融、教育、制造、科技和信息服务等行业,任职于党政机关、国有企业、民营企业和各类社会组织,成为推动国家和区域经济、社会、文化发展,传播商业文明的重要力量。

为进一步提升郑州大学 MBA 的影响力和美誉度,彰显郑州大学 MBA校友服务国家、奉献社会、回馈母校的卓越成就和贡献,激励广大校友和在校学子爱校荣校情结,同时献礼郑州大学合校 20 周年、郑州大学商学院成立40 周年庆典活动,郑州大学商学院 MBA、EMBA 校友会特发起编写《榜样——对话郑州大学 MBA、EMBA 影响力人物·第一辑》,以表彰在各行各业做出卓越贡献的校友代表。本书分为"拓荒篇""改革篇""创新篇""交流篇""民生篇"5 个篇章,展现了 29 位来自不同行业的郑大商学院佼佼者开基创业、拼搏奋进的故事。他们中有的出身寒苦,凭借坚忍意志和超凡勇气在商界打下一片江山;有的抓住改革开放机遇,创新变革,在人生新赛道上大步向前;有的忠于理想,不忘初心,兢兢业业、深耕细作于一方天地……他们是行业内的榜样，更是心怀大爱，甘于奉献，在扶贫、助学等公益事业上践行社会责任和使命担当的企业家。特别是在疫情期间，他们积极响应党和国家号召，带领团队冲锋在前、捐款捐物，彰显了郑大人"求是担当"的精神面貌与高尚品质。

本书意在引导广大 MBA、EMBA 毕业生和在校生乐于学习、善于学习，并学以致用，集众家之所长，成自家之特色；激励和鞭策 MBA、EMBA 毕业生和在校生心怀梦想、志存高远，以中华民族的伟大复兴作为追求和信念，心系家国、勇于担当，牢记郑州大学校训，厚植家国情怀，将个人的梦想同国家的发展、社会的进步、时代的变革紧紧相连，敢于做梦、无悔追梦，做一个高境界、高素质、为社会做出杰出贡献的郑大人。

目录

民生篇

拓
荒
篇

　　成功从来都不是一场独行，往往伴随着艰难、迷茫……但在创业路上，唯有脚踏实地、埋头苦干，才有可能获得成功。因为创业路上从来不乏艰苦奋斗、砥砺前行的人们。正是他们这样的人告诉我们：出身不能决定人生，要时刻把握前行路上的机遇并牢牢抓住，实实在在干一番事业。失败了，从头再来；成功了，兼济天下。他们已经不只是一群人，更是一种精神，一种阐释华夏文明生生不息、历久弥新的精神。

创业永精进,力行铸华章

——以"变"应"变"实践者　王永庆

如果你兼有爱和付出两种宗旨
就能创造奇迹.收获成功!
王永庆

个人简介

王永庆,1973年出生于河南省安阳市许家沟乡下堡村,先后创办了河南省海皇水泥有限公司、河南省沃美莱商贸有限公司、河南省海皇新材料科技有限公司、中鼎智能家具股份有限公司。曾担任安阳市人大代表、安阳市政协常委、郑州大学EMBA商学院校友会副会长、安阳市新生代企业家商会副会长、安阳市冶金建材行业协会副理事长,安阳市著名企业家、社会活动家。

絮语

　　踌躇不如思"变",国家政策是"变"的指挥棒。从上学时开始半工半读一路走到现在,不难看出,王永庆是个行动派,但是他不是盲目行动,他始终以国家政策为导向,用实践行动去检验。事实证明,他这个思路是正确的、可行的,他成功了。成功后的他心怀感恩、热心公益,为家乡、为社会努力奉献着自己的热情与力量。

负薪挂角,创业起程

　　王永庆的创业可以说是开始于 1994 年,那年王永庆在北京上学,看到身边有些朋友已上班工作,为家里挣钱,而自己仍然在向父母要钱,深思熟虑之后下定决心开始半工半读,从餐馆打工、地摊叫卖到承包商场柜台,他卖过服装,卖过日用品,卖过食品……期间风餐露宿、历经艰辛和困苦,但苦心人天不负,通过自己的努力,毕业时王永庆已成为同学朋友中小有名气的"万元户"。

　　"家是最小国,国是千万家"。改革开放之初,房地产的崛起带动了基建行业的发展。不甘心做小生意的王永庆看到了建材市场的商机,毅然决定回到家乡搞建设,打算实实在在做点事儿。

河南省海皇水泥有限公司

　　1997 年大学毕业后回到家乡,开始创办海皇水泥。和大多数创业者一样,无资金、无人才、无技术,处于三无状态。1 年亏,2 年平,3 年盈利。他是怎么做到的?从建厂第一天开始,外表斯文的王永庆就从未马虎,白天忙碌,晚上 12 点去厂子转一圈,凌晨 3 点又是一趟。正是凭着这股劲儿,让小小的海皇水泥厂走上了不断发展壮大的道路。王永庆深信水泥行业的发展前景和市场空间,当时民间有句话是:要想富先修路。后来国家基础设施建设和房地产行业的空前发展证实了这一点,海皇水泥的发展虽说是一波三折,但他抓住了市场机遇,得到了快速的发展,并且树立了海皇品牌的良好口碑。

海皇水泥经过 16 年的精心耕耘,从当年的小作坊发展成为了当地屈指可数的知名企业,具有完整的水泥生产供应链,生产设备先进、产量高、能耗低、能量转化率高、污染小,是中铁总公司认定的水泥供应商,完成了中铁多个铁路工程段的供货任务,多次获得"中铁总公司优秀供应商"称号。

转型升级,进军铝业

2008 年国际金融危机全面爆发。同年 11 月,提振整个房地产行业的"四万亿"救市计划正式推出,市场随即被催火起来。海皇水泥厂,订单量大增,产能利用率有时甚至达到 110%。

经历几年高速发展。2011 年,中国楼市迎来史上最严厉的楼市调控年。尽管那时的水泥厂订单依然未见明显减少,但王永庆已经感受到了"寒意"。"闲暇时,我会研究国家政策,那个时候房地产紧缩政策密集出台,水泥又是最基础的建筑材料,一定会受到影响。"谈及之前对水泥行业的判断,王永庆自信地回忆道。

果然,经历了前期非理性扩张过后,水泥行业产能过剩、行业集中度不高的问题逐步显现,业内开始了一轮大规模的兼并重组。与此同时,广西镉污染、三友化工污染门等频发的环保事件引起国民广泛关注,国家相关环保和节能减排要求不断提高,政策频出。那些传统"傻、大、笨、粗"的行业、企业势必要转型,王永庆清醒地认识到这一点。

2012 年 10 月,王永庆看准时机,将海皇水泥厂出售给了中国联合水泥集团有限公司。

接下来的问题是:"海皇的未来,在哪里?"王永庆决定走出国门,去发达国家看看。多番实地调研后,他看准了被称为"绿色金属"的铝。当时欧洲建筑及结构工业用铝占全部铝产品消费的 24%,我国是全球最大的铝材生产国和消费国,铝材加工行业处在高速成长期。

2012 年 11 月,占地 160 余亩的河南省海皇铝业有限公司拔地而起,花园式厂区绿化面积达 10 000 多平方米。

2012 年海皇进入铝材深加工行业,是在王永庆对内外部环境分析、市场

河南省海皇新材料科技有限公司

发展机会和自身能力把握的基础上,经过深思熟虑后的选择,产品主要有三大系列。第一是合金铝棒,包括5系、6系、7系,等等;第二是铝合金型材,包括民用建筑型材和工业铝型材;第三是以断桥铝为主的铝合金门窗,特别是GP专利系统门窗已成为国内系统门窗的领先产品,产品畅销河南、河北、山东、山西等20余省市。经过近7年的发展,河南省海皇铝业有限公司已变更为河南省海皇新材料科技有限公司,已分期建设完成从熔铸到挤压、氧化、喷涂、模具、门窗及家具制造的所有生产线,年产量达5万吨,产值十多亿元。2018年省政府发文明确要求调整电解铝的供给侧控制,加大加快发展铝材深加工行业,实践证明王永庆选择铝材深加工行业是正确的。

海皇新科产品系列

就这样,凭借坚持不懈地探索和努力,海皇新科在铝型材行业逐步站稳脚跟,产品形态每年变化更新,市场份额逐年提升。伴随铝型材市场的迅速发展,海皇也逐步发展成为集研发、生产、销售于一体的大型现代化科技企业。

做大做强,再续华章

2016 年,经历了如火如荼地发展后,铝材行业出现了粗放式增长后的典型问题:产能过剩,产业结构不合理,高附加值加工产品短缺。海皇旺季订单增长量有放缓迹象,王永庆心里开始犯嘀咕:"或许又该转型了!"

踌躇不如思"变",国家政策是"变"的指挥棒。王永庆说道,"做企业不能只顾埋头走路,却不抬头看天。"国务院办公厅发布的促进有色金属工业调结构指导意见中指出,要加强技术创新,扩大市场应用。同时,习近平总书记多次强调,"金山银山不如绿水青山",国家在木材应用上制定了严格的限制措施。两相结合,"以铝代木"应运而生。

2016 年底,王永庆别出心裁,想出加工些小型铝制家具回馈客户。"这样既能体现海皇的特色,客户又实用,表达诚意嘛!"王永庆微笑着说道。意想不到的是,春节期间好几位客户打来电话,询问铝制家具的价格。王永庆敏锐地"嗅"到了这一商机,立即召开公司管理层会议进行了交流。"家具行业门槛低、市场容量大,咱们之前在房地产和建筑业的经验、人脉也都能用到",市场部负责人兴奋地说道。"技术上应该也没问题。"技术部补充道。大家一致认为做全铝家具确实值得尝试。

2017 年,王永庆开始着力打造全铝家具团队,抽调出部分优秀员工负责家具生产,聘请当地室内装修设计人员负责家具设计。建立了从接单到交付的管理流程,即销售接到订单,设计师进行现场测量并设计效果图和制作图,生产人员再按照设计图纸进行加工,完成后由顾客验收结款。经过两年多的经营,家具业务订单数始终不多,经营也是持续亏损。"这么好的市场,怎么就做不起来呢?"王永庆反复思考着这个问题。然而,纵使心中有疑问,但决心从未动摇,开拓的脚步也从未停止。

全铝家具与传统木质家具相比拥有诸多优势。一是,全铝家居采用高温高压挤压的方法生产铝型材,过程中不含任何引起环境污染的成分,绿色环保,零甲醛,在资本市场上也会广受欢迎;二是,防水、防霉、防潮、防火、防虫,这些都是木质家具所不具备的。另外,家具原材料是铝,即使不喜欢了,还可以卖了换钱,回收再利用。铝型材进行木纹转印表面加工后,其外观、触感和木质家具别无二样,从橱柜到衣柜家具品类也比较齐全,还可进行私人定制,在消费升级的环境下,作为新的家具呈现方式,全铝家具定会受到新生代消费者欢迎。

2019 年 11 月,"中鼎智能家具股份有限公司"这个拥有海皇基因,承载海皇梦想的新生儿诞生了。

中鼎智能家具工厂从开工到投产仅仅用了 8 个月时间,其间还受到新冠肺炎疫情的影响,创造了同行业工厂建设速度的标杆。历时 6 个月建成了 50 000 平方米的钢结构厂房,历时 2 个月安装并调试了设备,历时 15 天家具生产车间完成了整体搬迁,这就是中鼎智能家具的速度,也是中鼎智能家具的精神,不怕困难,迎难而上。

2020 年 7 月 1 日上午 10 点,海皇集团中鼎智能家具股份有限公司工厂落成暨投产庆典仪式在安阳市殷都区产业集聚区隆重举行。集团董事长王永庆亲自带领参加盛典的领导和客户朋友参观了新工厂,大家对中鼎智能化生产设备及工艺技术频频点头称赞。

中鼎智能家具股份有限公司注册资金 6 350 万元。公司位于安阳市殷都区产业集聚区荣兴大道 6 号,地理位置优越,交通便利。公司总投资 6 亿元,占地 186 亩,拥有挤压、喷涂、焊接、家具和水族柜生产的先进设备和完整生产线,年生产能力工业铝型材 5 万吨,环保智能家具 100 万套,水族柜 13 000 套,年产值预计达到 40 亿元,实现利税 2 亿元。

中鼎智能家具股份有限公司

纵观全球家具发展趋势,家具行业将会发生三大革命:一是材料革命,二是生产方式革命,三是功能革命。三大革命都是为了满足人们追求幸福美好生活的需求,达到绿色生态环保,个性化展示,智能化转变。中鼎智能家具正是因此而生,彻底告别甲醛,坚持科技引领、绿色生活、可持续发展战略,开启"以铝代木"家具行业新时代,为人们提供更环保、更健康、更智能、更美好的新兴家具产品和服务。

随着中鼎智能家具工厂的投产,新中式、轻奢风、地中海等十大风格系列产品陆续上市。

中鼎智能家具全铝产品

王永庆特别注重企业文化建设,中鼎智能家具从出生就有着深厚的企业文化,比如"冶炼铸造,源远流长"的光荣传统,"智能创新,科技之光"的发展理念,"厚德中鼎,鼎诚共赢"的企业宗旨,"艰苦奋斗,实业兴国"的创业精神,这些都已雕刻在公司大门的浮雕上。王永庆相信只要不断践行企业文化,继承光荣传统,崇尚发展理念,坚守企业宗旨,弘扬创业精神,中鼎智能家具将无往而不胜。

脱贫攻坚,回馈社会

致富后的王永庆没有忘记生他、养他的土地。

"永庆为俺这样的残疾人解决了生活难题,让俺的生活过得有滋有味。俺永远忘不了他!"公司员工赵现军满怀感激地说。赵现军与王永庆同村,家里兄弟较多,身有残疾,生活十分困难,30多岁还没有成家。王永庆得知后,把他介绍到公司上班,给他出资建了新房,还热心帮他讨了媳妇,组建了家庭。

王永庆不仅热心帮助困难乡邻,还热心公益事业。乡里大小工程他出力,村里修学校他出资,贫困家庭他慰问,困难职工他帮扶。汶川地震、2016年水灾他组织捐款捐物,还坚持数十年参与"金秋助学"活动等,累计捐助财物600余万元。

作为一名成功的企业家,王永庆具有高度社会责任感,2017年4月,王永庆到古井村调研脱贫攻坚工作。古井村位于殷都区西部山区,经济基础较差,村集体没有产业,村民就业渠道单一,村里人才流失较为严重。发展产业扶贫势在必行。区纪委书记邓兴华就发展产业扶贫多次召开现场会,

与帮扶企业海皇公司、帮扶单位区畜牧中心以及相关部门负责人,深入探索古井村产业发展,通过多方探讨,古井村决定根据自身实际情况,将花椒及果树种植作为村集体产业扶贫项目,王永庆拿出10万元,用于建立海皇古井花椒产业扶贫基地,解决了资金问题。另外对古井村概况和贫困户致贫原因和落后原因进行深入分析,在了解情况后,王永庆优先安排古井村有劳动力的贫困户及有意愿的非贫困户到海皇务工。截至目前,已有5名古井村民在海皇务工,月收入达到3 000~5 000元,为古井村贫困户高质量脱贫提供了强大支撑。

就像王永庆说的一样:"我是一个农民,国家的好政策、乡亲们的支持让我先富了起来,我不能忘本,不仅要踏踏实实把企业做好,还要积极响应国家号召,为当地经济发展做出应有的贡献,对得起一名基层共产党员的身份。"

王永庆代表海皇铝业向灾区捐款

王永庆先后被安阳市委、安阳市人民政府评为"社会主义优秀建设者""安阳市优秀民营科技实业家""安阳市十大创业创新优秀民营企业家"光荣称号;荣获"河南省建材行业无私奉献者""安阳市五一劳动奖章";多次被安阳县委、安阳县人民政府评为"尊师重教标兵"和"扶贫济困标兵""安阳县优秀共产党员""尊老爱老先进个人"光荣称号;被评为"春蕾计划"和"爱心献春蕾"先进个人光荣称号;被聘为郑州大学兼职教授、兼职硕士生导师等多项荣誉。

<h2 align="center">诚信感恩,力行坚持</h2>

王永庆在漫漫创业路上深深地体会到了"诚信感恩,力行坚持"的真谛,同时这八个字也成了他的座右铭。

大家都知道诚信是立业之本,但很多人在利益面前经不住诱惑,为利而失信。2008年在国家4万亿经济刺激政策和环保压力影响下,水泥价格一路上涨,有些水泥厂一天上调价格6次,供货违约率接近90%,但王永庆坚决要求海皇水泥坚守供货合同,虽然当时利益有些损失,但赢得了经销商和客户的信赖,为后续的发展奠定了坚实的基础。

感恩是一种处世哲学,王永庆说:"生活就是一面镜子,你笑,它也笑;你哭,它也哭。"你感恩生活,生活将赐予你灿烂的阳光;你不感恩,只知一味地怨天尤人,最终必将一无所有!海皇持续举行感恩祈祷礼就是培养员工感恩之心的具体实践,同时,海皇每年积极开展金秋助学、爱心献春蕾、捐款建校、捐款修路、捐款赈灾、资助市慈善总会、慰问敬老院和贫困户等活动,履行了一个企业应当承担的社会责任。

力行是海皇的价值观之一,王永庆在创业中最深切的体会就是:事业是干出来的。力行就是知行合一,做实干家。"纸上得来终觉浅,绝知此事要躬行",学到的东西,不能停留在书本上,不能只装在脑袋里,而应该落实到行动上,做到知行合一、以知促行、以行求知,正所谓"知者行之始,行者知之成"。每一项事业,不论大小,都是靠脚踏实地、一点一滴干出来的。王永庆的很多决策都是在初步判断下开始行动,在行动中不断修正,最终走向成功的。

荷花、竹子和金蝉三个定律共同讲了一个道理:那就是成功需要厚积薄发,要忍受煎熬,要耐得住寂寞,坚持,坚持,再坚持,直到最后成功的那一刻。王永庆也在不断训练坚持的能力,比如减肥,他用三个月时间从218斤减到163斤,一共减了55斤;辟谷最长时间达到21天;经常参加马拉松、穿越沙漠等活动,锻炼自己的意志。

"诚信感恩,力行坚持"是王永庆的创业感悟,也是我们许多创业人士应该努力学习的素质。

海皇集团,未来可期

市场一直在变,机会也一直有。企业经营之道是基于变化思考,也必须基于变化思考,这是组织转型发展的认知准备。面对未来,王永庆铿锵有力地道出了自己的信心和期盼:"海皇集团战略规划的第一阶段——资源品牌化已基本实现,海皇品牌在铝型材行业已具有一定的影响力;接下来是第二发展阶段——以中鼎智能家具为发力点,走资本市场化路线,力争五年之内实现IPO上市目标;第三发展阶段——专业化扩张,走产业集约化路线,发挥投资运营和特色管理优势,实现成为具有国际影响力的铝业旗舰目标。"

中鼎智能家具50 000平方米标准化厂房和仓库拔地而起,设备安装并投产,标志着海皇集团步入了新的征程。

海皇集团创业转型不仅是行业方向的转型，也是产品质量与技术升级，是管理模式及战略合作方式的创新。海皇集团，未来可期，必将成为国内又一颗璀璨的铝业新星。

编者语

　　机会总是留给有准备的人，幸运总是更眷顾努力的人。王永庆就是这样的人，胸有成竹且百倍努力，海皇集团历经水泥生产、铝材加工、全铝家具，每次嬗变绽放都依赖于王永庆敏锐的洞察力、高效的执行力，在机会崭露头角的时刻，果断地扼住它的脉搏，引领海皇集团这艘战舰不断壮大，披荆斩棘，乘风破浪。

知识改变命运，实干铸就成功

——赋予能源第二次生命的魔法师　刘军海

努力工作　快乐生活

——刘军海

个人简介

　　刘军海，中共党员，1968年7月出生于河南省辉县市，工商管理硕士。先后创办了辉县市永胜化工厂、河南永胜能源化工集团有限公司、河南永大化工有限公司。曾担任辉县市政协委员、辉县市民营企业家协会副会长、河南省MBA联盟主席、郑州大学MBA校友会副会长。

絮语

"知识改变命运"是对农家娃刘军海最真实的写照。刘军海永远记得那个夏天的傍晚，年少的他和母亲在稻田里翻地，抓钩农具比他还高，双手戴着手套竟磨出十几个水泡，那钻心的疼令他无法忘怀。母亲告诉他："孩儿，你若不好好学习，这一辈子都是如此。"泪水哗啦啦地流下来，他暗自发誓，好好学习，一定要走出去。

回顾他的创业之路不难发现，每一步都离不开知识的引导与技术的助力。正因如此，山沟里飞出了金凤凰，民营企业也能研发出高端的技术！

初出茅庐，磨砺意志

小时候，父亲在村集体做业务，常年在外。作为家中长子的刘军海，十多岁便在上学之余随母亲下地干农活。

1984 年，16 岁的刘军海考上了原河南省汲县师范学校。在那一年，他是村里唯一一个考上学的孩子。虽说是中专，但在当时意味着成了"公家人"，端上了"铁饭碗"，这着实让乡邻们羡慕了一番。

1987 年，刘军海师范毕业后被分配到新乡某中学任教。其间，进修河南大学中文系本科。1992 年，邓小平南方讲话后，全国掀起了改革开放后的又一次浪潮。"弄潮儿向涛头立"，倔强的刘军海毅然选择了离开学校，到新乡一家国企做起了企业管理。

五年的国企管理实践，催生了刘军海干事创业的激情和动力。经历了近一年的思想斗争，终于，他坚定地迈出了创业的脚步……

创业启程，寻求突破

1998 年，刘军海离开国企，开启了创业之路。他骑着一辆摩托车在茫茫市场里寻找商机。当时，新乡有一家名叫新蜜汽水厂的公司，生意非常红火，他就做起了汽水批零生意。给农村小商店、路边小地摊送汽水。每天辗转在路上，辛苦自不必说，但总算是挣了点"小钱"。

汽水批发一边做，刘军海一边继续在市场里摸索。经朋友引荐，他结识了辉县市一个大型养猪场的厂长，这是一家地方国有企业。厂长曾是畜牧专业的大学生，养猪场在他的管理下井井有条，生意兴隆。

因为是朋友介绍的，厂长慷慨地说道："你想养猪的话，我可以先给你

100头猪崽,供应饲料,养成后帮你销售,然后再还款。"听到有这样优厚的政策,刘军海有些心动,当即决定回家建猪舍,搞生猪养殖。

因为不懂养殖技术,生猪仔在两年多的时间里折损率过半,刘军海赔得是一塌糊涂。无奈之下,他只好赔本转让,另谋出路。

偶然的一天,刘军海在修理摩托车的时候,发现修车师傅把清理出来的废润滑油随处乱倒,有的甚至倒入地沟里。

"为何不能把废油收集起来加工再利用?这样既节约资源,又保护环境。"他暗自琢磨。想法催生动力,刘军海立刻找到相关工程技术人员请教,设计出一条年产6 000吨的再生润滑油生产线。

技术、资金、市场缺一不可。为此,刘军海千方百计筹了6万元,又从村集体借了15万元,在县信用社贷款30万元,创办了辉县市永胜化工厂,收集废润滑油进行提炼、调和、生产再生润滑油。

辉县市永胜化工厂

创业伊始,他在厂里既要指导工人生产,又要配合会计做出纳。出门拉货时,还需配合司机做副驾驶。而到了货源地,他就是业务员,谈业务、拉货、推销"一条龙"全挑起。

一晃几年过去了,刘军海虽然历经了千辛万苦,但也收获了成功的喜悦。企业有了一定的积蓄,但也遇到了发展的瓶颈。技术力量薄弱,生产装备简陋,废润滑油市场过于分散,难以规模化收集……随着形势的发展变化,诸多问题渐渐突显,一切该何去何从?

经过请教、分析、研判,刘军海认为:变革是企业下一步发展的"钥匙"。

紧抓机遇,借力发展

到了 2003 年,他在收购废润滑油时发现,山西、陕西焦炭行业十分火热,生产焦炭过程中伴生的高温煤焦油已经有成熟的生产工艺和生产厂家。

但由于煤质变化,焦炭加工工艺调整。炼焦过程中产生的中、低温焦油,国内一直没有相关的处理技术。据不完全统计,当时全国中、低温煤焦油产能已达数百万吨,众多焦炭厂家因为找不到相关处理厂家而心急如焚。

许多厂家在储罐满仓后,就在庄稼地里挖个坑进行存放,造成严重的环境污染。刘军海敏锐地发现加工中、低温煤焦油隐藏着巨大的商机!商机有了,但如何加工,谁有技术加工,这才是最大的问题。

面对人才短缺、无研发能力、资金有限的现实,刘军海意识到:最有效的办法是与行业高端技术研发部门结合,走与高校科研团队共同开发之路,这种"拿来主义"在企业初创期是十分有效的。

带着这些问题,刘军海遍访国内科研院校,查资料、找技术。几经周折,他了解到中科院北京热物理研究所、中科院山西煤化所在同步研究这一课题。为了比较两家技术的优劣,他和司机用小轿车在陕西神木拉上 6 桶 200 千克的煤焦油,分别送给两家科研所做分析实验。

经过比较、论证,刘军海最终确定与中科院北京热物理研究所合作,开发中、低温煤焦油生产高清洁燃料油的方法。中科院博士、专家云集,研发力量强。两年后,一条年产两万吨的工业示范装置在永胜公司安装完毕。

成功没有如期而至,第一次试车就宣告失败。尽管有些沮丧,但创新是需要付出代价的,刘军海并不气馁。从实验室到工业化,反应条件、技术参数会发生很大变化,物料从试剂级到工业级也会有所改变。

失败并不可怕,坚定信心是关键!就这样,在接下来的一年半时间里,刘军海陪中科院专家同吃同住在厂里。功夫不负有心人!经过充分论证,科学调整,二次开车成功。他心里的一块石头终于落地了。

2006 年,公司筹措近亿元建成了国内第一套年产 10 万吨中、低温煤焦油转化生产高清洁燃料油生产线。主要产品是工业燃料油、船舶燃料油、橡胶碳黑专用油,全部可以替代石油产品,市场潜力十分巨大。

原材料是炼焦副产品中、低温煤焦油。生产初期,一辆 20 多吨的油罐车到陕西神木拉油,只需两条河南产的帝豪烟"意思"一下,就可以装满一车煤焦油。因为这解决了焦炭厂家后续处理的燃眉之急。廉价的原料,独家享有的专利技术,永胜迎来了第一个经营的"黄金期"。

该项目的顺利投产,为国内如何利用中、低温煤焦油找到了一条有效途径,为此也获得了国家发明专利。每年可为国家减少10万吨的原油进口。

省、市、县各级科技部门的多项奖励接踵而至,公司还获得了国家财政奖励资金500万元,成为河南省第一批资源综合利用节能示范单位、国家高新技术企业。这些荣誉的取得,极大坚定和鼓舞了刘军海和全体永胜人干事创业的信心。

年10万吨中、低温煤焦油转化生产高清洁燃料油生产线

打破坚冰,科技助飞

2008年,金融危机席卷全球,国家推出4万亿经济刺激计划。地方政府深入企业助推发展,平生第一次遇上银行上门求贷款的“好事”,深陷在“成功”胜果中的刘军海也飘飘然起来……

2010年,各行各业都在4万亿刺激下大干快上,项目建设也是良莠不齐。永胜与中科院工程热物理研究所合作建设的中、低温煤焦油加工项目,因科技含量高、市场竞争对手少,呈现出旺盛的企业活力。现金流充裕,银行上门求贷款,环境变化了,资金不愁了,刘军海的内心也跟着躁动了起来。

刘军海在开拓市场时发现,国内有多家企业利用炼油厂副产的石油液化气加工生产芳烃项目,利润十分可观。于是,他在没有充分调研市场和论证的前提下,决定投资两亿元开工建设一条年产20万吨芳烃生产线。

2012年,就在生产线建成投产之际,国内金融风险显现。银行对企业只收不贷现象已经十分普遍,国家银根收缩直接导致企业资金流动性不足。

河南永大化工有限公司芳烃项目装置区

新乡飘安集团、奥博纸业等多家大、中型企业资金链接踵断裂,腾飞投资担保暴雷更是在新乡引起一场金融"大地震"。而由于历史原因,众多企业互保捆绑在银行贷款。于是,随着一声多米诺骨牌的响起,一大批企业被拖下水。新乡企业在一个接一个的"暴雷声"中迷茫、彷徨,谁也想不出如何在这场金融风暴中全身而退。

永大公司刚建成的芳烃项目也深陷其中。因投资项目时自有资金占比过低(30%),抗风险能力十分脆弱。2015年,摇摇欲坠的公司在坚持了3年后停摆。刘军海经历了人生的至暗时刻。他细思极恐,彻夜难眠。探其究竟,固有4万亿投资刺激,更多的原因则是自身的盲目乐观,头脑膨胀,从而违背了固定资产投资规律。

项目无特色,产品大众化。随着一大批同类项目的上马,企业再一次面临生死抉择关口。决策错在哪里,企业的出路在何方?一个又一个不眠之夜,刘军海走访了一个又一个老师与专家。最终,他明确了坚持科技创新,走差异化之路。

就在同一时期,永大公司与大连理工大学合作开发的"甲苯甲醇烷基化合成对二甲苯"项目也在困境中艰难前行。说时容易做时难,已经有几个月没开工资了,研发团队已经出现了离职现象。而项目运行一年需要数百万的研发费用,资金在哪里？百般困难之际,政府领导通过与金融部门沟通,帮助公司争取到一笔银行贷款。这对于刘军海来说,可是一笔"救命钱"。

就这样历时8年,累计投入数千万元,在经历了无数次的失败后,终于,在2017年中试成功并获得了国家发明专利,填补国内外空白。

甲苯甲醇烷基化合成对二甲苯项目中试装置

该项目是国家"十二五"规划石化行业重点研发项目,市场前景十分广阔。

该项目的主要产品是对二甲苯(PX),是一种重要的有机化工原料。主要用于合成聚对苯二甲酸乙二醇酯(PET),简称聚酯。聚酯进一步加工仿丝生产涤纶纤维或轮酯工业用的聚酯帘布,对二甲苯还可用作溶剂、医药、染料、农药、香料等的原料及中间体。

据统计,2019年度,国内PX消费量已达2 000万吨,而产能不足1 000万。一半以上需要从日本、韩国、欧盟进口。传统工艺是从原油中提炼合成,而永大公司采用甲苯甲醇烷基化制备对二甲苯,充分利用了我国丰富的煤基甲醇,大大减少了对原油的加工依赖度,为国家能源安全找到了一条可替代路径。

该专利技术采用绝热固定床工艺,填充自行研制的高选择性催化剂,使对二甲苯的转化率及选择性均达到95%以上。此外,工艺流程简单,操作灵活,原料成本、生产成本双下降,与传统工艺相比,具有更强的竞争力。

因该专利技术在国际、国内均处领先地位。经考察、论证,于2017年11月,公司与中海油签订了合作推广协议。在协议签订仪式上,中海油领导风趣地说道:"没想到山沟里也能飞出金凤凰,更没想到,一个民企也能研发出

如此高端的技术！"

紧接着，年产1万吨工业示范装置在中海油宁波大樹岛炼油基地开建，规划中的两条20万吨装置已经开始论证。中海油的进入有力推动了该项目的工业化之路，永大公司涅槃重生，曙光初现。自此，企业踏上了艰难但强力的复苏之路。

<h2 style="text-align:center">授之以渔，回报桑梓</h2>

致富不忘乡邻，构建和谐社会，既是响应党的号召，更是企业社会责任。永胜公司自成立以来，资助本地学校硬件设施建设，改善老师办公条件，解决师生冬季取暖问题。至今，仍在资助的困难大学生30余名，累计资金上百万元。

在资助对口扶贫单位——辉县市白土岗村时，逢年过节带上米、面、油、钱到困难户中走访。在帮扶的过程中，刘军海一直在想：送些东西和钱过来确实能帮助他们度过一时的困难，但却非长久之计。

"授人以鱼，不如授之以渔"。如何使他们掌握致富技能，走上自食其力的致富之路，才是解决问题的根本。这些困难农民大都文化程度低，有些甚至没有上过学、无一技之长，但干活有力气，老实、本分。

资助对口扶贫单位——辉县市白土岗村

现代企业自动化程度高,对员工的文化要求更高,这批农民很难达到企业用工要求。思来想去,刘军海感到解决这困难局面的有效出路就是做农业——成立农业专业合作社。他把这一想法与当地政府领导交流后,得到了当地政府的全力支持和配合。

流转土地近千亩,建设塑料大棚,聘请高级农艺师指导社员种植技术,搞蜜瓜、无花果、百香果、食用菌等果蔬种植。采取"公司+农户"种植模式,我投资,你管理。

如今,首批50座大棚已完成种植。本地50户困难群众的脱贫问题得到解决,每户农民年收入可达5万~6万元。而这"授之以渔"办法,彻底扭转了一批困难户的窘境,帮助他们走上了脱贫致富之路,顺利摘下了"贫困帽"。

农业专业合作社扶贫产业基地

努力工作,快乐生活

时间定格在2015年,永大公司停工停产。痛苦、焦虑的刘军海遇上了人生的至暗时刻。福无双至,祸不单行。就在公司举步维艰时,这一年的5月14日,在外地出差的他突然接到家里的电话,父亲被查出肺癌,而且还是晚期,最严重的情形。

刘军海顿感五雷轰顶,天要塌下来一般。坐在路边,他回忆着与老人相

处的点点滴滴,还有那极少的陪伴时光,怎么也缓不过神来。跌跌撞撞回到了家,他心里在想:一定给老人找最好的医院、最好的医生,让老人得到最好的治疗。

带上病历,从新乡咨询到郑州,得到的结论是:发现的太晚了,没啥好办法,常规治疗,全国肺癌患者平均寿命2年。面对这样不乐观的论断,刘军海没有放弃。

他带上病历到了北京,先后到中国人民解放军总医院(301医院)、中国医学科学院肿瘤医院、中国中医科学院广安门医院等多家国内的顶尖医院,找了多名院士及国内知名中西医专家会诊。

"苦心人,天不负"。在专家精心制订的个性化治疗方案的实施下,父亲的病情竟奇迹般地好转了。迄今已经是第六个年头了,老父亲依然精气神十足,生活质量没有太大影响。永不放弃的刘军海再一次创造了人生的奇迹,在亲情、孝道面前没有留下遗憾。

同样,在工作中,刘军海以身作则,与员工一道打卡上下班。身体力行,接受监督。正因为拥有"敬畏市场,尊重员工"的品质,才使企业从一个几十万元起家的小作坊,发展成为行业内拥有多项发明专利的佼佼者。

生活中,除去应酬,刘军海力争按时起居。下班之余,他还自学陈氏太极拳。学成之后,他还在公司举办了太极培训班,亲自教员工练太极拳,力争让每名员工都有健康的体魄,阳光的心态。

努力工作,快乐生活。看似相悖,实则相向。快乐的员工,容易是高效的员工,工作努力的员工,容易是内心获得满足感的员工。刘军海认为幸福来自公平,公平来自认同。员工认同企业和企业家的理念,就会产生强大的凝聚力,企业也就更容易做大做强,走向更大的成功。

"创业二十余载,虽小有成就,但微不足道。"刘军海说,"在干事的年龄绝不能选择安逸。"

"努力工作,快乐生活。"这是刘军海从几十年点点滴滴的奋斗中悟出的道理,也成为他的座右铭。

惧者幸存,信者永胜

有一片海,没有狂涛,没有巨浪。波平如镜的表象下,却时时涌动着狂涛巨浪般的惊心动魄,这片海就是商海。

有一支团队,不是兄弟,不是姐妹。和衷共济的奋进中,却处处充溢着兄弟姐妹般的温馨信赖,这支团队就是"永胜"。

"敬业、爱国、团结、奋进、学习、创新"这就是永胜人信奉的永胜精神。

"造就人才,创造财富,回报社会"这就是永胜人执着履行的永胜使命。
永远战战兢兢,永远如履薄冰。
永胜——勇往而无不胜!

编者语

很多企业家属于"胆汁质"人格,他们热情冲动,自信激进,往往将成功置于巨大风险中。而刘军海则更像"黏液质":缄默沉稳,勤劳踏实,处变不惊,三思而后行。所以面对创业中的每一次挫折与低谷,我们总能看到一个在不断请教老师专家,分析推敲研判的身影。刘军海更像是一位科研者,在他钟爱的事业上,甘于俯首,务实敢为,扬帆奋进,勇攀高峰,才有了今天的行业标杆——永胜。实干兴邦,我们的社会需要更多像刘军海这样的企业家。

乘风破浪，嬗变辉煌

——爱武装亦爱红妆的巾帼先锋　张楸枫

仁者爱人

张楸枫

个人简介

张楸枫，1970 年出生于素有"东都襟带，三秦咽喉"的河南荥阳，中共党员，郑大商学院 MBA 04 级学员，曾任第十一、十二、十三届郑州市政协委员；现任郑州建东电子工程有限公司、河南嘉图置业有限公司、百硕人力资源有限公司三家企业的董事长；2009 年北京大学企业家联合会燕园企业家秘书长、2013 年被豫商协会评为"最有影响力的女企业家"、豫商、她世界女企业家俱乐部主席团成员、国内顶级的家排大师，热衷慈善事业。

絮语

2020年夏天，一档综艺节目《乘风破浪的姐姐》掀起对新时代女性标准定义的话题热议。目标明确、敢打敢拼、不惧年龄、自信坚定，这些发光的特质其实早在张楸枫身上体现得淋漓尽致。她不断变换赛道，却干一行像一行；她不断挑战自我，解锁人生新的可能。她让自己拥有多重身份，却不忘奉献社会的初心。

对于年轻人来说，张楸枫是拿着"X牌"代表无限可能的追梦人；对于创业者来说，她是千锤百炼、傲然霜雪的红枫；对于企业家来说，她是有情有爱、有责任有担当的巾帼先锋。

生于20世纪70年代的张楸枫，是我国全面实行改革开放这一伟大政策的见证者、亲历者，也是共享改革开放成果的受益者。在风起云涌的改革洪流中，她把握机遇，稳扎稳打，步步为营，在各行各业中创造了一段段传奇佳话，也书写了一位独立女性传奇的一生。

激流勇进，变中求机

河南荥阳，自古以来都是兵家必争之地，名人古迹，不胜枚举，或许正是受到当地文化的熏陶，张楸枫幼年便对军旅生活满怀憧憬，而后终于在最美好的青春华年，毅然决然，投笔从戎，告别父母，远离故土，甘为祖国洒热血！

军人出身造就了她不同于普通女性的特质：她严谨、自律；她乐于付出，懂得分享，重视团队集体，心中有他人；她勇于进取，不甘人后；她有超强的社会责任感，心怀社会和祖国。

20世纪90年代从部队退伍后，张楸枫来到国有公司做一名职员，若按一般女孩子的性格和人生轨迹，守着铁饭碗，嫁人生子，领着国家的好福利，干到退休安享晚年。然而，不满三十岁的她，志存高远，不想在朝九晚五中虚度年华，心意已决便立刻辞掉人人垂涎的工作，到父亲的商店当学徒。

那个年代谁家要有一个临街店铺，那就有了日进斗金的机会，只要勤劳肯干，钱很容易挣到。张楸枫从学徒做起，就像在部队那样兢兢业业，勤勤恳恳，谦虚谨慎，没有一点店老板女儿的矫情，很快凭借自己的努力和天赋，攒下了第一桶金，另起炉灶开了个完全属于自己的小店。

不过张楸枫总是对现状不满足。一个偶然的机会听朋友讲做工程挣钱更快，不用守着一个小门面坐等客户上门，她二话不说就把小店盘出去，仗着做生意打下的人脉资源，开始做起专业工程公司业务。

当时身边的人都很不理解,事业好不容易刚有起色,为啥老是"瞎折腾"?其实当张楸枫辞掉铁饭碗的时候就已说明,她不会让自己变成"温水里的青蛙",甚至她更愿意去做一匹"野马",去不断寻找生命的草原。

1999年,张楸枫开始从事消防安装项目,这一做就是20年。她凭借自身努力把所有能在这个工程领域里拿到的资质和荣誉都拿完了,也将公司成功推上了"新三板"。可没人知道背后的她几乎每天都处在煎熬中。

20年前,做消防是分级别的,而河南消防级别相对较低,在与其他省份竞争中处于劣势。公司每次招投标时,她们几个月就盯着一个项目,直到中标那一刻才算完成任务;如果不中标,半年的努力就算白费了。由于在招标的过程中要承受巨大的心理压力,她曾一度患上焦虑症。

为此,她开始学习心理学。"其实主要目的还是为了健康。学习心理学之后,我慢慢转变思想,把每次投标当成一场游戏,既置身事里,又置身事外,投标成功算是尽心,如若不成也没有遗憾。"看看如今遇事能够轻松应对的张楸枫,可知在心理学这门课程中她收获颇多。

2004年,国家提出"中部崛起"战略。作为政协委员的张楸枫积极响应国家政策,大力支持河南经济发展,毅然决然地从消防行业转战到产业地产。短短三年内,她成立了嘉图置业有限公司。据了解,在郑州市高新区各级党委领导的鼓舞与支持下,河南嘉图置业电子电器产业园成为郑州承接省内外产业转移的关键阵地,目前已招商900余家企业。

说是工业地产,实际上是筑巢引凤。行业排名全国前三的恋日电子在郑州刚开始发展时,厂房总面临拆迁问题,平均两三年就搬迁一次,费心费力还占用资金,严重影响了企业的发展壮大。直到来到嘉图,他们才有了自己的"家"。"直到搬过来前,他们老板都要求保密,说要给跟随自己十几年的老员工一个惊喜。搬迁当天,他们开来了三辆大车,场面真是太感人了。"也就是那一刻,让张楸枫感觉自己为了保证建筑质量所做的一切努力和辛劳都值得了。

从消防行业到产业地产,张楸枫始终没有忘记力助河南经济发展的初衷,如今50岁的她或隐或现的银丝已然满头,创业之路艰辛,张楸枫在摸爬滚打中奏响人生的奋斗之歌!

不忘初心,建言献策

由于在行业的影响力,以及作为一名信念坚定的共产党员和对河南经济做出的杰出贡献,张楸枫先后被选为郑州市第十一届、第十二届、第十三届政协委员。从一名企业家转变为一名更具社会责任的政协委员,张楸枫视野更开阔,格局更宏伟,身上的担子也更重,她开始花更多时间和精力在自己擅长的领域去为郑州市乃至河南省的经济发展建言献策。

张楸枫深知,作为政府和民众的连心桥,政协委员有责任向政府传达民众的心声,更有责任帮助民众解决问题。

身为企业家,张楸枫最了解企业在起步中需要什么。为此,她曾提出政府服务要更加精细化,比如,相关部门简化企业办证过程,甚至是上门服务,让企业将更多精力放在产品研发和生产上。在金融上,政府要把无息贷款、贴息给企业等惠企政策落到实处。

随着万科、锦艺、升龙等地产企业的入住,以及嘉图置业、河南广告产业园、硅谷等产业地产的开发,高新区房地产行业发展迅速。然而,交通不畅成为影响该区域继续发展的重要因素。政协会议上,张楸枫共提出过三个关于该区域基础设施建设的提案。在她的不懈坚持下,这里加开了一趟公交车,给高新区电子电器产业园的发展带来了不少便利。但是,她依然继续提案,关注产业园生活配套的入园问题和政府在规划时应考虑以产业带动一片城及工业产城融合一体化的问题。

在张楸枫看来,政府和企业是相辅相成的关系。政府应当鼓励创业,并在企业发展初期提供更多发展空间,给予更多优惠政策。刚从事消防安装项目时,她看到了河南企业发展的艰难处境,曾向政府提出几个有关放宽消防资质及加大扶持关注当地企业的提案。但是由于种种原因,并没有引起足够重视,这也成为她的遗憾。产业园起步时期,张楸枫又提议,希望政府把企业"还"给市场。政府只需把握产业园定位等大型规划,管理好不合格的项目规划,至于园区如何建设就交给市场决定,真正做到资源配置由社会决定,放宽招商比例,给企业一定的灵活性,让市场在发展中竞争,竞争中优胜劣汰。

张楸枫常常思考,企业家的使命到底是什么?仅仅是做大做强企业,得到各种荣誉吗?不是。张楸枫的目标是让企业员工共享财富,甚至将这种状态惠及全社会。张楸枫连任三届政协委员,在这12年中,她一直坚信只有在河南经济大力发展的背景下,本土企业才有出路。只有若干"小"企业做"大",才能不断扩充河南经济万紫千红的锦绣版图。

在河南嘉图置业有限公司的运营中,张楸枫始终坚持"经济效益、社会效益、生态效益"三兼顾的企业宗旨,树立品牌意识,开拓进取、创新务实,赢得了良好的口碑和信誉。40万平方米的嘉图·西城发展基地工业地产项目高品质、高效能地完成着高新区承接电子产业转移的责任与使命,成为中原标准化厂房建设的标杆之作。

创业难,守业更难。随着公司规模不断扩大,张楸枫在不断探索如何将

理论与实践更加有效地融合在一起；如何将事业在不断拓展扩张中，保持量的飞跃与质的提升相协调；如何让健康优良的企业文化在每一位员工心中生根发芽，有效传播……

循道而行，臻于至善

当年事业逆境之时，张楸枫学习的心理学，也成为她服务社会的另一生动体现。

2008 年，张楸枫被郑州市委员会评为"优秀政协委员"，同年，她积极参加四川抗震救灾工作并进行心理辅导讲座。2011 年至今，为社会各阶层及大专院校心理辅导员进行健康心理公益讲座，受益人数 2 000 多人，个案治疗涉及 500 多个家庭。2013 年，她被豫商协会评为"最有影响力的女企业家"。2019 年，张楸枫以企业家身份参加"奔跑的通知书"捐资助学活动，尽绵薄之力，资助了 10 名贫困大学生。

张楸枫被评为 2013 年郑州十大经济女性人物

初任政协委员时，张楸枫和所有新成员一样谨言慎行，只求做好本职工作，却很少提出自己的建议，生怕出现差错。然而，当她意识到"政协委员"这四个字不仅是一种荣誉，更是一份责任时，她就把"政协"当作平台，在政协会议上大胆发声，替弱势群体争取更多福祉。

在政协工作时，张楸枫始终要求自己身体力行，用行动履行政协的光荣使命。在当选郑州市第十一届政协委员时，她最关注的就是妇女和孩子。

据张楸枫回忆,她曾听一委员说起她女儿看到一则堕胎人流广告时问道"什么是人流",这件事让她感触颇深,国人怎么可以对未出生的生命如此凉薄无情!这样的广告不仅影响儿童身心,更是对女性乃至生命的蔑视。于是她拿出了"重视生命,慎用人流广告"的提案。在当时获得了与会委员们的一致认可和好评,郑州刮起了一场"挽救生命"的风潮,堕胎电视媒体广告等也受到了有效管控。

张楸枫还十分关心青少年心理健康。经多次走访、调查发现,青少年时期犯罪的失足孩子99%源于父母的教育失职或是教育环境的恶劣。而很多孩子在心理成长时期,由于父母的教育方式不当或是家庭破裂等原因,没有得到正确的引导,进而出现心理扭曲、自闭,或染上网瘾等不良嗜好,甚至逐步走上违法犯罪的道路。为此,在2010年召开的郑州市政协会议上,她向政协提交了"预防青少年犯罪从孩子抓起"的提案。在提案中,她呼吁社会对青少年,尤其是特殊青少年群体的关注。

关爱青少年不能止于提案,更要从行动出发。自2010年起,张楸枫开始言传身教,利用周末开展家庭系统排列工作坊。家庭系统有普遍存在的"自然的秩序"影响每一个成员,当每个父母都感同身受时,这种富有爱的意识就会有效地传播,由家庭所导致的青少年犯罪问题也就迎刃而解。到目前为止,这样的活动已经开展百余期,受众群体达到3 000余人。

然而,张楸枫与家庭系统排列的结缘并不是一个愉悦的过程。曾经,她的工程公司陷入发展困境,好不容易拿到了地块,却面临来自各方面的巨大压力:资金、人才、设计、规划,还有方方面面交织在一起的矛盾,压得她喘不过气来,莫名其妙地烦躁,莫名其妙地哭泣。雪上加霜的是,就在最困难的时候,所有相关银行都对她的项目关闭了通道,现金一旦断流,后果不堪设想。更不幸的是,她的婚姻也随之走到尽头。灾难如雪上加霜,作为一个局外人都可以感受到其中的绝望和痛苦。

家庭系统排列现场图

就是在这个节骨眼,张楸枫机缘巧合地接触到家庭系统排列,不仅让自己从困境中走出来,而且师从国际著名家庭系统排列大师伯特·海灵格和李中莹先生,深层次研究组织、团队、家族与个体行为之间独特的心理活动、行为模式,并使之广泛实践运用于社会、人生、工作、家庭、生命诸多领域,如今已在郑州开展公益家庭系统排列工作坊近 80 场。通过传播、分享系统排列的生命领悟,感召天下人一起奉行"孝行天下、仁者爱人"的社会理念,使更多的生命可以自我尝试更多的人生精彩,收获更和悦的圆满心境。

所以,张楸枫谈及自己的终极人生目标,就是做一名心灵导师,为那些正在创业路上的企业家点亮一盏灯,让他们少走些弯路,教会那些奋斗的人们如何轻装上阵。

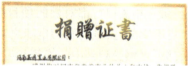

嘉图集团为抗击疫情捐款

2020 年初,新冠肺炎疫情来势汹汹,河南嘉图置业有限公司、河南嘉图物业服务有限公司在张楸枫的倡导下共同发布了《关于共抗疫情、共渡难关捐款倡议书》,号召电子电器产业园企业及员工积极参与,踊跃捐款,奉献爱心。嘉图置业、嘉图物业分别向河南省慈善总会捐款 50 万元和 10 万元,并减免疫情期间物业费 115 万元。她还号召张楸枫系统排列群向河南省慈善总会进行爱心捐款 5 万余元。

为落实疫情防控措施,河南嘉图置业坚决落实市、区关于疫情防控的决策部署,成立了疫情防控工作领导小组,制定疫情防控工作方案,充分发挥党支部战斗堡垒作用和党员先锋模范带头作用,众志成城,抗击疫情。

在强调做好自身防护情况下，嘉图置业售楼部开展了形式多样的线上营销模式，为有厂房及办公需求的客户全力提供租售服务。嘉图物业设立了疫情防控登记站，对出入园区人员宣传防疫知识，测量体温，信息登记，消杀灭菌，劝返疫区人员等，以实际行动筑牢疫情防控坚实堡垒，助力打赢疫情阻击战。

忆往昔峥嵘岁月，守初心砥砺前行。从军人到学徒，从街头小店主到工程公司老板，从地产集团董事长到政协委员，到心理咨询师，到家排大师，再到社会企业家……张楸枫每一次的身份转变，都是一次脱胎换骨的蝶变。半百之年，事业有成、家业丰厚，本可以放慢行走的脚步，放任心灵飞翔，感悟美好生活。但张楸枫没有选择止步，而是朝着另一个方向出发。铿锵玫瑰在岁月中绚丽绽放，她期待自己可以继续书写更多的绮丽篇章……

编者语

生于平凡，却可以创造伟大，张楸枫做到了。有人羡慕她的魄力和勇气，却鲜能看到执着坚持的路上所要付出的辛苦与代价。有人羡慕她的成就与荣誉，却未曾注意光鲜亮丽的背后，她为社会付出的责任与爱心。

张楸枫的故事告诉我们，梦想不是一时之间的电光火石，而是苦行僧般的涅槃重生。成功不是个人价值的实现与满足，而是能为他人和社会带来的雨露春风。

甘为中翔之"管家"

——河南省中翔物资贸易有限公司董事长　杨庆伟

座右铭

把做工程当成一门修
养过程。小我之我，分享
和忘我。"知行合一"走天下！
杨庆伟

个人简介

　　杨庆伟，1966 年 4 月出生于河南省新乡市辉县，郑州大学 MBA 硕士研究生，西北大学博士。1986—1997 年 3 月在中国煤炭物资郑州公司工作；1997 年 4 月创业，成立河南省中翔物资贸易有限公司。曾荣获全国百强钢材营销企业、河南钢 50 强企业、河南省钢铁贸易商会副会长单位、郑州市工商联钢铁贸易商会会

员单位、2019 全国煤炭行业用户满意、石横特钢五星级代理商等荣誉称号，并获得雅安地震捐款特别贡献奖、2020 年度疫情捐赠证书等。

絮语

他，白手起家，为了心底的那一丝丝悸动，放弃了"铁饭碗"；他，睿智大气，带领着中翔人翻山越岭、乘风破浪；他，不忘初心，坚持本心、奉献社会。这就是杨庆伟，一个纯粹、直接的"掌舵人"，一个谦逊、简单的"管家"。

破釜沉舟　激流勇进

1997 年，这是特殊的一年，是值得历史铭记的一年：一代伟人邓小平同志逝世，举国同悲；香港回归祖国，一雪百年国耻；党的十五大开幕，三峡治水工程截流成功……对于杨庆伟来说，这一年还被赋予了一层新的意义，他与几位志同道合的朋友，共同创办的"河南省中翔物资贸易有限公司"正式开业了。也就是这一年，31 岁的他立志要以钢材实业在古老的中原大地焕发崭新的工业活力，让河南的本土企业在国内为河南争光，在全世界为祖国争光。

虽然一穷二白，但他志存高远，为了闯出一片天，他毅然决然地离开了中国煤炭物资郑州公司（简称中煤）这个铁饭碗，走上了创业之路。说干就干，他在郑州物资大世界租了一间房用来办公，月租 800 多元，采购了办公桌 1 张、床 2 张，最后买椅子的钱都没有了，他就把结婚时的椅子搬过来，就这样只有三个人的公司开业了。

一开始没有市场、没有业务，一个月能卖三五吨货已经是好的了，一个月除去电话费，工资才 30 多元，眼前的一切，让人看不到未来，感觉前途一片渺茫。但是农村娃倔强、乐观、能吃苦的特质，让他坚信别人能存活，他自己也照样能。

为了生存下去，他们天天跑市场、找客户，印发小广告（当时可以发小广告）。不论刮风下雨，没有客户上门，他们三个人就骑车跑钢材市场，贴广告，找客户。有一次，他骑着家里唯一值钱的摩托车去钢材市场，结果回来的路上车坏了，推也推不走，拖也拖不动，急得衣服都湿透了，当时真是叫天天不应，叫地地不灵，泪水、汗水交织在一起，他气得一脚狠狠地踩向地面：我就不信，我们活不下去！至此，必须生存下去的决心更加坚定地扎根在他的心里。任凭风吹雨打，他们仍挺直脊梁，砥砺前行。

坚持自我　打破谣传

前些年,河南人的名声很不好,甚至到了闻之便嗤之以鼻的地步。

正是由于这些莫须有的谣传,河南人在外总是受到不公平的对待。杨庆伟回忆道:"记得公司去河北参加订货会,我带着一名员工(现任公司副董事长)去参加,中午吃饭的时候,大家做自我介绍,当别人听到我介绍说'我们是河南的'。有个山东老板就说:'你们河南人最差劲儿了,信誉最不好!'我呵呵笑了笑,说:'我们河南人还是好人多,只是让你正好遇到了不守信誉的,好人你没遇到'。"虽然是几句戏语,但杨庆伟的心里却很不是滋味,他在心里暗暗发誓:我们是河南人,我们要为河南人争光,为河南人代言。

随着公司规模的扩大,中翔公司不仅做省内客户,还发展了很多省外客户。这一次,他彻底为河南人争了光。

那一年,河北的一个客户订了30万元的产品,客户自己找的司机过来拉货,当货车上高速后,被交警拦住了,原来高速上在排队检查货车是否超载,现在已经排了近2公里的长队,货车司机给客户联系需要等待排队才能放行,无法按时到达目的地了。客户一听着急了,要求必须按照合同上指定的到货时间送货,否则就要赔偿违约金,以后也不会再合作!无奈之下,客户联系公司的李总,希望公司能帮忙提供一个解决办法。

李总向上级汇报后,公司高管立即召开了一个紧急会议,会上大家各抒己见。

有人说:"货款我们已经收到了,货也已经出厂了,司机没把货送到,跟我们无关。"

有人说:"客户现在遇到了困难,虽说确实与我们无关,可是帮助客户我们才会赢得长期的合作。所以,建议公司找车再发一批30万的货过去,解客户之急。"

……

会上大家争执不下,一度陷入了僵局:客户现在没钱,再发一批货确实有风险,不发货客户的问题解决不了。最终,一个声音传过来:"找车再给客户发货,这个责任我来担!"杨庆伟郑重地说。

当货按时送到目的地之后,客户致电到公司:"非常感谢你们!你们河南人,中!"从那以后,在河北,河南人的名声逐渐好了起来,不管是客户还是钢厂,只要提到中翔,没有一个人说不好,再也没有人说河南人差劲儿了。

勿以恶小而为之,勿以善小而不为。于细微处显精神,于小事中见人品。一个人,一件事,看似单薄,但是河南的复兴,中原的复兴正是需要这点点星火汇聚成燎原之势啊!

建立信任 吃亏是福

杨庆伟曾在中煤上班,算来也是一位近30年行业经验的"老钢铁"了,他亲身经历了钢材贸易从计划经济到市场经济的变迁,也全程参与并见证了23年来,中翔这只雄鹰从20世纪末创立之初的嗷嗷待哺,到如今展翅翱翔、扶摇直上九万里的波澜壮阔的成长之路。这一路有苦也有甜,他作为中翔的家长,他总是教导家人要待人诚恳、为人诚信,并身体力行、亲身示范。

汝州客户杨矿长,每次订货9吨,刚开始合作时大家互相不够信任:公司担心客户不付款,客户担心付了款公司不送货,所以一般都是公司派人跟着货车,等客户验货付款后再返回。这样合作一段时间之后,客户让司机来拉货时直接把货款捎过来交给公司了。

公司业务问杨矿长:"每次报价,你们都没还过价,送货也不验货,这是为什么呢?"

杨矿长说:"你们经常送货,我是没还价,但是我了解市场行情,你们报价总比别人低。原材料送过来之后,生产废料有限,我一看废料就知道你们送的货数量、质量如何了。"

大家终于解开了心中疑虑,随后相视而笑,彼此间的信任也从此生根发芽了。

杨庆伟一直倡导吃亏是福,中翔不成文的企业文化就是吃亏让利。能赚10块钱的,中翔只赚8块,和气生财、知足常乐。

中翔的"吃亏是福"不仅仅体现在吃亏让利上,在其他方面,中翔也是先保证客户的利益,刘庆伟说:"客户的问题就是我们的问题,损失全部由我们来承担。"公司强调要严格控制生产环节,在可控范围内保证产品质量,尽量减少瑕疵产品;在公司不可控的损失发生时,中翔也要挺身而出,绝不让客户的利益受损失。

有一次,给登封一煤矿发了60吨矿工钢,早上8点多装货,11点多到货。那个煤矿在崎岖不平的地区,坡度大且不好走。矿上一个人去接应货车时,正好车从陡坡上滑下来,不幸把他给撞死了,货车也拖走了,当时货还在车上。因为这批货着急要用,李矿长立刻及时联系公司反馈了此事,公司立即安排又装了一车货,并于下午1点准时送达,没耽误使用。事故处理了3个多月,之前车上那批钢材严重锈蚀,他们二话没说,把货拉回来自己处理了,货是拉回了公司,但是损失高达2万多,虽然吃了亏但是却让公司赢得了

良好的声誉,李矿长也成了中翔的"铁杆粉丝"。后来登封矿上的其他老板,担心中翔收钱不发货,一直心存余悸,李矿长知道后,主动为中翔担保:"你们只管转账,要是中翔不给你们发货,我承担损失。"

正是凭借着这些优秀品质,中翔在"探索、爆发、稳定、上升"的发展四部曲中完成了涅槃。虽然那时实力不足称道,办公环境不上档次,但凭着那一批元老们如此为人处事、待人接物的秉性,赢得了很多客户的认可,其中有不少人直到今天还是中翔的合作伙伴,这保持了20多年的商业往来,不仅是一种情谊,更是一种缘分。

中翔的这种品质也吸引了越来越多的新人加入这个大家庭,"幸福员工、成就客户、引领产业"已成为中翔的一项文化理念。在这里,每一名员工,都是中翔这个大家庭的家庭成员,大家在一起共事,有着相同的追求,相似的价值观;在这里,只有职位的不同,没有人格和地位的高低之分。每一位中翔人,都把工作当成了事业,秉承中翔的优秀品质,团结在一起,精诚合作,努力让中翔的未来更加辉煌。

诚信感恩　舍己利他

回首望去,往事历历在目,中翔正是靠着优秀的企业文化和价值观才能走到今天。杨庆伟作为公司董事长,无论在工作上还是生活中,无论做人还是做事,时刻牢记并秉承着中国的传统思想——"仁义礼智信、温良恭俭让"以及中原文化的特质——"中、正、平、和",并把这种踏实而深刻的价值观铸入了中翔的企业文化中。"诚信、感恩、珍惜、利他、谦虚谨慎、戒骄戒躁"是中翔钢铁集团雷打不动的十六字理念方针,"我们不是中翔员工,而是客户采购员"更是全体中翔人对待客户的行为准则。

凡是与中翔合作过的,不论是企业还是个人都对其交口称赞,哪怕是与他们合作的司机他们绝不会让人家吃亏、不满。杨庆伟说:"只要与中翔合作过,那他就是我们的客户,客户利益至上。"

早期中翔公司给客户送货,由于合作时间短,还没建立信任关系,所以有时他也会跟车。有一次给登封一个企业送货的时候,司机不小心闯了红灯,被交警罚款200元,当时杨庆伟并没有说什么,回到公司,他写了个条给财务,让财务又给了司机200元,当时司机很激动,说:"杨总,以后您不用跟车了,我把货送到后把货款给你们拿回来。"其实那时候公司也很困难,但是考虑到那司机跑车养家糊口也不容易,再交个罚款,跑这一趟车基本上不挣钱,就想着既然帮别人了,就多替别人考虑考虑。

对于外地的司机,杨庆伟也是一视同仁。十几年前没有地图导航,有时问个路还要掏钱,特别是外地车顾虑更多。有一次一批货从鞍山送到郑州,结果司机凌晨4、5点到了郑州,找不到钢材市场,那会儿天太早,路上人很少,好不容易找到一个人问路,人家要200元钱,没办法,人生地不熟的,只能掏了200元问路钱。公司李总知道这个事情后汇报给他,他立马安排李总写个单子,让司机去财务领了200元。

这样的事情还有很多,虽然都是小事儿,但却是一个公司、一个人的素质体现。勿以善小而不为,勿以恶小而为之。做好事不吃亏,行善举不吃亏。杨庆伟经常告诫员工:"你在外面占便宜了,回来接受处罚;如果听说你在外面吃亏了,回来我补偿你!我们公司就是在吃亏中长大的,吃亏中成长的。"

跪乳之恩　反哺之情

感恩是一种文化素养,是一种思想境界,是一种生活态度,更是一种社会责任。中翔公司招聘的员工,首先看品行、看对待父母的态度;其次才是看能力如何。一个不懂得感恩的人,谈何能做好工作呢?

早在2006年,杨庆伟就把孝敬父母变成行动,全体员工年底聚餐,他给每位员工发放孝敬红包,这个孝敬红包是专门给父母准备的,父母两人总共200元。一直到2013年,公司发放的孝敬红包改成400元,已婚的男女员工回去要孝敬双方父母。

年会发放孝敬红包

随着公司规模的扩大,公司核心骨干员工占到40%以上,就在2017年11月公司又出台新的政策,按员工在公司的工龄及职务,给予每月100~500元不等的孝敬津贴。杨庆伟说:"为公司做出贡献的每一个人的父母也是我们的父母,不管什么时候,都不能亏待了他们,不让默默奉献的'雷锋'吃亏。"

多管齐下　开阔思路

世界上任何事物的发展都有它的生命周期,企业也是如此。当中翔艰难地走到第一个 10 年时,销售额从 70 万增长到 1.2 亿,此时的杨庆伟并没有想象中的那种喜悦,更多的却是惆怅。"我们要走向何方? 下一步的目标是什么? 如何才能让这个营业额继续上升?"一连串的问题萦绕在他的脑中。

世上无难事,只怕有心人。他召集几个老员工,开始探讨公司的发展问题,经过 3 个多月的讨论、修改、再讨论、再修改,最终敲定了"做活、做好、做强、做大、做壮"五阶段发展新战略。从此,公司有了新的航向,在波涛汹涌的经济浪潮中重新起航。

公司的发展方向、领导人的迷茫,这些都是可控的,但是发展的路上更多的是不可控、不可预料。2008 年美国金融动荡,不少国家的实体经济也受到影响,国内 5 月发生汶川地震……一系列的问题接踵而至。2009 年公司销售额下滑了 6 000 万,员工们也深受打击,他鼓励大家不要气馁,下滑只是一时的。其实,面临着收入的减少,公司的资金十分紧张,但是他没慌,也没乱,员工的工资也是一分都不少的照常按时发放,他说"稳定军心是第一位。"

面对自己的迷茫,大形势的紧张,他除了在公司内部积极应对,更是努力寻求了新的突破口——进入郑州大学商学院 MBA 班学习。在课上他认真听老师讲解管理理论;课下与同学讨论,听大家讲实践经验,将理论与实战结合。三年的学习生活,他遇到了博学的老师,思路活跃的同学;开阔了眼界,拓宽了思路,隐隐约约中,公司未来的布局、市场规划渐渐清晰了起来。

结合实践　创新理论

2006 年的时候公司钢轨贸易销量已经突破了 1 亿,在市场上也是小有名气。由于公司做的现金交易,所以现金流相对充足。在稳定现金流的情况下,再融入新产品,应该是个好策略。

一想到这个方案,杨庆伟便与公司高层商议,安排人员考察市场,收集与钢材相关的产品,最终确定与煤矿形成上下游,自 2007 年起开始做矿山支护产品。刚开始由于缺乏经验,他们做得很吃力,只能是摸着石头过河,边学边干。但是经过全体员工 5 年的努力奋斗,他们凭借出货效率高,并且能如期交货,在行业内名气大振,营业收入超过 1 亿,占公司总营业额的 50%,这重新点燃了大家的激情。2017 年以后公司又新增了锚杆、锚网、托盘等产品,为公司带来新的增长点。

对于公司产品搭配组合,他总结出一个很形象的表述"竹子理论争第一"。所谓"竹子理论争第一",即先插1根竹子,等竹子扎根生长、苍劲挺拔,它的根部会重新发出新芽,悄然生长,并不断繁殖,最后形成一片茂密的竹林。

有句话说:付出总会有回报的。经过战略调整、产品优化等策略,2010年公司销售额回升至2.5亿。

但每次回忆起当年的经济大萧条,他都感慨颇深,那时钢材市场大大小小公司关门的关门,转行的转行,好多市场上的朋友来找他,探讨未来企业的走向。他始终目标清晰:坚持专注做钢材,不改行,哪怕不要利润,也不能丢了市场、丢了陪他一路走来的员工。风险越大、机遇越多,他带领全体员工在威胁中找机会、在风险中寻发展,2014年底公司筹备在河北投资建厂2 000平方米,2015年初投产,当年公司的总销量较2014年增长了8 000万,这个结果大大出乎了所有人的意料,这一次的胜利也让大家更加充满信心。未来5年里,他们在河北的厂房,从2 000平方米已扩建至15 000平方米,已基本满足新增长客户的需求。

另外,在2015年公司谈判成功的第一个外贸订单,收到货款共计158万元。同年年底公司正式决定并成功注册外贸公司——河南宗祥重工进出口有限公司,从此开启国际化道路的元年。

他常说公司的每一个员工都是他的贵人,大家同心同德,在经济萧条的时候,没有一个人放弃,这才是公司最大的财富。他的目标是3~5年营业额突破100亿!有这样的领导,有这样的团队,我们有理由相信,他们的目标一定能实现。

完善细节　精益求精

创业初期,杨庆伟就很注重产品质量,那时候虽然资金紧张,但是为了让客户对我们的产品放心,用着安心,加工使用的原料都是大钢厂生产的,质量必须有保证;对内加强内部技术管理,提高加工标准。并于2016年申请通过了煤矿安全认证,2019年申请通过了ISO 9000质量体系认证。为了提高信息化办公效率,公司投资50万升级管理软件,设立了网络部,加工厂投资200万将半自动化设备改造升级为自动化设备。

随着公司不断壮大,客户数量逐渐增加,为了更好地服务客户,他又提出成立客服部。这一想法一提出,各种质疑扑面而来:做个贸易又不安装,没有技术性工作,为啥要成立客服部呢?从来没见过哪个钢材贸易公司有客服部的,真是奇怪。

大家的质疑没有阻止他的想法。客服部从 2014 年成立到现在，接到过很多电话，有感谢的，有投诉的……收集上来的信息，经过分类汇总后，会召开公司部门经理级会议，让大家就这些信息进行讨论。在会上，大家难免会心中不快，认为有些客户是无中生有。不管是哪方面原因，他要求，只要客户提出来异议或损失，我们要做的就是先让客户满意，然后再找问题的原因。

这期间也有些员工找过他，问："杨总，这个客户提出来的问题，不是咱们造成的，我们为什么要赔偿？以后还会不会没事儿找事儿呢？"他语重心长地给员工解释："客户只要提出来问题，那说明还想跟咱们合作，如果连问题都不想给你说，以后他还会找你合作吗？我们都是凭良心来做事儿的，假如这批货没有任何问题，客户绝不会故意找茬……"

为了让客户满意，他甘愿俯下身躯，做中翔的"管家"，做客户的服务者。

不负韶华 硕果累累

在杨庆伟这个掌舵人的带领下，在中翔人的精诚合作、开拓进取下，中翔一路稳健前行，取得了瞩目成就。2006 年集团公司营业额首次突破亿元大关，并荣获河南省优秀示范单位；2016 年集团销售突破 5 亿大关，如今中翔集团已成为中原地区年销售额近 20 亿的一家大型多元化钢企，旗下涵盖矿山支护、钢轨及铁路配件、钢板加工、电子商务、进出口贸易、物流运输等成熟的业务体系。在成长壮大过程中，中翔荣获了全国百强钢材营销企业、河南钢贸 50 强企业、河南省钢铁贸易商会副会长等荣誉资质。在解决就业、增加税收、带动地方经济发展方面，中翔也做出了突出的贡献。

公司厂房及产品

中翔钢铁集团历经多年的拼搏奋进,如今练就了一身扎实的内功,在不断完善自身发展的同时,中翔力求做一个有担当、有温度、有情感的企业,回馈社会、服务大众。在杨庆伟的倡导下,中翔常年坚持开展帮扶孤寡老人、捐资助学、扶贫救灾等公益活动,为社会的和谐进步添砖加瓦、奉献爱心。这满满的正能量,也彰显着中翔钢铁集团做人、做事、做企业的崇高态度和责任感。

中翔与河南理工签署"战略合作暨奖学金设立协议"

编者语

《荀子》有言:"良农不为水旱不耕,良贾不为折阅不市,士君子不为贫穷怠乎道。"杨庆伟甘愿做中翔的"管家",甘愿做客户的服务者,为之俯身,但是在产品质量、道德品质、奉献社会上,他从来都是耿直、坚持,做"灵魂"的"主人"。

我的创业故事

——信阳市文新茶叶有限责任公司董事长　刘文新

座右铭

复兴名茶，回报社会。

刘文新

个人简介

刘文新，男，汉族，1972年6月出生，河南信阳人，现任信阳市文新茶叶有限责任公司党委书记、董事长，全国劳动模范，中国茶叶流通协会副会长，第十二届、十三届全国人大代表，享受国务院特殊津贴，先后荣登"中国好人榜"，获得"全国道德模范提名奖"，2018年被评为河南省劳模助力脱贫攻坚"十大领军人物"，2019年荣获"河南省脱贫攻坚奉献奖"。

絮语

茶之为饮，发乎神农氏，闻于鲁周公，兴于唐朝、盛在宋氏，悠悠历史几千年。做人需如茶：谦和、诚敬、融合于众；立德、修德、乐于奉献。作为一个"茶人"，刘文新便是这样。

勤奋扬远帆

1972 年 6 月 5 日，刘文新出生在信阳市平桥区素有"北大荒"之称的肖王乡肖王村，父母都是老实巴交的农民，穷得叮当响。家里有 7 个孩子，刘文新排行老六，一家 9 口人，挤在 3 间土坯房里。他回忆道"冬天，我与哥哥睡在一张泥巴床上，铺的是稻草，垫的是棉布床单。"

贫困的家境磨炼出了他坚忍不拔的意志和吃苦耐劳的精神，勇于直面各种艰难和挑战，不满 16 岁的他便被迫辍学，担负起了赚钱养家的责任。刚辍学的他没有什么经验，就提着家里积攒的鸡蛋沿街叫卖，当天卖不完，舍不得住店，就在车站票房或别人家屋檐下，趴在鸡蛋篮上打个盹儿，第二天一早，又赶到市场上接着卖。心细的他注意到毛尖茶叶卖得很俏，便跑到大山贩了些茶叶到城里摆地摊卖。那时，有人提前打招呼要一些茶叶，他会高兴得一路小跑送上门去。一晃几年过去了，风吹日晒，摸爬滚打，也与茶叶结下了不解之缘。

1992 年，随着第一届中国信阳茶叶节的举办，信阳市建起了幸福茶叶市场，每间门面房月租金 500 元，这在当时可以说是个不小的数字，这一价格让许多经营多年的茶商都望而却步，"有个固定的门面是我经历地摊叫卖后的第一个愿望，我不能错过。"就是这个简单的愿望，驱使他拿着手里仅存的一万元钱租下了一间位置比较好的店面，挂起了"文新茶庄"的招牌，开始一心一意做茶，不到 20 岁的他，彻底摆脱了"卖蛋郎"的身份，成了茶市里最年轻的小老板。

为了保证茶叶的品质，在谷雨前的采茶季节，刘文新每天凌晨两三点就赶到 30 公里外的大山茶区，穿梭于茶叶批发市场，查看茶样，挑选茶叶，有时还会翻山越岭到茶园和茶农家中采购茶叶，常常一天要跑 30 多公里的路。饿了，啃一个自带的干馒头；渴了，喝几口清凉的山泉水。功夫不负有心人，他终于找到了质量上乘的地道大山毛尖，汤清色绿，味道醇厚，再加上价格公道，斤两不差，服务热情，生意也是做得风生水起。

茶庄开业不久，刘文新就接了一个"大单"：一位客户订了 150 公斤大山毛尖茶，还预支了全部货款。但是，由于货源紧俏，几天过去了，刘文新只采购到一大半的货。为表歉意，他亲自跑了几十里路把货送给客户，并退还了剩余的货款,那位客户半开玩笑地对他说:"用小山茶充数不就得了,你真傻,送到手的钱不知道赚。""诚信是金,待人以诚。行事以信,有诚则成",这是经商和做人的原则,也是刘文新一直坚守的"傻",正是靠着这股傻劲,他赢得了越来越多顾客的信赖,扬起了创业之舟破浪远航的风帆。

创新兴茶业

在茶叶市场上闯荡几年之后,刘文新发现了一个令人揪心的问题:信阳毛尖久负盛名,早已被列为"中国十大名茶"之一,应该是"皇帝的女儿不愁嫁"。然而,市场上销售的毛尖茶叶却是良莠不齐,鱼目混珠,以次充好的现象层出不穷。更有甚者,一些质量粗鄙的假货,却打着"信阳毛尖"的旗号招摇上市,严重败坏了信阳毛尖的声誉,造成市场的日渐萎缩。

一个大胆的想法在刘文新的脑海中逐渐清晰起来:创立一个拿得出,叫得响的品牌,重振信阳毛尖雄风,拓展信阳毛尖的市场。1995年正式注册"文新茶叶公司"之后,他做的第一件事,就是实施名牌战略,向国家工商总局注册"文新"牌商标。在全市18万户茶农中,这也是第一个也是唯一一个用自己名字命名茶叶品牌和企业名称的人。"从那一刻起,我就一直把茶叶当作自己的生命,当成我一生的事业,要与之一生结缘。"

为了全力打造"文新"品牌,刘文新在优质信阳毛尖的主产地浉河港乡投资了数百万元,建起了万亩生态茶园基地。采取"公司+基地+合作社+农户"的模式,从培育良种茶苗入手,大力开发无公害、无污染的种植技术和采制工艺。2006年,他率先引进了国内第一条最先进的信阳毛尖机械化、清洁化生产线;2011年,在信阳市羊山新区按高标准建成了集茶叶精制加工、仓储、物流、电子商务、检验为一体的科技园区。同时,在茶叶包装上,刘文新坚持"传统风格与时代气息相结合"的设计主旨,形成袋装、罐装、礼盒装、真空听装等系列包装,颇具文化品位和茶乡风韵,可满足不同消费者的多种需求;在广告宣传上,更是启动了全方位、立体化的多种手段,让"文新"牌茶叶成为家喻户晓、人人首选的知名品牌。目前,公司逐渐成为河南省茶叶形象的窗口。

1999年9月,刘文新投资200多万元在市内申城大道创办了首家典雅别致、集文化娱乐与品茗休闲为一体的文新茶艺馆,为信阳开启了第一个展示茶文化的窗口,并多次参与联办或组队参加了信阳茶文化节和全国的茶艺茶道表演,连获大奖。2002年4月,他投资2 000多万元在中山北路建成2 000平方米的文新公司综合楼,内设专卖店、茶艺馆;2006年9月,又投资700万元,在郑州高档餐饮产业密集区域以"一店一馆"的形式开设了郑州经营面积最大、品种最多的文新茶叶专卖店、茶艺馆。

一店一馆的装修风格体现了浓厚的茶文化底蕴,设施设备更是展现了

文新茶艺馆

人性化的环境氛围。"打造百年名店,争创百年品牌"的口号,标志着文新公司走上了茶产业与茶文化相融合的新的发展阶段。此后,文新公司如虎添翼,步入了立足信阳、向外扩张的快车道。目前已在全国各地市设立了171家文新茶叶专卖店,并在全国各大城市共设立了318家代理经销商。文新茶叶现不仅畅销内地,而且远销港澳台地区。"文新"凭借其设施先进、功能齐全的经营、销售、服务体系,已成为社会公认的发展茶产业、弘扬茶文化的示范企业。公司先后获得"国家级重合同守信用企业""全国青年文明号""中国茶叶业行业百强""中国驰名商标""中国名牌农产品"和"河南省省长质量奖"等多项殊荣。

携手奔小康

"发展壮大信阳茶产业,带动更多茶农致富,是我一生最大的心愿。"刘文新感慨道:"前些年,信阳市茶乡的茶农饱受"种茶难、卖茶难"的困苦,有好茶,无好价,守着金山度日难。"刘文新通过构建"公司+基地+农户+合作社"的产业模式,在茶乡免费举办茶叶种植、采制技术培训班,赠送茶农制茶设备、茶具和茶叶技术书刊,对茶农实行"四统一"服务:统一规划、统一供种、统一指导、统一收购。在种植期间选派技术员到茶园进行技术指导,及时解决种植过程中出现的问题。使茶农摆脱了种茶难、卖茶难的困境,靠科学种茶走上致富之路。

从2003年开始,以公司为主导、联合茶农陆续成立了3家农民专业合作社,实行开发立体化、设计标准化、施工规范化、栽培模式化、管理科学化,由

刘文新与茶农一起修剪茶园

单一茶园向复合型立体茶园、生态茶园发展,形成了独具特色的名优茶生产基地。公司无偿为茶农提供技术服务,并实施订金提前预付、原料优价收购、年终优者返利等惠农举措。合作社辐射的 8 000 多户茶农的每亩茶园年均增收 3 000 多元,直接受益的 2 万多茶农人均年增收 20% 以上,彻底帮助茶农们走出了贫困,步入小康生活。

"我是靠茶成长的,茶农就是我的根。茶农不说我好,我的人生就没有价值。我的企业如果不能带领茶农致富,企业就没有意义!"这是刘文新创业以来始终坚持的价值观。

爱心报社会

"滴水之恩,当涌泉相报。文新公司的发展离不开各级领导、山乡茶农和社会各界的关怀、支持和帮助,用爱心回报社会,是我义不容辞的责任。"刘文新每每回忆起公司发展历程,总是忍不住感慨。这些年来,文新公司一直秉承"复兴名茶,回报社会"的宗旨,先后为希望工程、扶贫救灾等社会公益事业捐资 1 000 余万元;资助了 30 多个贫困生完成学业,助学金达 158 万元。刘文新还牵头设立了红领巾"文新奖",每年拿出 20 余万元,帮助鼓励贫困地区优秀少先队员和辅导员。

"心有多大,舞台就有多大"。这是刘文新常给团队说的一句话。2005年新年伊始,他又把这句话浓缩为"心容天下",用于文新公司的主题广告词,在郑州和信阳的媒体刊播,并在火车站、繁华街区树起大型广告牌,让文新走出信阳、立足中原、放眼世界,打造信阳毛尖国际品牌。

向贫困户发放金融扶贫款

红领巾文新奖颁奖典礼

　　面对新的机遇和挑战,2016年他们提出了"中国绿茶看信阳,信阳毛尖信文新"的超级话语,这是于企业,更是对消费者的一种表态。刘文新说:"我们是真正的真心诚意去做企业、去做一个百年品牌、百年基业。我要把茶叶始终当成自己终身追求的事业,并带领所有文新人不遗余力地向着茶产业更高的方向发展下去,让我们的信阳毛尖香飘四海、誉满五洲,也让文新公司的'国人好茶梦,茶农幸福梦,文新家人梦,名茶复兴梦'变为真真切切的现实……"

文新万亩生态茶园

编者语

　　采茶非采芽,远远上层崖。布叶春风暖,盈筐白日斜。"文新"就是凭借着埋头苦干、脚踏实地的茶农精神,让"文新"不再只是一个名字,更是一种形象,一种品质。

白手起家的"创二代"
——河南康嘉瑞集团董事长　吴广兰

座右铭

志在心中、路在脚下.

把握现在. 赢在未来.

个人简介

　　吴广兰,1981 年生于山东省阳谷县。河南省工商联委员、管城区政协常委,郑州大学 EMBA 工商管理硕士研究生毕业,现任河南康嘉瑞集团董事长。

办公室工作照

絮语

一个人的原生家庭对自己影响有多大？吴广兰给出了最好的答案。他是一个天生的商人。从小举家随着"创业"的父亲东奔西走，早已耳濡目染经商的含义。他对创业更有激情欲望，对商机更具敏感判断。但是商人的外衣下，他又有一颗志虑忠纯的心。心系他人，扶危济贫，热衷公益，回报社会，正如兰花君子般高洁。

年少有志 青春无悔

1981年11月15日，山东省阳谷县闫楼公社高庙村的一个普通农村家庭又有一个小男孩出生了。而在这之前，家中已有四个男孩，他排行老五。吴继兴给他取名吴广兰，一是家里没有一个女孩想把他当成女孩养，二是希望国家和他们吴家"繁花似锦、灿烂辉煌"。取"灿烂"的烂字谐音"兰"字为名。他就是后来在郑州创办多家企业，并获得多项荣誉的企业家吴广兰。

一个人能在他所从事的行业里取得成功，除了与他自己的奋斗和天赋有着不可分割的联系外，还与他成长的经历及环境及家庭背景密不可分。

讲一个人的成长经历就要先从他的家庭环境及父母开始。他的父亲吴继兴，1948年9月9日出生在一个普通的农村家庭。吴继兴15岁时就背井离乡外出闯荡，带着15块钱路费就去了锦州葫芦岛。用剩余的几块钱，做冰糖葫芦卖，3年时间挣了2 000块。吴继兴1967年回老家，1968年与宓海英结婚。回到家乡这几年，吴继兴除了照顾家里、干农活外，有机会就接点建设砖窑的活，贴补家用。1978年下半年，吴继兴四处借钱，承包了生产队里的一座砖窑，起早贪黑，每天都非常辛苦。谁知道天有不测风云，一场大雨把吴继兴和工人拉出来的几万砖坯全部淋湿泡汤了，砖窑也垮塌了。借的几万块钱瞬间化为乌有，债主纷纷上门讨债。在万般无奈的情况下，1984年吴继兴带着一家人到河南濮阳谋生。在离开前，把欠窑厂工人名单和工资写到一张纸上，贴到大门正中显眼的地方，感谢这些工人在困难时给予的相助，并给工人保证挣了钱一定会如数还给大家。吴继兴就揣着仅剩的3.8元带着一家7口人，去了濮阳发展。

后来，吴继兴又是从无到有，从小本买卖干起不断积累。这之后吴继兴开了饭店，饭店竞争激烈后，转行做了建材、五金店。1990年，吴继兴到郑州承包了振兴市场一栋楼，装修好后出租给商户。1994年初，振兴市场要拆迁。只得重新打算，在五里堡建了五里堡食品批发市场。后来的几十年，一

直是这样勤勤恳恳，艰苦经营，风风雨雨经历了很多。吴继兴从零开始，白手起家，投身商海，敢打敢拼。父亲的坚忍、勇敢、诚信等精神品质对吴广兰之后创业奠定了宝贵的精神财富。

受父亲吴继兴的影响，吴广兰从小就对开拓市场产生了浓厚兴趣。在校期间，他在学习之余投资开了3个百货商店连锁店。1998年毕业后，他开始筹备自己的第一个项目——万祥大药房。初生牛犊不怕虎，刚刚接触市场的他没有一点经验，凭着一股冲动和热情，在当时并不繁华的新郑路上投资大型药店。药店前期工程结束后，店准备开业时，却由于合同错误以及位置劣势导致药房无法正常营业而失败。

1999年，不服输的吴广兰又开始筹备第二个项目——在濮阳老城区开发服装市场，市场占地4万平方米。但同样由于管理不当，运营经验不足，服装市场又一次落败，这一次可以说是一败涂地。两次失败让他吸取了教训，认识到了开发一个成功的市场必须经过严格而又缜密的考虑和计划。

2004年3月，历时2年，占地348亩的郑州鑫兴建材城正式完工。最初，他按照郑州市的总体规划——北边汽配城、东边建材城、南边食品城，将郑州鑫兴建材城定位为食品城。因为之前他一直与父亲吴继兴做食品市场，后来在五里堡食品城任职，从基层一直做到主任。在那段时间里，他结识了许多经营食品的商户，并与他们建立了深厚感情，直到自己开发郑州鑫兴食品城之后，原来许多做食品的商户都自愿投奔他。食品城的基础设施刚刚建成，就有800多个商铺被商户们租下了。他看着自己的市场有了起色，十分欣慰。

也正是因为他刚步入社会干事业的这几年的磨炼，让他受益很多，对他以后的人生影响很大。经历了几次项目的失败，最终才迎来了鑫兴建材城的成功。与成功相比，更重要的是他对以后的人生有了新定位。人只要心怀梦想，不怕失败，勇敢地去追逐，最终都会收获好的结果。创业做企业，是选择了一种生活。这样的生活或许有些时候，压力很大，要面对各种各样的困难，会失败，会受打击。但是一旦人有了志向，并把一点一滴的努力汇聚成河，所得到的精神满足和成就感也是不可想象的。这就是吴广兰的选择，他已经确定了以后要走的路。

审时度势　敢想敢干

干事创业并不是一帆风顺、轻而易举的，必然会遇到困难和阻力。创业者要敢闯敢试，还要审时度势地不断发现和解决问题。早在创业之初他就有这样的心理准备。

食品城经营一年多后,不断考察市场的吴广兰发现郑州食品市场竞争十分激烈。而自己的鑫兴食品城如果要与一步之遥的万客来食品城抗衡,自然是勉为其难,他准备将食品城改为建材城。首先需要遣散食品城的商户。他用了一个月的时间分批给商户做工作,由于都是老客户,感情深厚,所以遣散工作进展得比较顺利。然后就是改造食品城的基础设施,包括厂房、仓库等,原来能够容纳 1 500 户商铺的食品城,如此一改只能容纳 500 户。

虽然,这个转变花费了他很多时间和精力,但结果非常成功。食品行业琐事比较多,商户之间的竞争也非常激烈,不容易协调,而建材市场相对比较稳定。另外,东建材市场要拆迁,周边的建材市场必然火爆,虽然他们有违"南边食品城"的规划,但他们属东南方向,挂靠东边这一优势,也必定成为未来的发展方向。

事实印证了他的选择,鑫兴建材城以专业销售 PPR 给排水材料和太阳能两种建材为核心,在郑州市场独树一帜,外省很多建材商户慕名前来洽谈租赁入驻事宜,不断为郑州建材市场注入新的活力。

做市场贵在为人,初露锋芒的他已经感觉到做市场的无穷乐趣。做市场如果你不"为人",那就无法开拓市场。他原来的很多商户虽然离开了,但大家一直保持着联系,他们有什么难事都会找他,他也会尽力帮他们。在他开发鑫兴建材城时,很多都是老商户,还有一部分都是老商户介绍来的。他对建材城的管理非常人性化,要求员工对商户的所有困难,都要尽力解决,但绝不能用吃来要挟商户,违规两次将被除名,商户对此非常满意。

鑫兴建材城

面对郑州建材市场和其他一些市场投资无序,他认为投资商不应该盲目投资,一拥而上,那样不仅会损失自己的利益,而且也会给城市的发展带来负面影响。投资商选择项目要独特、新颖,要根据百姓和市场的需求开发市场,这样才能赢得商机,赢得利润。当时正是因为吴广兰准确的判断,认为建材市场鱼目混珠,没有特色,才依靠产品定位专业性强的优势来赢得市场的。

此次转型让吴广兰意识到,创造性的事业要靠创新来推动,解放思想、开拓创新永远是迎接挑战、克服困难的首要前提;决策者的思想活力和锐气一旦丧失,精神的支柱和动力一旦垮塌,一个企业注定要徘徊不前。

敢想敢干,就是要科学地抢机遇、谋发展,要以敏锐的意识、超前的眼光、开阔的胸襟,积极抢抓市场机遇,化不利为有利,变被动为主动。

敢想敢干,就要敢于承担风险。决策者就是要有"明知山有虎,偏向虎山行"的胆识。对认准的事情果敢拍板,同时对工作中的一些脱离实际的做法敢于认账、勇于纠正。

敢想敢干绝不是脱离实际的空想蛮干,而是在深思熟虑和审时度势之后的正确选择。敢想敢干,是有风险的。有时敢想不一定正确,敢干不一定成功。这里有诸多原因,有时时机不成熟,方法不得当。失败不能影响锐气,正所谓不能因噎废食。

奋发实干　天道酬勤

天道酬勤"贵"在实干。"事者,生于虑,成于务,失于傲。"作为企业家,每天都要面临各种各样的挑战,只有实干才是出路。

1999 年,18 岁的吴广兰毕业后,走到时任郑州食品城总经理的父亲吴继兴面前斩钉截铁地说:"给我一个工作吧"知子莫如父,慈祥的吴继兴注视着他,立即明白他并不是一时兴起,于是说了三个字:"你挑吧"。很多人不敢想象,身为总经理儿子的吴广兰,做个办公室副主任绝对没问题,可是他竟然选择到基层去做市场管理员。刚开始,作为年轻人,很多事情都不会解决,不会处理。比如商户之间发生矛盾,他去调解时有时候处理不好,也会觉得手足无措。但是年轻且尚带三分稚气的他骨子里却饱含着山东人执着的精神。虽然年纪小,却很实在,并且能够坚持。很快,商户们都觉得他这个人挺不错,也都会给他面子。

在基层工作的过程中,他也吃了很多苦。干过保安,当过清洁工。但是从不埋怨,与同事关系处的非常融洽。在工作上认真负责,不论白天黑夜,尽心尽责地做好岗位上的工作。他给自己立一个严格的规矩,一次错误,就扫地三个月,不逃避责任,惩罚自己也从来不会手软。

人生在世,会当有业。他是个闲不住的人,觉得干事业是最有意义的事儿。于是他在商场选了两个商铺自己经营,这两个小店每天都能赚一二百块钱。在生意上小试牛刀,感觉顺风顺水。一边管理员工,一边雇了七八个人帮他做生意。这让他有了信心,经商的才能也在一次次的商业实战中显现出来。

不忘初心　回报社会

不忘初心,方能展现创业者的本色。回报社会,才能显示创业者的社会责任。

一个人的成功除了自身的努力外,也与好的社会环境以及其他人的帮助有关。创业者的初心是追求个人价值。当力所能及时,回报社会。承担起相应的责任,也是个人价值及素养的体现。

吴广兰事业取得成功后,一直在做公益事业,回报社会,承担社会责任。作为政协委员,他关心民生问题,切实解决问题。2018 年 4 月 11 日,前往开封市祥符区西姜寨乡"老兵之家"看望老兵。在与老兵亲切交谈中,了解老兵们的困难,为他们捐款捐物。2018 年一次偶然的机会,他看到十八里河小学的房子比较老旧。因为关心孩子们的情况,就走进学校实地考察了解,发现学校内有些房子存在安全隐患。立马向有关部门反应,解决问题,在他的努力下学校的房屋得到改造重建。与学生们接触多了,发现有些孩子生活比较困难。他又给孩子们捐款捐物,帮助他们解决生活学习上的问题。参加河南清华校友会的公益活动时,他也热心公益捐款捐物。近年来捐款捐物 30 余万元。持续关注学生教育,视察十八里河小学改造工程,提出了合理的建议。一次,他路过紫辰路与南三环交叉口时,发现这条路是断头路,有一段路没修通。来往群众都是从围栏的缝隙钻过,而围栏的另一边就是快车道,很危险。他联系相关部门,多方沟通,最终这个交叉口快速修通,极大地方便了群众的出行。市场里的租户资金有困难时,他也伸出援手,允许租户延期一段时间缴纳租金。这样的事情还有很多,创业至今他一直都是这样尽自己的能力去帮助他人,承担社会责任。

捐助希望小学图书室

慈善捐款

千里之行　始于足下

人世间没有一蹴而就的成功,任何人都只有通过不断的努力才能凝聚起改变自身命运的力量。认准方向朝着理想,从小处做起,一步一步地积累着,走下去,这就是成功的秘诀。

有志者,事竟成;破釜沉舟,百二秦关终属楚;苦心人,天不负;卧薪尝胆,三千越甲可吞吴。若不给自己设限,则人生中就没有限制你发挥的藩篱。当志向坚定、脚踏实地时,困难也就不是困难了。

从 18 岁走上社会的那天起,吴广兰就已经有这样的意识和体会。不管是上学期间在学校里开小超市,还是他后来在鑫兴食品批发市场当保安,开店铺,大事小事都来自于一点一滴的付出,一步一步的行动。

他刚上社会做的几个项目都不太成功,犯了一些错,也有很失落、丧失信心的时候。但是他早已有足够的思想准备来应对那些未知的风雨。

这 20 年来通过自己不断地努力,吴广兰创办的企业也有了一定规模。2009 年建成郑州百姓购物广场,选址在现今的中州大道与新郑路交汇处、十八里河六通加油站以南约 40 亩(约 2.7 公顷)土地上(原集贸市场对面),通过建设一系列配套设施,为经贸及休闲提供一个高标准、上档次且设施齐全的场所,其主要功能以满足该区域群众日常消费需求,同时提升该区域知名度。该项目投入使用起,容纳了各类商户 600 家,间接增加就业岗位 5 000 余个;每年可为地方财政增收约 300 余万元,加快了该区域的城市化步伐,有效地解决了农村剩余劳动力就业问题,促进了社会稳定和区域经济发展。2013 年初,由于中州大道与十八里河立交桥的建设,郑州百姓购物广场被拆迁。

2011 年 8 月,他投资建设郑州百姓蔬菜水果批发市场,占地约 286 亩(约 19 公顷),总投资 3 亿元,2012 年全部建成,入驻商户 3 000 多家,极大地促进了当地经济的发展。

2012 年 8 月份,河南康嘉瑞集团斥资 2.45 亿元收购总面积 120 亩(约 8 公顷)的花园别墅小区。2016 集团投资 1 亿元收购了河南鹰击博宏贸易有限公司。现在河南康嘉瑞实业集团有限公司已经成长为一家大型综合性的企业集团,公司总部设在商城路与英协路交叉口西北方"伟业大厦"11 楼,公司现有员工 160 多人,总资产 5.6 亿元。

河南康嘉瑞实业集团有限公司秉承"合作、共赢、追求卓越"的宗旨,诚信创新、与时俱进,在激烈的国内外市场大潮中艰苦奋斗、自强不息,现已形成以房地产开发与建设、酒店投资与管理、固定资产投资、大型批发市场及物流运输、建筑装修工程为主业"五轮驱动"的发展格局。立足新时代,面对新机遇与新挑战,企业主动出击,改变原有经营模式,结合互联网思维在企业运营与人才管理上创新。集团也注重新旧动能的转换,原有的建材市场随着时代发展,市场需求已经变化,而房屋装饰、装修有很大市场,集团成立装饰公司,该公司拥有国家二级建筑装修资质,现已多次承接大型星级酒店、快捷酒店及政府单位等公装项目工程。

集团愿景是"集产业多元化,创百年康嘉瑞"。抓住国家加大基础设施建设投入的历史机遇,遵循站稳郑州、立足河南、面向全国、走向世界的企业战略方针,以高度的使命感、责任感一如既往地为用户和社会提供满意的产品和服务,将产值做大,将公司做强,创造新的业绩,展示新的风采。

不经历风雨,怎能见彩虹。吴广兰把奋斗的过程当成一种人生的享受!他相信社会给了我们展示自己的舞台,不懂得珍惜,是懦夫的表现。海阔凭鱼跃,天高任鸟飞!男子汉就要勇于拼搏,敢于挑战!心中念着"千里之行始于足下",手中重新扬起理想的风帆,驶向胜利的彼岸!

编者语

俗话说,虎父无犬子。吴广兰继承了其父敢打敢拼、吃苦耐劳、绝处逢生的精神和能力。作为创二代,他没有站在父亲的肩头坐享其成,而是甘愿从基层做起,去一点一滴组建自己的商业王国。吃得苦中苦,方为人上人。吴广兰的创业之路并不顺利,但是他为人纯良,广结善缘,关键时候大家都愿意相信他,帮助他,这才是企业家最珍贵的人格魅力。

改

革

篇

　　时代的进步,科技的创新在造就一批批新景象的同时,必定会留下一些"残垣断壁",如何对待这些曾经的辉煌,如何利用这些过去的经验,成为企业管理者的心头大石。在一次次的破冰前行、头破血流后,他们走出了困惑,走上了新路,把曾经的辉煌不断延续,他们是改革的先锋,是顺应时代发展的勇者,曾经的质疑和拒绝都已然变成了改革路上盛开的鲜花。

破立转新,改革路上的思路人

——中国电建集团河南工程有限公司董事长　王海波

人生的路千万条，选择了就义无反顾，奋斗的过程就是志义所在。

王海波

个人简介

　　王海波,男,汉族,中共党员,郑州大学商学院工商管理硕士,正高级工程师,现任中国电建集团河南工程有限公司党委书记、董事长(执行董事)。

絮语

"我们不但善于破坏一个旧世界,我们还将善于建设一个新世界",这是毛泽东主席在中共七届二中全会上的报告中的一句话,对于形容王海波2016年以来的工作成绩应该是很贴切的。中国电建集团河南工程公司从决定施行改革、打破重立那天起就预示着一场革命的开始,王海波作为公司的"思路人",事事躬亲、时时用心,带领着全体员工一路攻坚克难,终于他们不仅"立"住了,还"立"得那么稳、那么好。

中国电建集团河南第二火电建设公司的前身是伴随着辽沈战役的胜利而成立的,跟随着新中国的步伐一路前行。2016年,与中国电建集团第一火电建设公司重组整合成为中国电建集团河南工程公司。

是墨守成规按照已经成型的运营模式滋润地过自己的"小日子",还是顺应时代大胆"推翻再来"?这是摆在这家企业面前最为紧迫的抉择。王海波作为企业的决策者,以多年对企业的管理经验以及在郑州大学商学院攻读工商管理硕士时所汲取的新型管理经验和超前的市场认知,当即决定:改!

破而后立,二次创业

这一改,就是数载的打破重立、数载的涅槃重生。王海波对这次转型的定位非常明确:"就是二次创业。"原有的市场定位、产业架构、运营机制、管控模式统统要打破重建,加大科技创新投入,大力培育企业新的核心竞争力,期间或艰难,或痛楚都没有羁绊住这家企业转型升级的脚步,更没有抑制住王海波要转型、要革新的决心。

科技改革把这个与新中国同年成立的传统火电施工企业打造成了一个以能源建设为主的现代工程公司。王海波说,当前公司发展的程度还远远不够,他的目标是把公司打造成为国际一流的工程公司。

作为一个拥有近3 000名员工的大型企业,改革绝不是简简单单的一个常规决策,其背后的困难和引发出来的种种问题,都是摆在这位"思路人"及领导班子面前的重重大山。王海波说,既然要改革,就要狠下一条心,敢于向一流企业对标,要改就要往深处改、往痛处改、往实里改。

顺势勇为,要立的住

面对企业刚重组合并,组织机构和管控模式老旧,与当前电力行业发展所需要的先进管理模式相差甚远。王海波提出："公司想要长远发展，就必须要有明确的战略发展方向。"他迅速制定"强化主业铸品牌、优先国际赢空间、拓展多元促转型、投资带动助发展"的战略定位，以"打造诚实守信、客户优先的国际一流工程公司"为愿景，先把企业做优基础打牢，再逐步做大做强，实现更高品质发展。

改革重组的第一步就是精进组织，这就意味着要把原先陈旧老化的运行框架全部解构再重组以及对现有资源的再优化、再配置。这两家大型企业都处在整合初期，想要进行这么大规模的组织改版，谈何容易？首先面对的就是企业文化、价值观等一系列的冲突与融合等难题。然而最严重的问题是当时两个企业都面临着子公司亏损负债严重、区域竞争同质化、产业单一化、发展小散弱和历史遗留问题冗杂等内部困难，此时的河南工程公司向前挪动一步都极其困难，更何况进行如此大幅度的组织精进改革。

"要发展就别畏首畏尾，我们改革就是要解决这些摆在面前的困难，想要医病就别怕药苦。我们以后一定要进入国际一流工程公司的行列！"王海波更像是在这样给自己下决心，"改革势在必行，集团公司的要求、公司改革的需求、职工的期盼是我们改革最大的底气。"

自此，企业的深化改革便大刀阔斧地拉开了序幕。整体运营管控体系由过去的"公司直管项目部"向"公司直管事业部"转型过渡，并且构建了以"做精总部、做实事业部、做强项目部"的运营管控模式。按照精简高效和职责权利相统一的原则，成立了以总部职能部和业务中心、工程事业部、区域公司、专业技术公司，以及工程项目部所组成的新型企业运行架构。机关总部去"机关化"改革，放管结合、优化服务改革力度，以七个事业部为战略单元，模拟法人实体运作，专业化调整定位协同增长。在此期间进行了三次大范围的制度流程修订，极大地增强了部门管控力度，进而激活了整个企业的运作生命力。

"公司发展一定要防止虚胖。"四年间，在王海波的带领下，企业完成了全面改制：优化资产结构，修订完善党委会前置议事规则、决策流程和治理程序，实现了党的领导和治理结构体系的有机结合、相互统一；建立实施"一库三级"风控体系，真正意义上实现了"风险关闭"；"3+7"业务板块高效落地；"三供一业"分离移交、厂办大集体改革和关联企业清理全部完成；医疗机构改革高效完成，医保落地是困扰企业多年的"老大难"问题，这次改革真真切切地满足了企业职工，尤其是退休职工的诉求。

"军心"稳定了，这艘与共和国同龄的大船在满是风浪的市场中行驶得愈发平稳了。

截至目前，企业的市场新签、营业收入、利润总额等重要经营指标再创历史新高,较刚重组成立时翻了一番。现在共计拥有5项总承包(电力工程施工总承包壹级、建筑工程施工总承包壹级、市政公用工程施工总承包贰级、机电工程施工总承包贰级、水利水电工程施工总承包叁级)、6项专业承包(输变电工程专业承包壹级、防水防腐保温工程专业承包壹级、起重设备安装工程专业承包壹级、钢结构工程专业承包贰级、城市与道路照明工程专业承包贰级、环保工程专业承包一级)、2项甲级(电源工程类调试甲级、电力防腐保温工程甲级)、1项A级(发电厂热力设备化学清洗A级)及承装(修、试)电力施工许可一级等资质。

乘势而上,要走得稳

"体魄"强健了,接下来就是怎么应对电力建设行业整体变动对这家原来主营传统火电施工的企业带来的巨大冲击。近年来国家大力号召绿色环保,提倡能源绿色清洁化,传统火电市场急速萎缩,整个电力能源领域都受到了极大地影响。

想要让企业加速发展,向新时代能源建设所需的现代化工程公司转型过渡,首先就是对市场的定位要精准。王海波凭借对市场变化高度的敏锐性和在郑州大学商学院攻读工商管理学硕士时所学习到的先进管理理念,大胆提出革新理念:不要被自身定位所桎梏,要顺应潮流、顺应市场。不断拓宽业务涉及领域,才能在错综复杂的市场变化中站稳、走远。

但是,新兴能源建设市场竞争如此激烈,作为传统火电施工企业,如何提升自己的核心竞争力呢? 王海波说:"公司新型能源建设固然要发展,除了要加快培育孵化新的核心竞争力之外,咱们在传统能源的'看家本领'千万不能丢。"就这样,"强化主营、打造特色、发展多元"的新产业架构像一面旗帜,插在了河南工程公司各战略单元市场营销的桥头堡上。拥有丰富的火电施工经验,是企业得天独厚的优势,在此基础上去拓展垃圾电站、风电等新能源建设便显得更加得心应手。

思路有了,王海波说干就干,整合公司优势资源,以电源、电网、新能源作为主营业务,厚植优势实现规模效益化发展;电网、风电、生物质(垃圾电站)和地热能作为特色业务,争创一流实现高端发展;基础设施、分布式能源、环保、智慧能源作为多元业务,加强孵化实现创新发展。

新产业架构有了,如何在市场上站稳脚跟,就看营销"这盘棋"该怎么下了。王海波的答案是:"三管齐下——高端营销引领、专业营销精准、区域营销深耕。"

没有退路,唯有迎难而上。王海波带领着公司全体干部职工撸袖上阵,在市场竞争这片战场上埋头数载,奋力拼搏……

今时不同往日,现如今的河南工程公司已经有效地改变了对火电业务的依赖和不均衡的发展局面。特色多元业务成为新的增长极,电网业务、风电业务、垃圾电站业务、地热能业务和基础设施业务等多元产业的市场新签是刚重组合并时的数十倍甚至上百倍。

"要走就阔步前行"。近年电力建设 EPC 总承包市场发展迅猛,王海波对市场变化反应迅速,对公司的产业模式也进行了重新定位:"我们绝不能再满足于传统施工的发展定位,要以竞争型营销为主、投融资拉动营销为辅,实现商业合作模式多元发展。大力推进企业 EPC 总承包能力提升。"他提出:"没有技术人员就培养,没有专业知识就学习,没有实践经验就积累。"就这样铆着一股劲,把公司的组织架构建成以横向完善 EPC 职能建设,纵向支撑产业发展为主的现代化运行体系。

王海波在公司中层干部培训班上授课

"探路,说白了就是摸着石头过河。"王海波感慨,"这几年公司做 EPC 项目,同志们都辛苦了。"

就是这样摸着石头过河,企业在几年间硬生生地走出了一条创新之路——"F+EPC"模式中标了灵宝梨子沟 101.2 兆瓦风场工程、国源蒙城双涧 50 兆瓦风场工程、天津清之风 39 兆瓦集中式+12.5 兆瓦分散式风电工程等合同;EPC 模式中标了华润偃师、华润德州垃圾电站工程,新安万基 2×660 兆瓦机组工程、天恒新能源西平 50 兆瓦风电工程、江苏仪征 100 兆瓦风电工程以及郑州多区地热能供暖工程等合同;以施工总包模式中标了肯尼亚输变电、津巴布韦旺吉电源等国外工程;签订了万邦集团豫鲁冀农产品交易中

心工程等合同。

除此之外，又通过探索参股运营的道路，以小比例参股形式中标了增量配网尼龙产业集聚区工程、鹤壁静脉产业园垃圾电站PPP工程等合同；以参股形式投资水电新能源湖南新化分散式风电工程等合同。

凭借这些成绩，企业的市场在整个电力建设行业领域不断拓宽，市场份额持续递增，并逐步向海外市场渗透。现已进入印度尼西亚、印度、马来西亚、斯里兰卡、吉尔吉斯斯坦、塔吉克斯坦、委内瑞拉、喀麦隆、赞比亚、津巴布韦、安哥拉等10余个国家和地区，其中所承建的斯里兰卡二期工程、塔吉克斯坦500千伏变电站工程获得"境外鲁班奖"，企业也因此在国际上取得了良好的信誉和声誉。

从无到有、从弱到强，王海波带领企业走出了一条最适合的特色发展道路。

造势而起，要跑得快

"我们要想加速拓展，就必须要打造特色品牌，别人没有的我们要有，别人有的我们要精，尤其要注重科技创新，要下大力气打造公司的核心竞争力。"王海波在论及公司开拓发展时如是说道。

"铸品牌、打广告"是每个企业扩大自己行业影响力的首要选择。王海波说，河南工程公司要立足实际，从自身产品出发，只有培养自己独一无二的优势，才能在市场中提升议价能力。立品牌不是花钱打广告，而是要凭借高性价比的产品和超出客户预期的品质。

王海波提出"现场即市场"理念，对公司所有在建项目的安全和质量进行严密把控和考核，尤其对新兴的EPC总承包工程的履约进行全生命周期管理。除此之外，王海波高度重视项目样板化管理、危大工程专项技术方案的落地。管理办法有了，才能照章监管，以确保工程移交质量。

安全生产是所有生产经营活动的第一要务。企业改革重组以来，就不断推动安全生产标准化建设，安全巡察可谓是随时随地在进行，始终保持着长周期的安全稳定局面。施工安全才是企业发展和品牌铸就的基石。

然后就是打造自身的特色工程，突出企业亮点。以新近兴起的新能源建设为主抓手，着力建设品牌工程，树立了从电源电网到新能源，再到垃圾电站、地热能和建筑、市政等领域的新品牌。几年拼杀下来，成绩斐然：缔造了中吉两国务实合作的典范——比什凯克电源工程；建设了世界海拔最高、国内单机容量最大——羊易地热电站；打造了世界首座护航特高压清洁能源——500千伏邵陵变扩建调相机工程；塑造了河南省垃圾电站示范型项目——中国中部最大的郑东垃圾电站。

那么,打造特色,成绩如何呢?

王海波和他的团队给出的答案是一系列数据:4 年,3 项鲁班奖、5 项国优工程奖、11 项电力优质工程奖、6 项中国电建优质工程奖……

并且在此期间先后荣获了全国"五一劳动奖状"、全国优秀施工企业、全国用户满意施工企业、全国"安康杯"竞赛优胜单位 10 连冠、省级文明单位等重要荣誉称号 400 余项、中国施工企业信誉 AAA 级单位。承建工程先后荣获中国建设工程鲁班奖 10 项、国家优质工程金质奖 2 项、国家优质工程奖(银质奖)14 项、中国电力优质工程奖 23 项及其他省部级以上荣誉共计 80 余项。

王海波向中国电建集团副总经理刘源一行介绍公司发展情况

最后就是品牌化建设最重要的一个环节——打造核心竞争力。

王海波说,"要以改革创新为引擎,着力提升企业的创新能力,创新能力是一家企业能否长远发展的命脉。抓得住科技创新,则公司兴,反之必败。"

企业在转型改革的关键时期,对科技创新的追求,势必影响公司日后走向。对此王海波提出"创新驱动"观念,作为国家级高新技术企业,他们不断加强政产学研用相结合,与武汉大学、郑州大学等多所高校合作,并依托在建工程,成立课题小组,加大力度推进智能电网与离网、垃圾电站、地热能、海上风电以及西藏新疆特殊地区高海拔低温环境工程建设等关键核心技术研究,逐步在"卡脖子"领域实现突破;公司内部也加大驱动创新,已经开发上线运行了一体化管理平台系统(EIMP)、高级培训中心、"阳光 e 购"电子商城、智慧工地、工程项目管理地图等多个专业的信息化管理工具,加快从"以流程为中心"向"以数据为中心"转变。

企业在科技创新的道路上"一骑绝尘",先后荣获科技创新龙头企业、河南省生物质(垃圾电站)工程技术研究中心、河南省技术中心和郑州市电站检测重点实验室等称号。共获得省部级以上科技成果52项,其中国家级科技进步奖4项,省部级特等奖1项,一等奖8项,省部级工法65项,国家软件著作权5项以及国家专利157项。

工程履约质量有保障、品牌特色工程有亮点、专业核心技术有创新,企业逐渐在电力能源建设领域"叫得上号"了。而做到这些,王海波和他的团队只用了4年时间。

借势而进,要行得远

王海波凭借在郑州大学积累的科学管理理念,对企业管理和企业发展有了更准确的认知。他提出"家庭文化",任职以来,他始终与职工同吃同工作,从不搞特殊化。

企业的人才管理,是一家企业是否可以行稳致远的重点,王海波对此更是尤为重视。他常说:"公司的未来不在我们这代人身上,而要依赖公司的年轻人,他们才是我们的未来。"

得人心者,得发展。王海波深知两公司合并后,要提升广大干部职工的获得感、幸福感和安全感。稳得住人心,这艘大船才不会触礁。

面对职工医保未落地这个历史遗留难题,他带领公司全力推进医保落地工作。其间,克服了离退休人员比重大超移交标准、一次性趸交费用大等诸多困难。通过锲而不舍上争政策,坚持不懈与河南省政府、省人社厅和市人社局高层对接,优化医保移交方案,提速医保档案资料整理,最终于2019年2月解决了7 956名在职和离退休职工的医保问题,并争取到费用分期交付的政策。

"大家为公司尽心尽力,尤其是近几年的改革发展,每位职工都在努力适应、全力投入。我们要依靠职工,通过发展来逐步解决遇到的困难,我们的责任是实现国有资产的保值增值,更要带领广大职工实现更为美好的生活。"王海波在民主生活会上坦然说道。

得后浪者,得发展。企业发展离不开优秀人才的支撑,想要不断成长,就要不断吸收和培养人才。王海波表示,公司需要的是"敢担当、有作为、在状态、守纪律、善合作"的干部人才队伍。如何培养出这支队伍,就看公司有没有科学的培养机制和晋升渠道了。

培养机制怎么建立?培训和奖励并行。建立公司高级培训中心,完善全员系统化培训课程体系,形成线上线下新教培系统。制定实施《青年人才培养和管理办法》,对 35 岁以下的青年人才开展针对性的培养与选拔。实施"8090 青年扬帆启航计划""高端商务管培生项目"以及"高级专业人才和操作能手评聘管理"等有力举措。出台青年人才学习基金、重要资质证书奖励办法等激励政策。

晋升渠道怎么设置?引导和考核并行。为青年人才晋升搭建了"H 双通道","管理人才+技术人才"的人才晋升机制,并要求青年人才和年轻干部有党务工作经历,加大党务和行政干部交流力度。实施正向激励,对拔尖人才,聘任为中层干部;对优秀青年人才推荐到项目挂职锻炼,为公司发展积蓄后备中坚力量。

领导干部选聘与考核并重,实施中层干部三年任期考核制度,试行职业经理人选聘机制,加大差异化、市场化选聘及绩效薪酬管理力度,培训具有引导力、方向感和使命感,兴企有为的领导班子。

4 年的改革破题,让这家即新型电力建设市场浪潮冲击下的企业重新"立住、走稳、跑快、致远",发生了翻天覆地的变化,整个企业迸发出了强大的生命力。

而这几乎耗尽了王海波这几年的全部心力。对工作效率有着极致追求的他提出过一条工作自省:因公出差尽量当天返回,这样不会耽误第二天早上工作。清晨四五点赶飞机、赶高铁几乎是常态。任职以来,他更是从没有休过一天年假。志向和抱负支撑着这个男人不断地往前走的同时,也在他身上平添了几抹岁月的痕迹。公司一位跟随王海波工作过许多年的员工感叹:"你看王董现在的身姿虽然依然很挺拔,但是这几年下来双鬓也斑白了许多。"

王海波在商丘热网项目现场调研指导工作

该怎么去定义他？一个大胆的革新者、一个自律的工作狂、一位睿智的"思路人"！

面对即将到来的"十四五"规划，面对日新月异的市场新形态，这位"思路者"和他的管理团队仍在不停地思考着、探索着……

编者语

王海波从基层一路摸爬滚打到今天，几十年的工作经历让他对这家公司的感情十分深厚，对集体目标的追求几乎到了偏执的地步。恰恰是这种敢于担责、不断超越的企业家精神，是他之所以能成功的最重要因素，也是他带领中国电建集团河南工程有限公司激流勇进的关键。

与时代同频共振,扎根实体制造业
——河南郑矿机器有限公司总经理　苏根华

德在事先,利居人后

苏根华

个人简介

苏根华,男,汉族,中共党员,1965年8月生,河南省荥阳市人,东北大学机电一体化专业,郑州大学工商管理硕士(MBA)学员。1985年进入郑州矿山机器厂工作,2007年,创立河南郑矿机器有限公司,现任河南郑矿机器有限公司总经理。

絮语

"德在事先,利居人后"是苏根华最常挂在嘴边的话。意思是进修德业时不要落在他人之后,追求名利时不要抢在他人之前。这句名言出自《菜根谭》。作者以"菜根"为书命名,意谓"人的才智和修养只有经过艰苦磨炼才能获得"。想必苏根华早已深谙其中道理,才能在艰难的创业和守业之路上,不忘初心,保持本色,奋发图强,成就大业。

苏根华,出生于河南省荥阳市,1985年进入郑州矿山机器厂工作。先后在车床操作工、技术员、车间主任、售后服务、销售等多岗位工作。1997年参与工厂内部承包,获得企业经营与管理经验。2007年,发起并邀约几名同事,以股份制合作形式,创立河南郑矿机器有限公司(以下简称郑矿机器)。创业初心:用前半生所学到的知识,在后半生发光发热!

实体制造业要想长久的生存与发展,就必须踏实务实,与时俱进,找到适合自己发展的领域,钻研付出,做到行业的冠军。机械制造业是集资产、技术、人才于一体的劳动密集型企业,靠的是实干,靠的是产品质量,拼的是综合实力,需要有沉稳的气质,要扎根坚守,稳定前行。郑矿机器用十几年的时间,在金属镁冶炼行业,镁冶炼装备市场占比达到80%以上,起草了《镁冶炼生产专用设备》三个团体标准,被行业应用。随着我国能源战略的调整,郑矿机器用过去积累的知识与经验,在原来传统的矿山建材装备制造基础上,进行设备和工艺的研发创新,能够把固体及危险废弃物成功地生产制造成新型的建筑材料。在庞大的固废危废行业中,公司主要在市政污泥资源化处置这个细分市场方面发力,作为主要的工艺与装备的研发方向,目前市场前景良好,努力开拓市场,潜心研究工艺技术,学习总结积淀,力求能够在不久的将来,郑矿机器能够在此行业内再次树立行业标准,成为行业标杆。

一、创业历程

(一)初创期(2003—2007年)

1.挺身而出,转危为机

2003年春,"非典"流行,百业防疫,实体经济也遇到了寒冬,而传统设备加工制造业形势更为严峻。郑州矿山机器厂原来的各位承包人借此机会违约合同,终止承包,公司面临关闭的危险,几百名员工也即将面临失业。为了让企业还能继续经营,为了不让员工失去赖以生存的工作,苏根华凭着心中巨大的正义感和责任感以及勤奋努力的精神,大胆主动承包了其中一个分厂,成为一个小厂的负责人。因为他始终相信危机也是转机。

2.勤奋开拓,以诚相待

非典疫情肆虐,苏根华却无暇顾及太多,北上内蒙古、山西、陕西等省区,调研市场,拜访客户。疫情当前,业务拓展的难度可以说是平时的数百倍。因为好多宾馆住宿手续烦琐,需要各种介绍信、证明材料等,所以晚上住宿都要跑到较为偏远的小旅馆。

为了对客户负责也为对自己负责,除了去拜访客户,苏根华从不离开房间,一日三餐就靠泡面解决。客户大多闭门不见客,但是一想到岌岌可危的公司和即将下岗的员工,苏根华只能想尽一切办法克服困难,凭借着自己坚忍不拔的努力和锲而不舍的付出,主动上门帮助客户,并一起讨论制订技术方案,解决客户不能出门的问题。在合作交流过程中,客户深深地感受到了他的以诚相待和务实做事的精神,也积极为他推荐介绍同行业的客户。功夫不负有心人,经过连续半年的付出,在非典疫情结束时,收获了 3 000 多万的客户订单,为创业初期打下了良好的基础。

(二)平稳期(2007—2010 年)

1.成立公司,凝心聚力

经过创业初期的艰难,2007 年工厂进入平稳发展时期,每年有着稳定的合同金额,员工也有着稳定的收入。但是苏根华心里清楚,工厂要想长期发展,要想让员工的收入更好,要想制造出更好的设备和有更大的合同金额,就必须有更加规范化的管理。因此,他有了成立公司的念头。于是,挑选了几个一起打拼、踏实务实又有一定能力的同事,邀请他们入股作为合伙人,一起经营管理公司。

公司成立虽然简单,但管理制度的制定是一项庞大的工程,尤其是对于当时合伙人的学历水平来说。苏根华借鉴其他公司管理经验,查阅相关管理资料,多次与合伙人沟通商量后,确定了公司章程和股东的股权。公司成立后苏根华虽为总经理,但很多具体的工作主要还是依靠他去做,用他的话来说就是"能者多劳"。虽然做得最多,却把自己的股份降到较低水平,为的就是能够让大家有更多的获利机会,而这样大家才会更加视企业为家,视工作为事业。也正是由于苏根华这种无私忘我、让利大家的品格,深深地感动着每一个股东,也牢牢凝聚着每一个股东,真正的让这个小企业做到了心往一处想、劲儿往一处使。

2.制定规范、有章可依

虽然股东们的心都凝聚在了一起,但办企业开公司并非是简单的过家家,除了公司章程和股权之外,还需要制定相应管理制度,如工作流程和规范、工作职责、激励政策,等等。通过多渠道咨询、借鉴很多其他公司管理经验和查阅学习大量文件资料后,苏根华最终确定了公司第一版管理制度。当然,在这个过程中,苏根华对企业管理有了更深入的认识,也为以后企业管理升级建立了初步的基础。

3.市场定位,目标明确

矿山机械装备制造业,涉及的业务面比较宽,公司不能"面面俱到",那样只会"泛而不精",没有核心竞争力,因此,必须要有行业定位。于是,他通

过市场考察与分析,最终确定在冶金这个细分市场领域扎根深耕,做细分行业的冠军和标杆。"一流企业做标准,二流企业做品牌,三流企业做产品",这是他经营企业的指导思路,同时,也为以后企业的长远发展树立了目标。

小行业做冠军,一直是郑矿机器在细分市场领域获得突破的动力,深入调研,细选对市场,扎根深耕,获取成功。十年磨一剑,郑矿机器在金属镁冶炼行业,镁冶炼装备市场占比达到 80% 以上,起草了《镁冶炼生产专用设备》三个团体标准,被行业应用。

4.求学深造,开阔眼界

通过成立公司、制定管理制度、确定公司细分市场等一系列工作,苏根华越来越深刻地感觉到理论知识的匮乏。他明白公司不能只停留在目前的发展阶段,一定要带领公司朝着更高的目标快速发展。因此,虽然每天经营企业那么忙,他仍毅然决然地报考郑州大学工商管理硕士(MBA),去学习系统化的管理知识。通过参加课堂学习和向老师同学请教,他开阔了眼界,拓宽了思维,提高了看待问题高度广度和思考问题的深度。从而让他能够重新站在一个宏观的角度更加系统全面的分析审视企业,认识到战略规划对一个企业的重要性。所有的这些学习收获,都为企业的转型升级奠定良好的理论基础。

(三)升级转型期(2010—2017 年)

1.设立电子商务部,开展国际贸易

郑州大学 MBA 的学习经历,让苏根华有了脱胎换骨的变化。他的思维高速运转,想法层出不穷,精力蓬勃旺盛,他对未来信心满满。

随着电子商务在国内的快速发展,苏根华敏锐地察觉到这个行业必将为国家的传统制造业带来发展机遇。郑矿机器在经历了平稳过渡时期的资本积累之后,此时此刻也完全具备了乘势转型的条件。

2011 年春,苏根华开设了电子商务部,立刻引进相关专业人才,建设网站,推广产品,将公司的设备宣传到全世界;并于同时期成立了国际贸易部,招揽外贸人才,接待越来越多的国外客商,让郑矿机器的设备出现在了世界各地,服务韩国浦项、土耳其 Kumasi、中东水泥等国际知名企业。

2.产业转型升级,进军新行业

传统的产品,要赋予它时代的功能,要与时俱进。随着全球各地客户询盘信息的增加,公司了解到当前的行业定位已经无法很好满足客户的需求,必须要进行转型升级、重新定位。在对国内外市场进行充分的考察论证后,苏根华魄力十足地制定了河南郑矿机器新的市场发展方向:进军环保与新材料产业。把固废、危废资源化处置的成套工艺与设备研发作为努力的目标。有之前技术及生产力量的沉淀和储备以及对企业自身清晰的 SWOT 分析与定位后,他成功地引领企业实现了转型,从传统的矿产资源利用设备生产制造转变为固废资源化工艺技术服务和设备生产制造,将郑矿的未来带向广阔的蓝海。

签订危地马拉水泥粉磨站项目合同　　　　土耳其重烧菱镁矿项目客户现场

3.培养工匠人才,加强研发创新

新材料、新能源及环保产业的许多新型工业项目,受建厂条件、工艺方案或其他要素的约束难以复制。这就导致以往的工艺方案根本无法进行照搬运用,每个项目都需要重新设计、计算和绘图。无法形成重复、批量的订单,设备制造每次也都是个性化单台生产,给参与项目的建设者带来很大难度。

虽然已经进入工业自动化、智能化的时代,但只要有个性化需求,差异化存在,就不能形成批量制造,从而这类生产不会被机械自动化、智能机器人所完全替代。还得采用传统方法,依靠匠人的经验去完成。也只有在这些项目历练出来的人,才能称得上是真正的工匠。

因此,苏根华非常重视工匠型人才的培养,加大对技术研发与创新的投入,形成了重视人才、尊重匠人的企业文化,员工自愿放弃更多休息时间,在自己的岗位上努力学习提升,对自己的工作结果精益求精,这些都为公司乘势腾飞夯实了人才基础。

(四)企业改革期(2017—至今)

1.广纳贤才

随着企业发展方向的成功转型,市场前景非常乐观。为了满足市场需求,郑矿机器大力招揽技术、业务及各类管理型人才,本着对人才负责的原则,公司对企业员工都制定了明确的职业发展通道,让员工能够跟随企业的发展而同时得到提升。

2.股权激励

公司初创时期的各位股东,由于年龄、精力等原因已无法满足企业的发展需求。为了让企业能够长期生存发展下去，留住更多的人才，苏根华提出施行股权激励的政策。让股东把自己持有的股份逐步转让给有能力、有魄力、符合公司价值观的年轻员工。让员工都能够将工作当成自己的事业来做，真正地肩负起发展企业的使命，自愿自发的从公司长远利益出发去工作，这样才能让企业永葆青春、充满生机。

二、企业文化

公司在苏根华的领导下，经过十多年的发展和沉淀，形成了底蕴深厚、具有郑矿特色的企业文化。

（一）文化理念

"德在事先，利居人后"是公司的核心文化理念。经过多年的经营和沉淀，这个文化理念已经深入郑矿每个员工的内心和骨子里，并且形成了以此理念为核心的企业文化。每天晨会，郑矿人都要举手宣读公司的企业文化宣言。

> "主持人：郑矿的同志们大家早上好！
>
> 员　工：好！祖国好！YES！
>
> 主持人：发挥团队作用，体现团队精神
>
> 员　工：为了打造行业旗舰，我们携手共进，风雨同舟；为了我们美好明天，我们从不懈怠，尽心尽力
>
> 主持人：我们的中心理念是：
>
> 员　工：德在事先，利居人后
>
> 主持人：我们的质量方针是：
>
> 员　工：以质量求生存，凭科技谋发展
>
> 主持人：我们时刻铭记：
>
> 员　工：只为成功找方法，不为失败找借口
>
> 主持人：我们始终坚持：
>
> 员　工：凡事有章可循，凡事有据可查，凡事有人负责，凡事有人监督
>
> 主持人：我们牢记：
>
> 员　工：八小时之内求生存，八小时之外求发展，赢在别人休息时
>
> 主持人：我们坚信：
>
> 员　工：成功之道就是：努力！努力！！再努力！！！"

郑矿人就像他们的宣言一样,务实、勤奋、认真、努力,他们有拼劲儿,有干劲儿,有韧劲儿,更有不怕吃苦、兢兢业业的朴实劲儿。每天晨会的宣读绝不是仅仅停留在表面上的虚空口号,而是在一天的开始,郑矿人用集体的宣誓来提醒自己:我要让这种文化理念深入自己的血液里,每天做的每件事都要秉承和践行公司的文化理念,并且把自我当作企业文化的传播源,更加广泛地传播开来。

理念能够指导我们的行为,但仅有理念还不够,做实体制造业,还要在文化理念的指引下,踏踏实实地把产品做好,把服务做好,做到"顾客至上、保质保量及时交付",这同样也是郑矿机器的企业宗旨。"做企业,要有利润,要创造效益,要为员工创造更好的生活条件,要承担起一定的社会责任,为国家做出贡献。公司占用土地、设备、人力等资源,不能使这些资源创造价值,不能让员工共享价值,而造成企业亏损,就是总经理无能的表现。"这是苏根华经常说的话。无需华丽的辞藻,朴实之中方见初心。

(二)公司愿景

"追求卓越,打造具备国际竞争力的装备制造企业"是郑矿机器的企业愿景。在苏根华的带领下,公司为了实现这个愿景而不停地努力奋斗拼搏着。从公司厂房建设之初机械加工能力的设计、生产试验线的运行到研发大楼的建成、高规格实验室的规划及高素质人才队伍的凝聚等等,这无不在为实现"具备国际竞争力的装备制造企业"而努力着。

三、业务发展

(一)销售模式更新换代

郑矿机器发展至今,已经摒弃了"业务人员遍地跑、陌拜拓展"的原始销售模式,发展为新的业务开展模式。

1.电子商务精准推广

公司具备专业技能熟练的电子商务团队,通过产品的网络精准推广,让世界各地有需求的客户方便快捷地搜索到公司的相关产品和企业信息,通过客服人员的一对一咨询服务,节约了客户大量的时间成本,同时,也可以让询盘信息的真实性大大提高,也避免了业务人员市场陌拜搜寻信息而带来的资源浪费和效率低下的情况。

2.销售部门跟进沟通

电子商务部在捕捉或记录了客户询盘信息后,通过询盘信息分配系统自动传递至国内、国际贸易部,业务人员根据自身所分配询盘信息进行电话

或邮件跟进沟通,确定客户对产品和技术方案的需求,并将需求转交至技术人员进行方案设计和设备选型。

3.技术型营销

技术人员在接收到销售人员传递的客户需求后,开始着手进行设备选型和初步方案设计,再通过进一步与客户沟通(与业务人员一起拜访或接待客户来访),进而明确客户详细的技术需求设计方案,经过再一次同客户沟通最终确定。在技术方案确定之后,业务人员随之进行相应商务谈判。有了技术方案的支持,商务谈判会事半功倍。这种"电商—业务—技术"模式的营销,也称之为"技术营销",不仅提高了成交效率,而且还为客户提供了一站式服务,让客户省去了很多时间和精力,只要找到郑矿机器,提出他的需求,那么其他的,就交给郑矿机器了。正是在苏根华的指导下制定的这种营销模式,让郑矿机器始终保持着较高的市场竞争力。

(二)业务发展战略布局

1.由"单一"到"成套"

郑矿机器经过十多年的发展,公司的业务能力也由原来单一矿山、建材、冶金机械设备生产企业,逐步发展成拥有固废处理与处置工艺技术及装备的环保产业公司,成为集科研、设计、开发、制造、销售、安装、调试和培训服务为一体的综合性现代化企业。目前生产线成套设备有:金属镁生产线成套设备、水泥生产线成套设备、石灰生产线成套设备、选矿生产线成套设备、陶粒砂生产线成套设备;主要产品有:回转窑、球磨机、制粒机、提升机、竖式预热器、竖式冷却器、破碎机、冶金焦炉、磁选机、浮选机、分级机、给料机、除尘器、冷却机、烘干机等。

2.大力发展国际市场

在"郑矿人"不辞劳苦的辛勤耕耘下,业务市场已经遍布世界各地,尤其搭上国家"一带一路"政策这趟列车,公司更是加大了外贸业务拓展力度,实现了外贸业务的飞速发展,产品和服务遍及俄罗斯、韩国、泰国、马来西亚、尼泊尔、孟加拉国、墨西哥、亚美尼亚、印度、土耳其、伊朗、哈萨克斯坦等国家和地区。目前郑矿服务的客户超过 100 个国家与地区,且深受用户好评。

3.国内市场有所侧重

在国内市场方面,针对传统冶金建材行业,苏根华制定了稳定固守、稳重有进的策略;在新材料、新能源和环保产业方面,苏根华不仅加大了技术研发投资,更是培养了一批优秀的营销队伍,快速进入该市场领域,高效地开拓着一片又一片市场,为在新的产业领域立足奠定了良好的基础。

四、团队建设

(一)核心团队组建

公司非常重视人才队伍建设,截至今日,培养了一批高素质、高技能、高忠诚度、有朝气、有活力的核心人才团队。

1.管理团队

公司各个模块的管理人员均为统招本科及以上学历,并且具备本模块业务管理10年左右工作经验,年龄均在35~40岁之间。该批管理团队承担着引领公司发展的历史使命,他们无论在专业能力还是综合素质方面,都非常过硬。他们有着较强的学习能力,不断学习先进的管理理论知识,有着良好的组织协调及沟通能力,一旦遇到相关问题,必须高效组织、快速解决,他们更有着丰富的实践能力,因为,所有的管理理论均需要转化为实践成果才有效,否则一切均为空谈。他们高度认同公司企业文化和核心价值观,并时刻传递着正能量。

2.技术团队

公司要想有核心竞争力,就必须重视技术力量。公司的技术团队分两部分,一部分是工艺设计团队,团队负责人为技术精湛、有着数十年工艺设计实战经验和管理经验的高级工程师,并且他带领的核心技术骨干均在本专业领域有着丰富的实战经验;另一部分为机械设计团队,团队负责人具备丰富的本行业机械设计专业知识和实践经验,并且带领着团队成员申请了数十项国家发明专利和实用新型,攻克了多道设计难题,为公司过硬的产品质量做出了巨大的贡献。除此之外,上述技术人员还与清华大学东莞清创中心、郑州大学、广州大学等签订战略合作协议,共同研发新的工艺与装备;公司还常年聘请国家重点大学机械和材料专业的教授来为企业进行长期的技术服务,保障了公司技术人员的技术知识永远跟得上社会经济的发展需求。

3.业务团队

由于公司"技术型销售"销售模式定位,郑矿机器的国内销售人员均为本科及以上学历、机械类相关专业的人员,他们不仅在销售技能、沟通技巧等方面专业过硬,而且在对产品结构原理、性能参数、工艺流程等方面也都做到了非常专业,他们还具备敏锐地市场察觉能力和高效的执行能力。国际贸易团队的核心人员,更是需要具备综合的业务知识。除了语言能力、产品专业知识外,还需要对外籍客户所处地区的风俗人情、宗教信仰、饮食习惯、历史文化等有全方位的认识和了解,这也是能够成就业绩的必备能力。

当然,由于郑矿机器业务的"周期长""合同额大"等特征,这就对业务人员的综合素质提出了更高的要求,他们必须有坚忍不拔的毅力、踏实务实的工作作风、认真细致的工作态度和较高的职业素养,也正是这样,他们才一次次得到了客户的认可和信赖。

4.电子商务团队

郑矿机器的电商团队是一群年轻、充满活力、拥有朝气而且专业知识丰富的年轻员工,他们虽然大多是"90后"员工,但是专业技能过硬,国内推广、国际推广、网站优化、技术服务等模块的不断优化和完善,才使得公司的产品可以被世界的各个角落的客户所看到,进而让"郑矿机器"这个品牌走向世界。

5.生产团队

生产团队正好与电子商务团队在某些方面相反,他们年龄稍微偏大,但都是机械制造行业经验丰富的老师傅,他们虽没有较高的文化素质,但是他们具备如切如磋、如琢如磨和精益求精的工匠精神,也正是他们这样的工匠精神,才能保障了郑矿产品在客户现场的顺利运行,才能让"郑矿机器"这个金字招牌更加亮眼。

(二)团队建设

公司要想长足发展,要靠人才,人才要想实现自己的价值发光发热,需要有一个好的团队,郑矿机器在人才培养方面非常重视。

1.内部人才梯队建设

公司每年为各部门负责人下达培养人才的任务,每年必须培养出一名部门副职的负责人(在能力上,不一定任命副职);部门主管要培养出可以胜任自己目前岗位的一名员工。这项任务将记入考核指标,严格执行,任务执行结果将会从绩效考核方面进行体现。当然,公司在资源方面提供最大限度的支持。

2.外部引进

公司会根据人才战略规划和年度发展计划,每年从外部引进部分岗位人才。通过校园招聘引进储备人才,通过社会招聘引进专业骨干,通过猎头招猎引进高端人才,从而填充公司的人才队伍。

3.员工关怀

要想留住人才,除了有较好的薪酬之外,还必须有相应的福利关怀,让员工感受到公司的温暖。苏根华深知这个道理,他自己也是从基层员工一步一步发展起来的,所以他更懂得员工需要什么样的关怀。缴纳社保,免除员工后顾之忧;月度、季度劳保福利,满足员工日常生活所需的必需品;月度员工生日会,让员工感受到集体大家庭的生日祝福;节日物资福利,让员工感受浓浓的节日喜庆;春节期间,苏根华都会亲自到员工家里慰问,分享员工的快乐,了解员工的疾苦,对有困难的员工进行经济和物资支助;设立运动室,购买运动器材,鼓励员工加强体育锻炼;提供部门活动经费,让各部门员工在紧张忙碌之余,一起出去聚餐、唱歌、短途旅游等;为暂时未购房员工免费提供住宿;提供餐饮补助和话费补助,员工婚丧嫁娶方面的慰问礼金等,尽可能减少员工生活支出。也正是这些无微不至的关怀,让员工的心与公司紧紧凝聚在一起,提升公司的人才留存率,增强公司的市场竞争力。

郑矿机器年会祝酒　　　　　　　郑矿年会员工合影

五、发展创新

社会在发展,时代在进步,企业也需要不停地去创新,才能永葆青春,才能在日益竞争激烈的市场环境中很好的生存和发展下去。

(一)加强技术创新,加大研发投入

技术永远都是企业的关键核心竞争力。为了保证企业的技术力量不至于落伍,公司从软件和硬件两方面着手,加大投入力度。软件方面,加强技术人才队伍培养和招猎,让技术团队永远持有新的知识、新的技能、新的血液注入,从内驱动技术人员进行研发创新;硬件方面,加强对项目研究的资金投入,建设研发办公大楼和研发实验室,购买先进的实验设备,尽可能地提供最好的研发条件,以促进技术研发创新的良好成果呈现。

(二)管理创新

为了能够让企业跟上社会发展的步伐,站在市场发展的前沿,苏根华提出管理创新理念,并实行了相关管理创新举措。

1.组织架构调整

为了减少管理环节,节约管理成本,提高管理效率,公司实行了扁平化

的组织架构,总经理下设总经理助理,协助总经理直接对各部门负责人进行协调管理,各部门负责人负责本部门日常管理事务。

2.创立"电商-业务-技术"业绩关联性的管理模式

简单地说就是电子商务部、技术部和内外贸销售部人员的工作业绩及提成奖金均与业务成交合同额相关联。这样做使得三个部门人员对于客户的重视程度一样,并且他们会自发地进行内部协调合作,高效地完成合同签订。这个过程中,无需太多的管理工作介入,从而减少了管理成本,提高管理效率。

3.接受新理念,精益化管理

生产系统组织运营的效率,关乎企业能否按时交付,同时也影响公司信誉。因此,为了完善生产组织流程,提高生产效率,苏根华引进精益生产管理理念,并外聘指导老师结合公司生产实际情况进行辅导,对生产系统组织架构、制度、工艺流程、规范及现场布局等方面进行调整改进和完善,大幅提高生产效率,降低了生产运营成本,保障产品交付的及时性。

4.业务领域创新

在苏根华的领导下,郑矿机器看准新能源、新材料和环保市场的发展前景,快速行动,高效执行,根据此类新兴产业的特点,加强工艺创新与设备研发,使之适应于市场需求,保证公司快速地进入新的行业领域,占领先机,为公司进一步扩大市场占有率奠定了坚实的基础。

一步一个脚印,"扎根"实体制造,心无旁骛,专心致志。郑矿在企业经营方面,几十年如一日,始终保持着持续稳定向前的态势。不管其他行业如何繁荣发展,郑矿机器始终淡定从容的走自己的路,不转行、不多元化,不贪大,不求暴利,经得住诱惑,耐得住沉寂。自创办以来,一直靠自有资金稳健发展,不借贷,不拿企业的资产做金融业务,无论风雨变幻,一直坚挺向前。从不欠员工工资,不欠供应商一分钱。稳健的企业,才会有稳定的员工团队,稳定的供应商体系,也便有了长期忠诚的客户。这是郑矿长期保持活力的经营之道。

郑矿机器在苏根华的带领下已走过13个春秋。他38岁创业,带领大家一路走来,凭借惊人的学习能力,从中专学历提升至郑州大学 MBA 工商管理硕士研究生学历;凭借高瞻远瞩的眼光,带领企业从几十人的单机生产小工厂,发展成现在 400 人规模、年产值 2 亿元并获得"郑州市高新技术企业""郑州市企业技术中心""河南省电子商务重点示范企业""郑州市百家成长型民营企业"等多项荣誉的规范性企业;凭借踏实务实的工作作风和善待员工的大度宽容,吸引并凝聚了一批又一批的高端人才,赢得了大家发自内心的尊重;凭借 "合作共赢""质量就是生命"的人生信条和供应商建立了良好的合作关系,共同发展,并赢得客户的高度认可……

这就是他,一个能将所有困难踩于脚下的企业家,一个永远充满激情和斗志的强人,一个始终秉承"德在事先,利居人后"的经营理念,赢得员工、合作伙伴甚至是竞争对手尊重的郑矿领航人!

编者语

实业强则经济强,实业稳则国家稳。苏根华正如他的名字一样,"根植实业,春华秋实"。实体经济遭遇寒冬之际,苏根华挺身而出不放弃,点亮工厂发展的"星星之火";只身艰难冲闯,赢得客户信任,铺平事业前行的稳固路基;完善公司制度,创新管理模式,发扬工匠精神,尊重人才价值,苏根华让郑矿机器成为享誉中外的金字品牌。13年芳华流转,郑矿机器耐得住寂寞,成就行业标杆。让我们为苏根华点赞,向实干家致敬!

坦荡见忠诚，拼搏写人生

——河南交通投资集团人力资源部部长　张国选

座右铭

珍惜时光，无惧时光，把握航速，矫正航向，让人生这艘巨轮在广阔无垠的大海自由航行！

张国选

个人简介

张国选,男,1963年2月出生,中共党员,硕士研究生学历,河南郾城人,2010年初从部队转业,任河南省交通运输厅办公室副主任;2012年8月调任河南交通投资集团任人力资源部部长至今。2014年被中共河南省委授予河南省模范军队转业干部。

絮语

他,19岁从军,戎马半生,把最富激情的27年青春都奉献给了部队;他,转业10年,却始终以军人的标准要求自己,不怕吃苦、甘于奉献、敢于直面各种困难。10年来他立足本职,勤奋敬业,在平凡的工作岗位上开辟出了一片新的天地！

从零开始,演好新角色

多年的部队教育培养,造就了张国选听党指挥、忠于职守、服务人民、无私奉献的优良品质。转业到地方后,他先后在河南省交通运输厅和河南交通投资集团工作。

河南交通投资集团有限公司办公大楼

部队是一个相对封闭的集体,圈子小,接触的人和事也比较少,对地方工作也是知之甚少。刚转业到地方张国选就遇到了诸多挑战:身份转变、业务全新、工作流程、人际交往、办事效率;等等。地方的要求与部队不同,甚至可以说是颠覆性的改变,为尽快适应环境,他暂时放下军官身份,努力学习业务、熟悉流程,坚持一切从零开始。

转业10年,他仍然以一名优秀军人的标准严格要求自己,延续部队的优良传统和作风,自警自励、严格要求、以身作则、雷厉风行,努力做到作风上不变、理念上转变、业务上求变。正是这种坚持、这种要求,他成功地完成了从一名指挥员到一名公务员,从一名部队主官到国家行政机关中层干部,从国家机关干部到国有企业部门负责人的转变。

不断学习,凝聚新智慧

走进他的办公室,最吸引人眼球的不是挂在墙上的字画,不是窗明几净的环境,也不是整齐摆放的文件、档案,而是一块挂在墙壁中央的黑板。在

这块黑板上，几乎每天都能看到新的东西：有时是中央、省委经济社会发展的新精神，有时是企业管理的经典案例，有时是人才队伍建设方面的新思路或者工作的具体安排和方法，偶尔还会出现一些修身养性的名言警句和他个人的体会和感悟。这些内容有的是直接用文字和数字来阐释，有的仅仅是图形和符号。

这块黑板，是他勤于学习和思考的"缩影"，也是他与同事交流和探讨的重要平台。工作之余，他总会把自己学习思考的东西，想到的问题在黑板上记下来，每当有同事、下属到办公室，谈完工作后，他就会与大家对着黑板进行讨论交流、碰撞思想。

他的办公桌上，总是放着一本新华字典，对工作要求严格的他，经常会为了准确表达文件和规章制度中的每一个意思，查阅字典，斟词酌句。他经常说，"不懂得学习的人，往往是不懂得思考的人。"工作的过程，也是学习的过程，一个人工作经历的累积会成为经验，再通过思考对经验进行归纳和提炼，就可以上升为思想，进而提高自己的理论水平并指导具体实践。

明辨笃行，感悟新哲理

在同事、下属看来，张国选既是好同志、好领导，又是志趣相投、胸怀坦荡的良师益友。他的处事原则与为人之道也在潜移默化中感染着身边的每一个人。

对待"权"和"利"，他的原则是干好工作，顺其自然，心存希望，不生执念。岗位是释放能量、实现社会价值的平台，在这个平台上应该尽情发挥，把工作做到尽善尽美。晋升到新的岗位，既是对之前工作的肯定，也是对自己面对新岗位的一个考验，没必要志得意满；没有得到晋升，只是说明本阶段工作没有干好，也不必怨天尤人，实现理想需要诸多因素：天时、地利、人和，外加个人努力。所以我们要做的是心中有理想，胸中有目标，面对挫折与失败，要摆正心态、大度坦然。这是他对自己的要求，也是对身边人的劝慰。

在如何"把握自己"上，他总结道："一是把握岗位、展示能力；二是把握尺度、展示魅力；三是把握情绪、展示成熟。不以物喜不以己悲，当你最高兴的时候要喜而不语，防止乐极生悲；当你最郁闷的时候做到苦而不言，防止祸不单行。"

"天下大事，必作于细，天下难事，必成于精"。他总是要求自己从小事做起，从简单的事做起，他说："把每一件简单的事做好就是不简单，把每一件平凡的事做好就是不平凡。"

闲暇之时，他很喜欢研究中国文字，比如"超越"，他是这样理解的：把"超"字拆开看，就是走在刀口上，把"越"字拆开看，就是走在"钺"上，"钺"是斧头的意思，所以"超"和"越"，就是要走在刀口上、走在斧头上，也就是说要想实现"超越"，道路肯定不会平坦，需要付出超常的心血、艰辛的汗水。成功的道路必定是充满了艰难险阻，遍地荆棘，然而仅凭吃苦耐劳、不畏艰险也是不够的，还需要不断地去领悟，去思考，把经历转变成经验，把经验转变成智慧。因此，一个成功的人一定是一个善于思考的人。

关于"进步"，他喜欢用的一个公式来阐释：

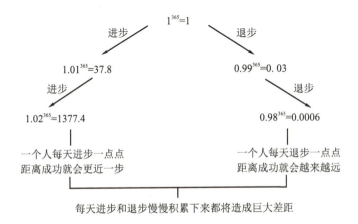

每天进步和退步慢慢积累下来都将造成巨大差距

一切都是最好的安排。一个人欲望少了，心态好了，满眼看到的都是风景。遇权看轻、遇利看淡、遇友看诚，遇万物则看它勃勃生机。若能做到这样，就会有无穷的力量面对一切，何愁生活不幸福、人生不精彩！

学以致用，建言新举措

为胜任国有企业管理工作，他参加了郑大 EMBA 的学习，利用业余时间学习给自己加油充电。在校期间，他注重现代企业管理理论与工作实践的有效结合，立足河南交通投资集团现状，就如何提升企业管理效能、推动企业改革发展等，积极建言献策，提出了许多具有建设性的意见和建议，并在其 EMBA 学位论文中也进行了理论阐述与研究。他提出，实现集团利益最大化，要重点处理好四种关系。

1.从思想统一入手，处理好"上"与"下"的关系。对于集团来说，集团与各子公司、各部门之间的"上""下"关系，处理好"上"与"下"的关系，从根本上决定了集团发展目标、重大决策的实施效率。

2.从战略统筹入手，处理好全局与局部的关系。明确各子公司、部门在集团发展全局中所处的位置及前进方向,分清轻重缓急,突出重点地抓好工作,各种努力和行动与集团发展大势一致,从而实现谋全局与谋局部的有机统一。

3.从资源整合入手,处理好"内"与"外"的关系。资源整合能力是企业核心竞争力的直接体现,处理好内部资源与外部资源的关系,决定了企业的价值创造能力和发展边界。

4.从管理科学入手,处理好"硬"与"软"的关系。制度是保证企业正常运行的重要基础,是"硬管理";文化具有导向、规范、激励、凝聚和调适等作用,是企业发展的灵魂,是"软管理"。处理好制度与文化的关系,使其相互配合、相互补充,提高企业效能,推动集团持续健康发展。

郑大的学习经历,让他学到了知识,解决了疑惑,把工作经验上升到理论层次,理论指导实践,实践检验理论,终于他找到了适合自己、适合企业的管理策略,这不仅仅是一次简单的学习过程,更是一次思想上的升华。

敢于担当,破解旧难题

"用心做事,认真做事",这是张国选在火热的军旅生活中形成的性格,并且他也是一直用这个标准严格要求自己的。

河南交通投资集团是一个资产规模上千亿、下属企业100余家、员工队伍近3万人的大型国有企业,涉及高速公路建管、工程施工、仓储物流、房地产开发、金融投资等7大业务板块,因下属单位原有管理体制不同,发展水平不一,参与市场竞争的程度差异化较大,所以面临的问题也是千差万别。

2012年8月,张国选调至河南交通投资集团,负责企业人力资源管理工作,如何对这样一个大型国有企业的人力资源进行统一有效、具有针对性的管理,是摆在他面前的一个重大难题。任职以后,他在深入每个基层单位调查研究的基础上,按照现代人力资源管理理念,确立了"人员管理规范化,机构设置科学化,薪酬管理集约化"的总体思路。针对企业干部职数、人才引进、薪酬激励、成本管控、队伍建设等管理工作中的重点难点,健全完善工作机制,狠抓规章制度落实,稳妥推进企业"人事、劳动、分配"三项制度改革,从根本上改善了企业人力资源方面存在的问题,激发了企业人力资源活力。

守正不挠,弘扬正能量

权力=义务=责任。张国选同志经常说,每一名党员领导干部手中都握有相应的权力,权力大就意味着责任重,对社会、对群众的义务也越多,所以职工群众对干部的要求也就越高。

作为一名党员干部,他时刻注意树立和维护自己的良好形象,用自己的一言一行向外界传递正能量。特别是作为人力资源干部,负责管理着干部考察、职工调动、薪酬福利等与职工切身利益密切相关的事情,这对于任何一个人都是极大的考验。但是他总是能够坚持组织原则,严守组织纪律,做到公道正派,严谨负责,热情服务,正确行使手中的权力。

2018 年 12 月,根据工作需要,集团拟提拔调整一批干部,在具体组织工作中,他严格按照《党政干部选拔任用条例》,坚持群众公认、德才兼备和民主集中制原则,到每个单位公开进行民主推荐。根据群众推荐情况,向领导提出建议人选,力求把能干事、会干事、群众认可度高的干部推荐给集团。在研究制定干部管理、编制管理、薪酬管理等各项管理规章制度时,他总是从公心出发,坚持原则,从不考虑个人私情和偏好。在廉洁自律方面,他始终强化廉洁自律意识,正确处理好自律与他律的关系,处理好开展工作与廉洁勤政的关系,用制度规范自己的言行,按规定和程序办事,做到不该吃的不吃,不该拿的不拿,不该去的不去,不该说的不说。他的工作作风与态度受到了干部职工的普遍好评。

编者语

张国选就是这样一名优秀的军转干部,善于思考、乐于学习、不畏艰难、公平公正,用自己的实际行动,在平凡的岗位上发光、发热,续写着部队干部在地方工作的新篇章。

中原外贸辽阔前行

——中原外贸先行者 廖 阔

座右铭

Just do it!

廖阔

个人简介

廖阔,1967年出生于四川,现任中国机械设备工程(河南)有限公司董事长,中国机械设备工程(银川综合保税)有限公司执行董事。自1989年参加工作至今,已在外贸行业工作30余年。曾获河南省机械电子厅先进工作者称号。

絮语

从一名地方国有外贸公司普通业务员,成长为央企窗口公司河南分公司的掌舵者,廖阔的经历和成就可以称得上是中原地区外贸的先行者和引领者。人如其名,他在辽阔的外贸市场中,不断探索,大胆尝试,在多个领域都获得了骄人成绩。廖阔的成功,不仅是因为赶上了中国外贸和经济蓬勃发展的快车,更多是缘于他本身的一些品质和特点。

独立自主,随遇而安

廖阔祖籍江苏建湖,于1967年3月出生于天府之国,成长于中原大地。由于父母皆为建筑公司的干部,少年时期廖阔经常跟随父母的工作变动而搬家,经过多次的辗转,最终定居于河南新乡。住所的频繁变动往往导致他学校的更换,父母工作的性质也决定了不可能给予他充分的照顾和陪伴。廖阔在不断变动中不但没有在学习和成长中落败下来,反而锻炼了独立自主的品质和随遇而安的心态。他每次都可以快速地适应新的生活学习环境,自主完成学业和一些基本家务。通过不懈的努力,廖阔在1983年以优异的成绩考入了郑州大学无线电电子系,并在4年后顺利毕业。廖阔青少年时期虽然颠簸,但是磨炼出来的这些优秀品质则成为他一生的宝贵财富,也为他日后取得的成绩奠定了基础。

目光敏锐,敢抓机遇

廖阔从1989年1月进入河南省机械设备进出口公司担任机电产品外贸业务员开始,在国际贸易工作中一直保持着超高的商业嗅觉。他不断地开发新的市场和产品,尝试新的商业模式,凭借敏锐的商业目光和勇于出手的过人胆魄,在外贸行业中迅速脱颖而出,成就了自己的一番事业。

在20世纪90年代初期,中原人还没有听说过"外贸"这个词,对国际贸易十分陌生的年代,刚刚参加工作几年的廖阔就取得了单笔合同最高达850万美元,平均年创外汇300万美元以上的骄人成绩,迅速成长为公司的业务精英和中流砥柱。

1996年,由于国有企业改制及外贸行业重组等原因,廖阔调入河南中经进出口有限责任公司[中国机械设备工程(河南)有限公司前身]工作,新的公司和岗位意味着之前开发的市场,联系的客户和经营的产品都没有办法再接着维持了。一个年创收300万美元以上的业务精英突然面临着无业务可做的局面,面对如此困境,廖阔并没有自暴自弃,反而通过详细的市场调查和国际环境分析,敏锐地捕捉到了电瓷这个当时很小众很专业的细分行业。他分析得出电瓷行业在中国具有原料、人工、成本的优势,国际竞争也不是很激烈,如果通过技术提升和品质控制,生产出满足国际标准的产品,就一定可以打开国际市场,打进全球高端公司供应商范围。于是,廖阔一头钻进了电瓷这个行业,同仔细筛选的工厂一起,在严把产品质量的同时积极开发新产品,通过短短三年的市场开发,就取得了年均200万美元以上的出口业绩,并使公司成为全国最大的变压器套管出口商,产品也顺利打入了美国 GE、卡特彼勒、ABB 等世界一流公司。

廖阔不仅在自己业务领域里面具备敏锐的市场嗅觉和分析能力,在其他行业也敢于和能够抓住机遇,提升自己的业绩。

2009 年,已是公司总经理的他还保持着经常去参加展会,寻找新的商机的习惯。在一次展会中,他在和普通的外国客商的聊天中得知斯里兰卡一个地区因为供水系统和污水处理系统的落后,导致在人口快速增长的城市和乡村出现了严重的环境退化,当地群众也因为饮水不洁爆发了多起消化道疾病的案例。本来客商只是普通的抱怨自己生活环境的不好,羡慕中国城市干净整洁的环境和纯净易得的饮用水,但是说者无心,听者有意。廖阔当时就觉得这是一个巨大的商机,为该地区设计和建造完整的供水和污水处理系统,不仅可以为公司带来丰厚的利润,也可以在传统的单机小成套出口业务之外开辟一个工程承包的新领域,更能够为当地百姓带来干净的饮用水、安全的生活环境和健康的体魄。

于是,没有任何国外工程承包经验的廖阔从零开始,整合项目勘察资源、设计资源、施工资源、设备资源等国内各种资源,并与斯里兰卡的业主方、政府方等多次沟通交流,克服了语言不通,标准不一致,环境恶劣,资金紧张,经验匮乏等种种困难,通过不懈的努力终于在 2012 年 4 月与业主方——斯里兰卡国家供排水局签订项目合同,并使合同于 2013 年 11 月生效执行。

截至今日,此项目已然完工,该地区的群众已经可以得到放心干净的饮用水,告别了因不洁饮水导致肾病频发的生活。廖阔也因此抓住机遇,带领中国团队第一次将国内成熟的自来水处理工艺和污水处理工艺以及可靠的系统运行经验引入斯里兰卡市场,吹响了公司正式进军海外工程项目的冲锋号。

持续学习,保持热情

商海之中,风云变幻,尤其是国际贸易领域,新知识,新业务,新技术层数不穷,如果在成绩面前故步自封,就不能跟上滚滚向前的商海潮流,也注定会在发展中落后乃至被淘汰。廖阔无论是在普通的外贸业务员期间,还是在担任企业负责人期间,都始终保持着高度的学习热情,不断汲取各个领域的知识,学习新的事物和理念,使自己总是屹立在商海潮头,奔涌向前。

工作之初,无线电电子专业毕业的廖阔在从事外贸工作后,发现此工作对于外语的要求比较高,而理工科出身的自己并没有很好的外语基础,尤其在商务英语方面比较欠缺。于是他利用自己工作的闲暇时间,尤其是牺牲了很多的休息时间刻苦学习商务英语,钻研外贸技巧,并在实际工作中通过电话和展会主动与国外客商积极沟通交流。在短短2年时间内,其商务英语水平已经达到可以与外国客户熟练沟通交流的程度,此后的时间内,他不但没有停止对商务英语的学习,反而在工程英语,电力英语等方面继续学习,扎实的外语功底和专业知识,为廖阔在开发国外市场,进行商务谈判提供了坚实的后盾,也奠定了他取得日后这些成就的基础。

步入领导岗位后,廖阔逐渐觉得自己作为业务员的工作经验不能很好地管理公司,为了公司能够更好的发展,学习更多的先进管理知识,帮助公司爬上更高的台阶,继续学习,重新入学深造的念头开始浮现。于是已过不惑之年的他通过努力选择再度进入母校学习,2009年12月,他正式进入了郑州大学商学院,进行EMBA的学习。

工作学习期间,廖阔发现在改革开放30年内中国企业的发展速度之快虽然堪称世界奇迹,但是劳动力市场的职业化发展状况,与企业规模、经营总额急剧扩张相比而言却明显滞后。许多企业为了解决困境转而将引入空降兵作为解决人才缺口的主要策略,但这些企业的实践经历却证明了一个结论:除了初创期和剧烈转型期之外,引入人才都只是一种补充性手段,企业内部的人才培养体系才是最好的员工能力增长机制。于是,作为公司的管理者廖阔选择任职资格体系管理建设作为自己的研究课题,试图通过结合公司人力资源体系统建设的特征和中央企业性质的特质,希望通过进一步深造学习,在公司内部进行一系列有关实践和升级,研究建立起公司全体员工的任职资格管理体系,为公司的下一步人力资源管理建设打好坚实基础,也为公司未来更快更好地发展提供有效保障。

通过2年的潜心学习和刻苦研究,结合自身的工作感悟和领导经验,廖阔顺利完成了题为《C集团河南公司任职资格管理体系的设计》的硕士论文答辩,并获得了优秀毕业论文的奖励。

学海无涯,永无止境,廖阔接受EMBA的学习后,为了更好地提升和锤炼自己,又怀着极大的学习热情,在繁忙的工作之余不断努力,在2012年顺利进入大连理工大学管理科学专业攻读管理学博士学位。

作为一个公司的高级管理者,廖阔在取得一系列令人钦佩的成就后,没有被胜利冲昏头脑,没有被成绩绊住脚步,反而深刻地意识到了时代的发展和自己的不足,始终保持着对知识的渴望,对未来的警惕,对学习的热情,不断地克服一个又一个困难,攀上一座又一座高峰,在充实自己的同时也引领企业甚至整个中原外贸快步向前。

毕业典礼与女儿合影　　　　　　　2019 年同学聚会

凭借丰富的国际贸易经验和深厚的行业影响力,廖阔先后获得了由河南省高级人民法院、河南省贸促会颁发的河南省涉外商事社会法庭社会法官,河南工程学院国际贸易和管理学院特约教授等荣誉。与此同时,廖阔还不忘潜心研究技术,先后获得了《一种陶粒砂生产中冷却余热回收装置》《有机朗肯循环余热发电机组工质灌装与回收装置及灌装与回收方法》两项专利发明及一项实用新型专利。

知人善任,平易近人

少年时期经常变动的生活和学习环境注定了廖阔不能拥有长久且固定的玩伴和同学,为了快速地适应陌生的环境,他逐渐养成了热情活泼、开朗乐观的性格。这些性格不止在少儿时期为廖阔带来了很多的玩伴和乐趣,也深深地影响到他以后的生活和工作。毕业工作之后,开朗外向的性格使得他能迅速地融入集体之中,也在对外交往中往往吸引同样拥有开朗性格的外国客户的关注,于是他客户越来越多,业务也越做越大。

凭借出众的业绩和良好的同事关系,廖阔在 38 岁即被推举升为公司的总经理,开启了他人生的更高的征程。走上领导岗位后,廖阔并没有变得高高在上、颐指气使,反而更加平易近人。他亲自组织和参与公司团建,与基层员工一起参与羽毛球训练,并担任领队报名参加集体总部组织的"乒羽"比赛,获得优秀组织奖励。他经常参加同事的婚礼活动,为年轻员工担任证婚人送上祝福。他还时常自掏腰包请员工吃饭聚餐,在觥筹交错间倾听员工对公司的真实感受和想法。可以说,廖阔和普通员工之间虽有职级之别,却无沟通障碍,每个员工都可以和他交流谈心,畅谈想法,这样和谐的工作关系为公司的良好发展提供了很好的组织保障。

2012 年公司团建参观焦裕禄纪念园

2017 年徒步活动庆祝公司成立二十周年纪念

2018 年赴北京参加总公司羽毛球比赛

　　世有伯乐，然后有千里马，千里马常有而伯乐不常有。作为公司的领导人，如何发现和招揽人才，在每个岗位上安置合适的人才是一个重中之重的问题。廖阔在 EMBA 期间通过对任职管理体系的深入和系统的学习，结合自己热情活泼的性格，善于发现和挖掘每个员工的特质和潜力，并把他们安排到合适的工作岗位上。在公司开展电瓷业务出口之初，亟需一个懂材料的专业人员为技术和质量把关。廖阔为了找一个合适的人才，亲自前往各个高校的招聘现场挑选和面试，他对于人才的高要求和公司当时刚出于发展阶段的现状，使得很多高层次人员不愿意前往。但是廖阔并没有因此降低要求，不断在高校之间奔走挑选，凭借他求贤若渴的态度和身为公司一把手亲自招人的诚恳，最终招来了一位湖南大学材料学毕业的硕士研究生，为公司电瓷业务的发展提供了有力保障。

　　这位员工在廖阔的帮助和指导下快速成长，每当他能力上升到一个层次之后，廖阔即赋予他新的工作岗位和职务。最终，经过短短 8 年的成长，他已经成为公司的总经理助理，成为公司业务上的一颗璀璨之星。可以说，没有廖阔知人善任的能力，就没有公司日益蓬勃发展的今天，现在他所带领的公司是一个本科文凭占比90%以上，研究生文凭占比40%以上，35岁以下青年员工占半数的创新型高素质的队伍，良好的人才储备和完善的任职体系，无疑为公司的腾飞插上了一对飞翔的翅膀。

果敢坚毅，勇敢挑战

成大事者，不惟有超世之才，亦有坚忍不拔之志。在几十年的工作生涯中，廖阔面对诸多的困难和挑战，没有选择退缩，没有被击倒打败，反而愈发坚韧，磨炼出了他果敢坚毅，勇攀高峰的品质。2020年初，突如其来的新冠疫情肆虐全球，给中国乃至全球经济按下了暂停键。以外向型经济为主的公司业务遭受了很大损失，经营业绩大幅下滑。在这种局面下，廖阔积极组织公司员工在家办公，开展远程视频会议，指出要依靠公司在外贸行业的经验和优势为中国抢购口罩，防护服等防疫物质，一是可以为公司带来一部分的进出口额，更重要的是可以为国内抗击新冠疫情做出应有的贡献。在廖阔的亲自指挥部署下，公司多部门齐心，国内外联动，为商丘市疾控中心和周口市疾控中心从土耳其抢购回来2 000多件防护服等防疫物资，有效缓解了两市的防疫压力，取得了很好的社会效益，也在特殊时期历练了一支呼之即来、能打胜仗的可靠外贸队伍。

疫情期间，集团内各个公司都遭受了不同程度的影响，尤其是成立时间短、地理位置偏、自身业务少的中设银川综合保税公司，面临着董事长退休，业务部门调整的多重困难，业绩出现了大幅度下滑。在中设银川公司危急存亡之时，很多人因为种种困难和原因不愿意接受这个烫手的山芋，最后廖阔果断站了出来，临危受命，兼任了中国机设备工程（银川综合保税）有限公司的董事长，并通过与中设河南公司联合经营，积极梳理既往业务，多方位开拓新兴业务等措施，使中设银川公司迅速扭转颓势，驶入了高速发展的轨道。

开封东大化工厂搬迁项目是廖阔主导开发并由中设河南公司联合总包的合同愈10亿人民币的大型工程。在项目的开发和执行过程中，公司面临来自业主方、分包方、供货方、联合承包方等多方的压力和问题，对廖阔的组织协调能力、综合领导能力提出了巨大的挑战。面对这些困难，廖阔迎难而上，运筹帷幄，凭借自身丰富的商务管理经验和果敢坚毅的性格，成功推动了项目的发展和落地，使各方利益得到了满足，为公司赢得了宝贵的承包国内大型工程的经验。

把目光拨向几年前，就可以发现廖阔开发国内大型工程的成功绝非偶然,而是自身不断突破,不断挑战的必然。就在廖阔开发并执行斯里兰卡水厂项目的同时,他多点出击,将目光转向非洲市场。通过调查研究和实地走访,他发现坦桑尼亚存在电网接入率低和电力普及程度低而导致的经济发展瓶颈问题,尽快建设合理的主干输电网络系统,对坦桑尼亚的经济民生发展尤为重要。

为了尽快帮助坦桑尼亚群众及早用上电力,改善他们的生产生活条件,廖阔不畏困难,亲自多次深入该国城市乡村野外探察情况,积极游说该国电力和政府部门,同时又在国内给该项目争取资金资源。坚韧的性格帮助廖阔勇敢地行走在坦桑尼亚的荒原中,果敢的品质使得他并没有被多次感染当地传染病所击倒,在挑战面前不断前行,怀揣着为非洲人民带来光明的美好夙愿,经过他和团队的共同努力和推动,终于在 2013 年与坦桑尼亚国家电力公司(Tanzania Electric Supply Company,TANESCO)以议标方式签订了总价达 6.64 亿美元的坦桑尼亚西北电网项目的 EPC 总承包合同,给自己的努力付出画上了圆满的句号。

编者语

中国经济的快速发展造就了很多机遇,但机遇总是垂青有准备的人。廖阔凭借自身扎实的业务素养,敏锐的商务嗅觉,坚忍的意志品质,乐观的心理态度,顽强的奋斗品格,牢牢地把握住了经济发展的脉搏,使自己和公司每次都能站在风口之上,辽阔前行。行多远方为执着,思多久方为远见,廖阔身上蕴含的独特品质和能力,希望可以启发和指导更多已经在路上的人。

让中国新能源亮相世界舞台
——中国电建集团贵州工程公司董事长　郭　玮

座右铭

知行合一　价值创造

郭玮

个人简介

　　郭玮,1971 年出生于河南焦作,中共党员,正高级经济师,现任中国电建集团贵州工程有限公司党委书记、董事长。荣获全国优秀高级职业经理人、全国电力行业优秀高级职业经理;全国工程建设优秀项目经理人、河南省优秀项目经理、河南省百名技术英杰;河南省优秀共产党员等光荣称号。

絮语

　　郭玮是国有企业的改革带头人,但他身上也有一股精明商人的味道。有人评价他是"既能在体制内传承,又能在体制外创新"的国企领导干部。仅仅用了 5 年时间,就让贵州电建公司由弱变强,凭借着国有企业改革和全球化市场的大势,整合外部资本和资源,实现跨越式突破。电建人褪下了一身传统的戎装,品牌内涵不断丰盈,在国际舞台发光发亮。

如果问郭玮的管理心得是什么？他一定会说是对王阳明的"心学实践"。它搭载着企业的愿景目标,向着全球化的广阔市场振翼高飞。

截至 2019 年底,中国电建集团贵州工程公司在全球范围内承接了近 278 个新能源项目,其中光伏项目 134 个,风能项目 106 个。2019 年,公司新签署了总计 5.72GW 的新能源 EPC 合同(不包括卡塔尔项目),包括 4.12 GW 的风能项目和 1.6 GW 的光伏项目,贵州工程公司的愿景是成为全球新能源领域的"隐形"冠军。

中国电建集团贵州工程有限公司总部大楼

中标卡塔尔项目,不啻为贵州电建在新的一年里海外战略的实施,开了一个好头。郭玮预见到这个具有世界级影响的新能源项目对公司未来的品牌打造将发挥怎样的作用。2020 年 2 月 1 日,冒着海外新冠肺炎疫情的风险,郭玮带队赴迪拜,进行卡塔尔 800 兆瓦光伏项目 EPC 合同签署。这是目前为止世界第三大单体光伏发电站,是世界最大运用跟踪系统和双面组件的光伏项目,如此体量和高技术运用水准的新能源电站,足以在中东地区产生巨大的影响。

郭玮在一年多前就接到投资方的招标邀请,随即开始筹备和谋划。这是他履职贵州电建 5 年以来,以国际知名 EPC 项目品牌服务商的身份,在海

外市场即将打响的又一场艰苦卓绝的"世界级战役"。

合同签署在即,郭玮感到千钧重压,这是他代表贵州工程公司对一个国际项目实施的慎重决策,履约风险辨识是第一位的。2022年第十二届世界杯足球赛将在卡塔尔举行。因为一场全球盛宴的到来,政府与合作各方为这项"交钥匙"工程展开了全球性招募。围绕这个体量巨大的世界级"绿色发光体",贵州电建人期望着能够抓住这次机会,把中东地区灼热的阳光转换成贡献人类社会的绿色能源,最大限度为卡塔尔减少石油能源依赖,降低碳排放,提高多样化的电能利用效率,实现卡塔尔经济多样化的发展愿景,并为中东的和平环境添一份绿……世界杯的高光时刻,同样会闪耀贵州电建的风采。

2020年2月6日,郭玮与法国道达尔公司、日本丸红株式会社代表,齐聚迪拜正式在卡塔尔哈尔萨800.15兆瓦光伏项目EPC合同上郑重签字。开弓没有回头箭,业主当即发出了有限开工令,项目履约正式进入倒计时。贵州电建人在愈发严峻的海外疫情形势面前,头顶烈日的炙烤,为项目的正式开工做足了准备,摆开了战场。

卡塔尔项目采用国际通行的政府与社会资本合作的PPP投融资模式。从2018年下半年,日本丸红和法国道达尔公司投资联合体经过对全球多家知名企业的考证比较后,最终于2019年3月向贵州电建发出资格预审邀请。经过长达6轮围绕EPC报价的沟通以及无数次的沟通、谈判,并结合对方长达近半年对贵州电建的实地考察,最终,贵州电建战胜众多国内外知名企业,逆袭中标成为卡塔尔项目建设的主角,成了中国电建在中东市场的品牌代言商。

在郭玮的率领下,贵州电建从一个名不见经传的内陆省出发,响应一带一路倡议,敢于在竞争激烈的全球新能源市场亮剑,彰显出电建铁军打造国际化品牌的信心,不断演绎属于高原雄鹰的一个个精彩瞬间!

人生的角色

1991年,郭玮以英语专业入职河南火电工程公司,曾经跟随企业的业务拓展,发挥专长担任翻译,涉足过印度、印尼等东南亚地区的海外项目。

2002年,他在西安工业学院进行了3年的深造,主攻会计学。工作即实践,实践即学习,他把企业作为丰富自己职业生涯的大课堂,把人生的抱负全都融入企业里。入职10余年间,郭玮参与了河南安阳、洛阳、禹州以及内蒙古、贵州等电厂工程建设,对项目的安全、质量、进度、成本管控等方面不遗余力深入钻研。他从众多青年员工中脱颖而出,得以有在团委副书记、总经理、工作部副部长的岗位上锻炼的机会。无论党群、行政、经营,对待每一项工作的专注让他受益匪浅,与同事间的沟通、协调更是展露出郭玮待人接物的睿智与高情商。

2004 年,他被提拔为副总经理,分管市场开发和营销工作。五年的经验积累,他组织并参与了 40 多亿元合同的签订,主导并成功将业务板块延伸到新疆等省区。通过对河南叶县马头山风电场项目的运作,郭玮为公司引入商业融资,为公司在 EPC 总承包模式上的创新走出了第一步。他还主持了印度有关项目标书的编制和印尼电厂合同的签订,实现了施工总承包模式和海外项目零的突破,青年时代的郭玮已跻身为全国电建行业的"优秀项目经理",成为中国工程建设行业的"优秀职业经理人"。

2006 年,郭玮兼任公司的总经济师,不仅仅是在市场业务、项目履约工作方面凸显了他丰富的管理经验,他还充分发挥所学以及自己对市场经济超强分析预判能力,把自己"总经济师"的角色"扮演"得很好,为企业在整体经营环境之下不时做出透彻的分析。除了切身的实践和体会,郭玮对企业的核心管理理念开始形成自己的认知。他始终在历练观察世界的眼光,内心追寻着市场开发、营销管理的最优解。

他隐隐感觉到,企业文化是一把打开现代企业管理之门的钥匙。贵州工作期间,他涉猎不少当地的历史人文、景观风物,尤其拜访过明朝著名的哲学家王阳明在贵州的"龙场悟道"遗迹,加深了对王阳明先生"心学"思想理论的理解。在多年的工作实践中,他视《传习录》为心爱,"心学"思想不断在夯实着他的内心。

2006 年,郭玮进入郑州大学商学院进行了 2 年的学习。从管理学、经济学、会计学等基本理论入手,他重新对企业的经营活动规律、管理组织进行思考,经常找机会聆听来自一线的中外企业家分享他们的成功心得,甚至失败的教训。"大咖"们思考问题的角度、解决问题的方式,以及对那些看似司空见惯的事物独到的见地,都在启发着郭玮在管理问题上的理性判断。

通过 MBA 的学习,郭玮在原有擅长的领域更为成熟,并不断拓宽视野和知识面,他认真对待每一门课程,向来自各行各业和领域的精英们学习,不断审视自己和剖析自己,直到形成成熟的判断,他用理性始终在思考自己的价值观。

2014 年,郭玮被提拔为河南火电工程公司党委书记兼副总经理,但市场开发工作始终责任在肩没有变化。

就算职业生涯的平台再高,身处国企改革大背景之下的郭玮,还是在不断为自己的人生定位。多年来,他密切关注国家政策,研究行业发展动态。分管河南公司市场业务十年,市场拓展不断在延伸,也在向着光伏、风电领

域起步。2014年,河南公司的海外业务合同已经达到32亿之多。不同历史时期,产业政策的调整,企业顺应改革如何在变革中去适应形势？他始终在努力的实践中去印证一个又一个新的答案。

临危受命

一纸调令让郭玮措手不及。2015年6月29日,他从工作了24年的河南火电工程公司调任贵州电建一公司任党委书记、总经理。同年11月27日,贵州电建一公司、二公司重组整合为中国电建集团贵州工程公司,郭玮任董事长、党委副书记。2018年3月任党委书记、董事长。

贵州工程公司与河南火电工程公司都是传统型的火电施工企业。当曾经的"西电东送"黄金时代过去之后,贵州电建不能顺应时代发展,陷入国资委高度关注的特困企业。贵州之于郭玮既熟悉又陌生,作为河南公司在贵州承接的项目现场中的一分子,他有几年在贵州工作的经历,也因此培养了郭玮研究贵州人文历史的兴趣,这对他随后几年提炼出的"贵州电建管理实践心学"启发很大。

企业经营不善造成的"烂摊子"由郭玮来接手,一些干部职工调侃:"空降一个干部来就能够逆转一个快要倒闭的企业？"确实,不带一兵一卒到贵州的郭玮,还得继续去指挥这些在传统体制之下默默奉献了青春年华的老员工们再创业,大家伙都不相信。

郭玮详细分析研究贵州电建深陷危局的"病因":传统业务的断崖式下滑,甚至在输变电业务的"被封杀",历史遗留问题不一而足,恶性循环,内部不团结、精神萎靡、人才流失……最为致命的是财务账上只有几百万的流动现金,市场订单杯水车薪,营业收入满打满算只是区区的两三个亿的水平,这个只是原来两家施工企业业务高峰时期,历史平均水平的十分之一。

传统业务市场的路走不通,岌岌可危的生存危机,一双双咄咄逼人的眼睛望着郭玮。内部,他从干部作风开始整饬,引导大家开展"三问":我是谁？我从哪儿来？要到哪儿去？他试着用王阳明的"良知学"去拨动尤其是广大中层干部去讨论自己的前途,开展"解放思想大讨论",交流对企业改革和发展的建议……

班子集体不停开会,讨论项目信息,分工对接业主和政府,商量布局各地分公司人员补充和配置……下这么大决心,都来源于在决策上久违了的"共识",原来只分管业务,现在全体班子成员共同摩拳擦掌,决定好好干！心动变为行动,班子的相关成员纷纷开启了"飞行模式"。

决策层率先垂范,以实际行动唤醒了职工慵懒之心。总部机关作风明显改观。针对财务、经营等核心管理工作，郭玮慎之又慎，从兄弟单位找来了财务、人力资源和监察审计等方面的专家，传授成员企业改革脱困的经验、汲取教训，针对当前最紧迫的问题对症下药、动手术。参与部门加大力度"废、改、立"，接受专家指导，在一个个挑灯夜战的夜晚，每个人都显示出旺盛的精力。

氛围起来了，干劲也有了，曾经死气沉沉的总部大楼，加班的人越来越多，灯光被大面积"唤醒"，从一间间办公室的窗户透射出来，皂角井的夜空不再沉寂。

每天晚上，郭玮几乎都在办公室办公到很晚。大家一起理思路、找问题、抓管理，不惜功夫在"废、改、立"的每一个环节"事上练"。无数个被会议、讨论、部署安排任务排得满满的白天和披星戴月的夜晚，内部整顿总算告一段落，但是郭玮还是觉得还有好多未曾触碰到的地方。这种自我加压式的拼命工作方式，也几乎成为未来的常态，他的拼劲和激情，对企业的全情投入，感染着也感动着企业员工，大家在不知不觉中，也自觉地以这种方式工作。

中秋假期，郭玮往返3 000多千米，来到云南孟连光伏项目现场看望那里的职工。其他的工地现场，也出现了分管领导们的身影。沟通交流、面对面的畅谈间，一线"将士"欢欣鼓舞更加干劲十足。

2016年，人才几近枯竭的企业迎来了第一拨分来的大学毕业新生。郭玮参加青年员工茶话会，他抛出了新公司发展战略的问题，围绕"新能源业务、电源传统业务、基础设施业务、海外业务、传统衍生业务"五大板块，与青年员工互动提问、交流。

党工部新来的青年员工小孔描述："郭总凝视你的目光很专注，感觉是要抵达你的心灵。"他鼓励青年员工："心有多大，舞台就有多大，要用好大学这把钥匙，实现人生的价值。"

"绿色"的舞台

2015年底，整合在一起的贵州工程公司已经在新签合同指标上实现了50亿元以上的突破，这个数字较原贵州电建一公司、二公司西电东送时期整整翻了一倍还多。新能源业务的爆发式增长，促使企业历史性地不依靠传统业务，而暂时走出了生存困境化危为机。

但是新能源领域政策性强、投融资风险大、建设周期短、技术设备升级迭代快，项目建设的管控模式，必须以一种新的方式进入。2016年2月，贵州工程公司围绕"十三五规划"制定企业战略框架，对未来发展愿景、战略目标进行分析和定位;致力于为全球客户提供覆盖"资源识别、规划设计、投融资、设备采购、工程施工和运营管理"全产业链一体化综合平台解决方案,它与多元业务协同实现差异化发展,通过"EPC项目全产业链"上下游延伸,剑指更加广阔的市场。战略框架中还明确三年规划期内,新能源、海外业务、基础设施、传统能源、传统衍生五大业务单元的市场占有率、中标合同金额进行了确定。

引人注意的是对新能源领域的阐释,除了市场占比最大之外,强调产业规模的"一体化",这是针对国有企业在国家倡导低碳经济的今天,对企业可持续具有"绿地开发"服务能力的整合。

由贵州工程公司参与的中国第一个"领跑者计划"——山西大同100兆瓦EPC项目地面电站于2016年6月25日成功全容量并网发电,成为公司决战"6.30"首个并网发电的光伏电站项目,被新华社、新华网评选为"2016光伏电站最佳案例"。2015年底国家发改委下发的《关于完善陆上风电光伏发电上网标杆电价政策的通知》限定了2016年1月1日以后备案并纳入年度规模管理的光伏发电项目,只要在"6.30"期限之前抢装成功,就可以享受当前的补贴电价。"6.30"政策一直延续到2018年,贵州工程公司完成的装机规模逼近3 000兆瓦,占贵州工程公司新能源项目新签3年合同总量的30%以上,项目遍布西藏、青海、内蒙古、吉林、湖南、贵州等地。

半年一小步,一年一大步,2016年,郭玮从战略切入,调整业务比重,延伸产业链条,做精高端业务,一种全新的思维突破向贵州电建的原始基因渗透。

源源不断的EPC新能源项目合同接踵而至。上半年,贵州工程公司新签各类合同总量就突破了100亿元,这是距离郭玮进入贵州电建刚好满一年的历史性时点。下半年,贵州工程公司与30余家知名企业、大型金融机构、业主、监理方和国内光伏产品供应商建立战略联盟,签订了未来3年合作总量不低于5 000兆瓦的新能源项目合作协议。

从贵州起步,立足国内,贵州电建向着产业链的关键环节不断蓄势,并瞄准了国际市场。2016年5月,与南瑞集团在肯尼亚01karia-lessos-kisumu线路工程的项目合作,贵州电建进军由此走出了海外市场第一步。2017年11月27日,贵州工程公司成立两周年,纳米比亚光伏电站成功实现并网发电,这是一份特别的礼物,它是赠予正在向着海外市场迈出实质性步伐的贵州电建人。

从承接"海外第一单"到2017年的最后一个季度,贵州工程公司相继签订非洲、中东、欧洲等地区总承包合同。海外业务大有变成贵州工程公司发展新引擎之势。

2017年,是郭玮在贵州的第三个年头。战略的精准定位,为贵州工程公司继续取得新突破创造了条件。行动上,我们继续看见他为企业带来了巨大的经营成效,公司在市场营销、运营管理、资源配置、价值创造等方面实现了"1+1>2"的化学效应。截至2017年6月底,五大业务板块的年度新签合同达187亿元,合同拥有量在全国工程类企业排名第一。同时,通过近几年的跨越式发展,贵州工程公司在新能源领域完全具备了资源识别、规划设计、投融资服务、采购管理、建设管理和运营管理等综合能力。

郭玮要把企业的价值最大化。随着海外战略的深入,郭玮开始尝试并搭建新的商业模式,实施金融资本运作,采取融资租赁和商业保理等方式筹集资金,以技术质量和科学管控保障履约,进而打通新能源全产业链的两端。

海外"特权"

郭玮把2018年定位为"海外市场营销和项目履约爆发增长元年",注定贵州工程公司的"海外事务"异常的频繁。但是,他知道公司目前的海外市场开发尚未成熟,对于未来发展支撑还有很多的不确定性,还需步步为营仔细推敲。

郭玮向干部员工宣讲海外战略

借助年初在海外市场营销方面的良好开局,2018年4月3日,由中国电建集团(股份)公司海外事业部、中国电建集团国际工程有限公司主办,贵州工程公司在北京承办了"海外新能源投资项目推介会"。以承办本次推介会为契机,贵州工程公司大力宣传、推广公司品牌和在新能源EPC项目的"一体化"服务。海外营销团队宣讲分析的阿根廷、俄罗斯、巴西新能源项目投

资机会引起了50余家新能源企业、100多名代表的广泛关注。

在SNEC第十二届（2018）国际太阳能光伏与智慧能源（上海）展览会上，郭玮与副总经理王远辉分别以"中国电建集团贵州工程有限公司、中国电建集团新能源电力有限公司"的身份与华为技术有限公司智能光伏业务总裁许映童共同签署战略合作协议。2年多来与华为的亲密接触，双方在战略投资、科技创新、光伏业务等领域已然成了新能源业务共同搏击的搭档。

2018年4月，郭玮在上海国际光伏展上与外国参展商交流

贵州工程公司成立3年，国务院国资委、中国电建集团以及集团电力工程事业部等各级领导纷纷造访不下七八次，主要都是分析和探讨，与重组整合前贵州电建的"被审计巡察"形成了鲜明的对比。

2018年，集团特别授予贵州工程公司在任何国别的新能源领域均可"便宜行事"的"特权"。中国电建的领导希望贵州电建走出去的步伐要大。但是郭玮明显感到，海外布局在策略上还有待形成立体化的市场营销体系，要谋求真正意义上的全球化高水平发展，还要引进国际化人才，加强青年人才的培养，还要有一支国际专业化团队……

国际营销

2018年是贵州工程公司实施"海外战略"元年。经过所有班子成员连续不断的"头脑风暴"，亮剑欧美的思路更加成熟。郭玮代表班子进一步从营销策划、项目开发和履约、商业模式、国际履约风险预估等方面把海外经营的思路写进中国电建集团贵州工程有限公司年初"董事长工作报告"，郭玮已经把心中的目标锁定。

阿联酋光伏展，是郭玮带领的贵州电建人在国际展台上的首次亮相。代表中国电建品牌在阿联酋首都阿布扎比推广集团"走出去战略"实施以来，新能源业务在国际舞台上取得的突出成就。

上半年，公司迎来了海外市场连续的项目落地：签订中东地区首个大型综合项目——科威特国际机场新航站楼（2号）综合工程，签订单体合同金额最大的南美阿根廷金风350兆瓦风电项目和97兆瓦光伏项目，中标非洲肯尼亚400千伏最大输变电线路工程项目。这是在"一带一路"倡议下，贵州工程公司立足本土，服务国家战略，在海外市场获得的真正意义的重大突破。

营销推广向深度推进，郭玮率领的班子成员不断在海外市场拓展，贵州工程公司项目团队纷纷进入欧美市场推销企业品牌的征途。

2018年6月20日，全球规模最大、影响最深的国际太阳能专业展览交易会在德国慕尼黑国际会展中心举行。郭玮把德国选为营销欧美的首站。2018年9月25日，在美国国际太阳能展览会上，贵州电建品牌闪亮登场推广"贵州电建全球绿地开发一体化服务"。

2018—2019年2年间，贵州工程公司与华润电力、华润租赁、阿特斯阳光电力、国核电力院、德国TUV北德集团以及比利时、意大利、西班牙、英国等欧洲国家的众多企业签署合作协议。

乌克兰光伏项目航拍

2018 年 12 月 15 日，郭玮一行赴英国考察交流，拜访相关金融机构以及英国政府低碳交易所，调研东欧、中亚等地新能源市场。到访欧洲复兴开发银行，以期建立长期稳定沟通机制，寻求投融资合作。贵州电建人的脚印已经踩踏在了全球金融的中心。

2018 年 12 月 21 日，冒着零下 10 余度的低温，郭玮一行赶赴白俄罗斯切里科夫，出席 130 兆瓦光伏项目开工仪式和新闻发布会。白俄罗斯当地与中国企业共同建设发展新能源项目，引起了主流新闻媒体的跟踪报道。

紧接着 2019 年 1 月 25 日，郭玮再次与英国 United Green 集团主席 Afshin Afshar Nejad 共同签署 500 兆瓦光伏项目合作协议中的乌克兰 30 兆瓦光伏项目承包合同，这是继一个月前的白俄 130 兆瓦项目开工后，基于彼此间信任展开的第二次握手。欧美发达国家也开始有贵州电建的市场。

锻造价值

郭玮在学习实践中为企业"号脉"，他把握发展的主动权，不断验证着在市场竞争的大潮中应当具备怎样的创新能力。一个已经经历了 60 多个春秋的传统型施工企业，竟然在短短的 5 年时间破茧成蝶，走上了创新发展的高速路，这是与郭玮独特的思维引领不无关系。

2016 年上半年贵州工程公司新签各类合同总量突破 100 亿元，主要指标继续刷新贵州电建历史最高纪录。郭玮倡导的凝心聚力、战略给力、管控有力、提级升力"四个力"，让广大干部职工从沉睡中苏醒，看见了希望。

新的工程公司融合观念，经营管理创新，战略决策的及时定位，引领着贵州电建人不断在发展中取得巨大成效，郭玮把全体干部职工的目光都聚焦到企业新的价值创造中。

2017 年，他在工作会上正式提出了"知行合一、价值创造"的企业文化核心价值理念。人心一旦被触动，就会爆发巨大的个人潜力。

有潜力还要有能力。郭玮发现贵州电建整体综合能力水平的提升迫在眉睫。

培训，被郭玮运用成独特的武器。每年，贵州工程公司的培训手段层出不穷，最具特色的就是"逢会必训"，这是郭玮在企业改革实践中的必备环节。真可谓"人人都不是圣人"，通过能力提升，"人人皆可为圣人"。由此，每年郭玮都会在工作会、调研会、分析会、誓师会之后加上一场必备的讲座培训。2018 年 7 月，贵州工程公司有了自己的大学（党校），郭玮把它看成是企业发展和员工成长的平台。学习、读书、做人，他希望他的同事们用自己最大的良知去理解"知行合一"的可贵。

企业大学

面对不断变化的内外环境,郭玮一直清醒地认识到:人才,才是企业永远的财富。因此,他从最初接任到贵州任职时,就始终重视对人的培养,致力于通过建设优良的人才培养激励机制,打造各类匹配公司战略发展的人才队伍。自2016年底带队到华为大学学习一周后,成立企业大学的想法日趋迫切,随着业务的不断发展,培训工作的不断拓展、成体系,成立企业大学的条件日益成熟,贵州工程公司大学随即应运而生。

2018年7月13日,贵州工程公司大学揭牌成立,郭玮任大学校长。他说,"大学成立,我们将做好三件事:一是精良师资队伍建立;二是优质课程建立;三是员工考核评价体系建立。大学的荣誉,不在它的校舍和人数,而在于它一代又一代人的质量。诚然,建公司大学创集团内部企业之先河,亦在国企不多得,无诸多经验可鉴,作为一校之长,我始终坚信:积力所举则无不胜,众智所为则无不成! 必将如履薄冰、尽职履责,在众多领导、朋友、同事支持下,率众倾力打造工程公司大学——此公司人才培养之基,惠及员工,惠及公司,惠及合作伙伴、客户,不负时光,不负韶华。"

郭玮在公司大学首期MBA开班典礼上寄语

正如他所做的承诺,大学成立后,以人才培养为目标,精准定位大学五大职能:培养激励、教学管理、课程研发、晋升成长、评价认证五项。通过与外部机构合作,通过内部讲师团队建立、课程的开发、组织实施,通过员工参加大学线上线下的学习,对员工学习进行评价、认证,最终给岗位晋升提供重要依据,实现员工的职业发展。

大学打破单一的线下集中授课模式,通过线上线下课程结合,解决工学矛盾,增强员工参与度。

制订年度计划,因地制宜开发课程,有效增强课程及时性、针对性。并通过各类制度保证学习效果。各类制度将员工自身发展需求与企业发展目标紧密结合,既激励员工自主学习,又将员工学习情况与自身晋升、部门负责人及部门整体绩效挂钩,让大家将"要我学习",变为"我要学习",真正打造学习型企业。

为员工打造7个专业序列的职业发展通道,从应届生入职开始,设计了每一阶段发展层级,并匹配相应要完成的6大院校学习成长值的要求。即为员工规划了未来,也让员工看清了发展方向与成长条件,激励员工有目标的努力与奋斗。

2020年,大学高端课程——量身定制的公司MBA系列课程,也在郭玮的力推下,经过多方筹备,正式开课,公司100多名骨干员工免费享受了这一殊荣和待遇。多少人梦寐以求却求而不得的梦想,他们将在公司大学圆梦。

公司大学新员工入职培训

在郭玮的带领下,贵州工程公司的未来已来到。他将率领公司全体干部员工,以更为开放的思路,更为高远的眼界,更为广阔的胸怀,更为稳健的步伐,向着更为美好的未来不断探索、迈进。

贵州安龙大秦120MW光伏电站

青海燊鸿海南共和49.5兆瓦风电项目

新疆三塘湖 200 兆瓦风电场

河北南宫 300 兆瓦光伏项目

阿根廷 354 兆瓦风电场(罗马布兰卡二期)

山东陵城 76 兆瓦风电场

青海塔拉滩 500 兆瓦光伏园区

编者语

　　从云贵高原飞向国际舞台,郭玮用了 5 年时间。这一路走来,郭玮是如履薄冰的。每一次抉择的背后,赌上的不仅是企业的前途和命运,更是中国企业在世界的品牌形象。同时,郭玮又是跃跃欲试的。他瞅准时机,大刀阔斧改革创新,挽救传统企业于泥淖,找到复活振兴的密钥。郭玮,是新时代国家电力体制改革进程中,为国企脱危解困、勇于变革的逆行者。

含蓄坚毅，君子文化的践行者

——卫华集团有限公司常务副总裁　苗　红

纵使深草蓬蒿掩

莫忘苍翠凌云志

——苗红

个人简介

　　苗红，中国共产党党员，1972 年 5 月出生于河南长垣。郑州大学硕士研究生，高级经济师、高级人力资源师。现担任卫华集团党委副书记、集团常务副总裁，中国重型机械工业协会桥式起重机专业委员会副秘书长，长垣市政协委员，"优秀高层经营管理者"，"卫华三十周年做出重要贡献的先进个人"一等功等光荣称号。

絮语

　　加盟卫华25年来,她诚信做人、务实高效、潜心学习、勇于创新、敢于担当,默默地推动着卫华每一个跨越式发展,悄悄地见证着卫华的每一次转型升级……

扎根企业,自强不息

　　1995年在卫华还是一个三亩地的作坊式小厂的时候,苗红作为卫华集团第一批招聘的实习大学生,进入了新乡市卫华起重机厂(公司原名,简称卫华)技术科工作。苗红本应该是公务员队伍的一员,但一年之后该到分配的政府部门上班时,她却舍不得离开卫华了。"卫华的老板韩宪保很淳朴、很诚信,待人宽厚,总是耐心地指导我们这些大学生。人生的第一份工作就遇到了一位优秀的企业家,一位优秀的导师,这对我来说是一件多么幸运的事情。"忆及往昔,苗红心里充满了感恩。此后她相继担任了办公室主任、采购部长、企管部长、行政中心总监、人力资源中心总监、总裁助理、卫华重型机械有限公司董事长、卫华集团副总裁、常务副总裁、党委副书记,在卫华成长和奉献了25年的美好年华。

　　刚刚上任采购部长时,一次错误给她的印象太深刻了,手下一名采购员采购来一车钢板,结果型号规格都不是公司需要的。主管领导气得把手机当场摔碎了。"我的印象特别深刻,如果我是专家,就可以审核把关,不出现这样的失误,就不会给公司造成损失。"面对问题,她没有怨天尤人,并且充满了自责。从那时起,她坚信只有夜以继日的学习各种材料、各种零部件,才能做一个合格的采购部长,满足业务需求。虽然每天要面对大量的采购业务,并且每一项业务都有一定的采购周期,但她坚持自己把每笔业务都记录到本子上,每天排查采购物资,防止出现遗漏或者延迟采购的现象。"我们必须对客户负责,我们的一个工作不细心、不小心,对客户就是事故,对企业就是不诚信。"有一天到了下班时间,生产部门反映原料跟不上供应,她立刻拉起采购员到供应单位去解决。采购员不解地问,"我们都是一批一批地采购,干嘛那么紧张?"她说,"客户是第一位的,不管是外部客户还是内部客户,客户的需求都必须放在第一位。"当年,采购部在她的领导下就获得了"集团先进部门"称号。

　　1998年,为适应企业发展需求,创始人韩宪保决心在卫华引入职业经理人,这就必须将苗红她们这些部门经理降为副职。"在引入职业经理人的那个时候,有一天,创始人韩宪保总把包括我在内的七八个部门经理召集到一

起,对我们说,公司下一步要全面引入职业经理人。人家都是高端人才、大专家,来我们这里条件很艰苦,不能让人家吃苦又受委屈。所以,必须把部门一把手的位置让出来。从现在起,我们这些人都从部门正职降为副职,要安心当好永远的二把手,做好配合工作。"苗红回忆说。

面对"空降"的职业经理人,她以企业发展为先,公而忘私,将"部门一把手"的位置欣然让出。"当时想法很简单,只要对卫华好,怎么样都行",在担任部门副经理的期间,她静下心来,踏踏实实向职业经理人学习,辅助职业经理人尽快开展工作,把公司当下的业务推进到新的高度。不戚戚于惊天政绩,不耿耿于留下声名,在她看来,功成不必在我,绿树荫浓夏日长;功成必定有我,前人栽树后人乘凉。

君子之乡,文化引领

长垣是春秋名贤蘧伯玉的故乡。蘧伯玉生性忠恕,谦诚坦荡,与其行为、思想相关的传世名言"旨治而治""耻独为君子""邦有道则仕,邦无道则可卷而怀之"的道德理念,为天下人树立了"君子标杆",开创了君子之风的先声,堪称"中华德圣""千古君子"。2018年12月1日,中国长垣君子文化高层论坛举行,长垣市书记秦保建指出,长垣人民的奋斗史就是君子文化潜移默化、深沉积淀的发展史。

蘧伯玉故里

2016年7月,在庆祝中国共产党成立95周年大会上,习近平总书记提出"坚持不忘初心、继续前进"就要坚持"四个自信",即"中国特色社会主义道路自信、理论自信、制度自信、文化自信"。深入挖掘中华优秀传统文化蕴含的思想观念、人文精神、道德规范，结合时代要求继承创新，让中华文化展现出永久魅力。

2019年，时逢卫华二次创业的时机，苗红提出了将君子文化作为卫华的核心企业文化的想法。"蘧伯玉的碑是在我的家乡金占村发现的，而且以前还有圣人庙。"经过对比分析，苗红认为君子文化特质与社会主义核心价值观一脉相承。

君子文化有三大特质：天下兴亡，匹夫有责（指的是担当精神、家国情怀）；仁义共济、立己达人（指的是互助理念、社会关爱）；正心笃志、崇德弘毅（指的是修身要求、向善追求）。而社会主义核心价值观：富强、民主、文明、和谐（国家层面的价值目标），自由、平等、公正、法

蘧伯玉石像

治（社会层面的价值取向），爱国、敬业、诚信、友善（个人层面的价值准则）。

君子文化的内涵主要包含五个方面：①心存仁爱、敢于担当；②诚实守信、表里如一；③德才兼备、锐意进取；④潜心向学、勇于实践；⑤自重自律、坚守正义。把它的关键词提炼出来，即担当、诚信、奋斗、创新、自律。结合卫华原有的诚信为基础的企业文化和企业领导人思想的升华，形成了卫华新的企业文化核心价值观。

苗红组织人员借鉴著名的丹尼森组织文化模型验证卫华制定的企业文化战略，从外部关注、内部关注、灵活性、适应性等四个方面考察：我们是否在倾听市场的声音？即适应性；我们是否清楚知道前进的方向？即使命；我们的制度是否可行有效？即一致性；我们的步调是否一致积极投入工作？即参与性。多方面证实，卫华践行君子文化优势得天独厚。

以人为本，成人之美

子曰："君子不可小知而可大受也，小人不可大受而可小知也。"企业要实现技术及产品创新，离不开人才的引进和培养。"韩红安董事长说过最多的一句话就是，人才是卫华最宝贵的资源，这也始终是我从事人力资源管理工作坚守的原则。"苗红如是说。

作为主管卫华集团人力资源工作的常务副总裁，她坚持知人善任，人尽其才，秉承"事业留人、待遇留人、环境留人、感情留人"的人才管理理念，通过丰厚的薪资待遇、良好的事业发展平台、和谐的企业文化吸引人才、留住人才，积极引进社会各界优秀人才到公司工作，为卫华打造出一支"招之即来、来之能战、战之能胜"的卓越员工团队。"组建了以中国科学院院士杨叔子、中国工程院院士张铁岗为学术带头人的600余人的技术研发团队，这是我国桥门式起重机行业最大的研发团队，在壮大卫华管理技术团队，为集团的创新发展奠定了智力基础的同时，大幅提高了长垣高层次人才的占比。

苗红时刻关注员工的幸福指数，每季度定期到员工中走访，认真听取员工的心声，本着"发展依靠职工，发展为了职工，发展成果与职工共享"的原则，组织制定了股权激励、福利汽车、卫华小区、员工探亲费用报销等系列政策，激励全体员工爱岗敬业、努力工作，共享企业发展成果，同时也吸引、保留了大量的人员到卫华工作。2013年至今陆续从全国引进本科、硕士毕业生700余人，为企业发展源源不断地注入新鲜血液。

"为促进企业更好发展，仅仅输入人才是远远不够的，我们需要建立更长远的计划，在引进外部人才来使团队保持活力和战斗力，引进先进的技术知识、管理理念和经营模式为企业所用的同时，要加快建立自己的人才培养系统，增强人才自我造血功能，这样企业才能在未来诸多不确认性中找到继续前进的路。"基于集团战略和发展目标，苗红建立了人才培养与发展体系，成立卫华党校、卫华学院、卫华职业培训学校，提高党员和积极分子的政治思想观念和科学文化水平，进一步发挥先锋模范作用；以标杆企业学习、特邀专家授课、与高校联合培养等形式，打造卓越的管理和技术团队；建立机械设计、电气、财务、质检、人力资源等多个通道的任职资格体系，为各类人才畅通了专业发展通道。通过开办焊工、车工、钳工等多个工种技能培训班、定期举办技能竞赛等途径，提升技能工人的理论知识和实践技能，培养"金蓝领"高技能人才。

管理创新，勤思敏学

苗红加盟卫华以来，从基层到中层到高层，岗位在变，职责在变，持续学习的习惯却始终未曾改变。"社会在进步，企业在发展，我也要保证我的思想与时俱进"，她跟随集团创始人韩宪保、总裁俞有飞学习经营管理方法，跟随企业外聘人才学习三体系建设、PDCA循环管理方法等，充分运用郑州大学商学院期间学习的管理知识，不断推行管理变革和管理创新。1995年开始导入了360度考核工具，即对员工的工作态度、工作行为及工作能力等素质进行全方位、多角度的评价，对提升公司初期的管理水平，调动员工工作积极性，提高绩效水平起到了积极的推动作用。2004年以来，随着公司规模的快速扩大、机构设置的增多、员工人数的增加，单一模式的360度考核工具已跟不上公司发展的需要，并逐渐暴露出一些问题。

为了提高集团的管理水平和管理效率，发挥集团整体优势，降低经营风险。一方面集团需要健全管理标准，建立具有导向性的、优秀的企业文化，提高职工素养；另一方面必须建立一套有效的绩效管理体系，调动各单位的工作能动性和创造性，确保集团各项政策能够有效贯彻执行，促进企业发展战略及经营目标的完成。鉴于此，苗红和公司领导经过多次深入地沟通，决定对卫华集团绩效管理工作进行创新，实施"以实现战略为目标的复合绩效管理"，不断提升绩效管理水平，促进企业发展战略的实现。

她以企业发展战略作为绩效管理的出发点和落脚点，融合目标考核法、等级评估法、360度考核法、关键事件考核法为一体，将考核内容由"单纯行为"向兼顾"结果、行为与个体特质"的多维度方向转变，考核形式以业绩考核为主导、行为评价为辅助相结合，既关注经营目标和工作计划的监控，同时注重考核结果运用。综合考核成绩由年度目标责任书成绩、月度/季度考核成绩、360度考核成绩按照一定的比例综合而成，充分体现员工各方面的绩效信息，在促进企业战略目标实现的同时，又能提升员工的技能水平。通过实施多种复合形式，推动一体化的复合绩效管理，促进企业发展战略和年度经营目标的实现。

"以实现战略为目标的复合绩效管理"促进了公司由粗放管理向精益管理转变，由依靠增加资源消耗向依靠科技创新、管理创新、员工素质提高转变，由单方面重视经济效益指标向重视公司财务指标、客户指标、内部控制指标及学习指标转变，使得卫华集团综合实力显著提高，实现了大跨越发展，取得了良好的经济效益和社会效益，带动了起重机产业的发展，促进了产业集群的形成。

逆"疫"而行,勇于担当

在抗击新冠肺炎疫情的这场没有硝烟的战争中,她勇于奉献与担当,身兼多职,忙碌的身影奔波在长垣的每一个角落。

组架构,定职责,立措施,筑牢防控战"疫"根基。2020年农历新年第一天,时值疫情肆虐阶段,家家紧闭门户,街道上空无一人。本该是合家团圆庆佳节的时刻,苗红接到了董事长韩红安提出成立防控疫情领导小组的指令,生命重于泰山,疫情就是命令,防控就是责任。苗红迅速做出响应,第一时间赶往公司,组织召开疫情防控专题会议,协调成立卫华集团疫情防控领导小组,明确小组成员及职责分工。

作为卫华集团疫情防控领导小组成员,苗红积极响应中央决策部署和省委、市委工作安排,执行领导小组决策,迅速通过新媒体,下发《致卫华集团全体员工的一封信》,动员全体员工主动参与疫情防控,做好日常防护工作。同时发布了《进一步加强防疫工作的通知》,制定了《卫华集团新型冠状病毒防控工作实施方案》《卫华集团疫情防控应急预案》,保障疫情防控工作有序进行。

苗红代表卫华集团捐助光山县疫情防控资金 50 万元

守初心,担使命,勇担当,为抗疫贡献"巾帼"力量。疫情无情人有情。作为一家有社会责任感的企业,卫华集团积极响应党和国家的号召,支援灾区抗疫,贡献卫华力量。2020年1月25号,根据上一届党委书记、创始人韩宪保指示精神,苗红迅速行动立刻倡议卫华集团党员、员工及业务发展商们向武汉等疫情灾区捐款，短时间内为灾区筹得捐款达 232 万元。面对疫情灾区物资短缺，苗红东奔西跑，联系灾区需求单位，利用一切渠道筹措粮油物资，并亲自在现场协助搬运，监督装载过程。正月初七，卫华集团第一批为湖北省中西医结合医院购置的粮油、蔬菜等 32 吨物资，启程驰援武汉。

苗红助力卫华集团为武汉疫情灾区捐助 32 吨物资

与此同时，苗红代表卫华集团为长垣扶贫对口帮扶的兄弟县——信阳市光山县捐助 50 万疫情防控资金，同时深入基层，相继为长垣 6 家卫材企业、长垣市人民医院、蒲东、蒲西、南蒲与蒲北街道办事处送去水果、鸡蛋等慰问品，向坚守一线的抗疫勇士表达卫华的敬意。

作为集团常务副总裁，苗红深知，现在处于关键时期，打好疫情阻击战的同时，切实维护正常经济社会秩序至关重要。为保障企业安全复工，苗红迅速着手复工后防疫管理措施，严格按照《长垣市工业企业复工复产疫情防控工作方案》《长垣市工业企业新型冠状病毒感染的肺炎预防控制指南》要求，落实"六四六"疫情防控复工要求，监督各子公司分别成立疫情统计、防疫物资筹备、防疫检查等小组，明确各中心、部门、班组防疫负责人职责。执行公共场所防疫措施，生产经营场所、施工场地和生活区实施封闭管理，按要求对重点区域和设施设备清洁和消毒。制定职工就餐安全措施，同时在企业内部进行全员无死角疫情防控宣传等，加强各项管控工作，保障员工身体健康和生命安全，维护企业正常生产秩序。

大事难事看担当，危难时刻显本色。她把投身防控"疫"线作为践行初

心使命、体现责任担当的试金石,部署抓好工作落实,助力卫华全面恢复生产经营。2020年1~6月卫华集团在新冠肺炎疫情对全球经济造成冲击的背景下,订单指标大幅增长,收入、产值由负转正,实现稳步发展。

饮水思源,不忘初心

不忘初心,方得始终。作为一名共产党员,苗红自参加工作以来,始终坚持在政治上、思想上、行动上与党中央保持一致。拥护党的路线、方针和政策,始终保持共产党员的先进性,发挥党员的模范代头作用。当选为党委副书记,是集团创始人韩宪保、上届党委书记推荐的,韩总说,我推荐人选有三个原则:一是具有广泛的民意基础,调查了广大员工体现了员工的意愿。二是工作岗位职位适合,组织能力强。三是有良心,不忘根本。从这几点看,苗红是当之无愧的。高票当选也印证了韩总的眼光。作为集团党委副书记,她严格按照"服务企业发展、服务职工群众、服务人才开发、服务文化建设"的非公企业党组织建设模式,做好党的建设,以党建高质量促进企业发展高质量。中共中央组织部、河南省委组织部先后走进卫华调研,《人民日报》《光明日报》《河南日报》等中央、省、市新闻媒体多次深入报道党建工作经验。中央党校编辑出版了反映卫华党建工作的《卫华集团创新发展之路》。卫华集团获"全国创先争优先进基层党组织",党建经验成为全国推广的十家非公党组织建设企业之一。

按照上级脱贫攻坚工作指导意见,苗红结合公司实际,组织成立"卫华集团扶贫工作小组",在总结过去开展精准扶贫工作的基础上,提出"金融扶贫""就业扶贫""帮带扶贫""公益扶贫"4种扶贫模式。

用心用力,实现金融扶贫。通过金融扶贫,卫华集团吸纳樊相镇、常村镇等九个乡镇6 332户建档立卡贫困户入股集团分红资金2 532.8万元,户均年收入不低于1 600元。

扶贫扶人心,扶出安全感。苗红依照"百企帮百村"对口帮扶贫困村协议中的帮扶计划,拿出人力、财力、物力,帮扶具有劳动能力的贫困户实现再就业,充分尊重贫困户村民个人意愿,先后组织人力资源部门人员到村内宣讲卫华用人需求,由贫困村民结合个人实际情况,自行选择工作岗位。此外,卫华积极发挥卫华职业技能培训学校的职能,为贫困户提供免费培训,以培养其专业技能,累计培训300余人次,实现贫困人员技能水平提升、再就业。

用情用心,实现帮带扶贫。苗红带领扶贫小组经过千百个日夜的潜心调研,终于凭着真心真情,探索出一条卫华式"帮带扶贫"模式,一年多以来,卫华集团先后投入67.68万元,对6个扶贫村的道路、卫生室、街道环境等基础设施进行了翻新整改。如今,村庄旧貌换新颜,村民们露出的幸福微笑,是卫华党委最大的欣慰。

公益扶贫。苗红参与建立"卫华救助基金",2007年兴建卫华小学,解决周边村庄孩子上学难的问题;2008年至今,连续12年坚持开展金秋助学活动,共资助了1 900名寒门学子完成了大学学业;为113名残疾人捐赠救助金279 400元;2018年6月6日,在卫华30周年庆典大会上,再次向社会捐助教育、慈善基金300万元;2019年的新产品发布会上,为长垣一中捐资1 000万元教育基金。

苗红参加卫华集团金秋助学走进长垣十中活动

目前,卫华集团为支持教育事业、新农村建设、扶贫济困、抗震救灾等,累计捐赠达2亿多元。2015年12月,在"首届河南企业社会责任报告发布活动"中,卫华集团被评为"优秀案例企业"。2019年,上榜河南省第一批省级扶贫龙头企业。

如今,卫华已进入"二次创业 二次造富"的新时代征程,作为"卫华三十周年做出重要贡献的先进个人一等功"的企业高层管理者,苗红清零昨日之功劳,严肃地说:"我特别不喜欢元老这个词,把我当成刚入职的小年轻好了,我得重新开始。"

苗红代表卫华集团捐建长垣市第一初级中学综合楼 2560 万元

编者语

　　她,含蓄坚毅,恬静淡远,自显价值。生长在君子之乡,深受君子人格熏陶,以君子品行书写了她与卫华的 25 年的君子之交。25 年的陪伴与坚守,在文化构建中,弘扬传统、把握核心;在人才建设上,知人善任、成人之美;在运营管理中,勤思敏学、低调务实;在民族大义上,敢于担当、勇于奉献。君子人格是中国人的理想人格,做一名卫华君子是她的精神追求,含蓄坚韧、宁静致远、默默绽放。

创

新

篇

　　科学技术的发展，加速了时代的变革，改变了生活的方式，作为第一生产力，早已成为各国综合国力较量的本质。如今科技更新更是瞬息万变，大数据分析、新能源研发、高新技术服务等产业已成为提升我国"科技支撑能力"的重要组成部分。近年来，越来越多的"金质品牌"的高新技术企业在中原大地上扎根生长，它们让历史悠久的中原大地又添"科技之花"。

人生需要有"张力"

——新华三集团高级副总裁、中国区总裁　张　力

个人简介

张力,1998年毕业于天津大学,经济学博士。现任新华三集团高级副总裁、中国区总裁。张力拥有20年ICT行业销售和管理经验,对云计算、大数据、网络安全等领域都有深刻洞见,成功带领团队在上述领域取得业界领先水平。所负责团队完成国

内第一批融媒云之一的大象融媒项目,国内最大的省市两级卫生云项目。所负责的安全产品线2016—2019年期间业绩复合增长率超过35%。张力2005年加入杭州华三通信技术有限公司,曾任华三通信河南代表处代表、华三通信华北片区总经理、新华三集团副总裁、安全产品线总裁、新华三信息安全技术有限公司总裁。

作为一家科技企业中国区的掌门人，张力的人生似乎有些"单调"，从校园中的模范学生，到业绩卓越的业界明星，他人生的每一步，似乎都在精准的把控之中。如今，作为新华三集团高级副总裁、中国区总裁，张力正带领着一只满怀激情和冲劲的团队，在数字时代波澜壮阔的转型中探索前行，在"新基建"的大潮中乘风破浪。矛盾、纠结、转变——这些不为人知的人生体验，也让他在生活中不断迎接挑战、克服挑战，这也造就了一种别样的人生"张力"。

1998年，处在世纪之交的中国正在经历翻天覆地的变化。这一年，马化腾在深圳成立了腾讯；历经了两次创业失败的马云正在西湖岸旁徘徊，思考着未来的方向。这一年，柳传志在《计算机世界》上发表名为《贸工技三级跳》的文章；任正非则找到了巨头 IBM 拜师取经，解决急速扩张之下带来的管理机制问题。中国的科技产业正在摸索中快速发展，努力地寻找着属于自己的方向。

同样在这一年，刚刚走出大学校门的张力，也在思考和规划着自己的未来，人生的第一份工作，他选择了华为。回忆起当年的场景，他仍旧像在讲述昨天发生的故事，"人生的第一份工作，对每个人未来的发展十分重要"。在华为的那些日子，他不仅养成了良好的职场习惯，在同事协作、处事原则、执行力等方面也建立了完整的认知。这段工作经历使他完美地实现从校园到职场的角色转变，在他日后的人生里，也或多或少地将华为的文化基因带入了自己的团队。

"豫"见新华三

在华为，张力最初负责的是路由器、交换机等 IT 产品的技术工作，但天生"不安分"的性格，让他更加热爱销售方面的工作。不过，这并不影响他对每一份工作的热情投入。讲到自己为什么总能对任何工作都充满激情，他的秘诀就三个字——"假积极"。他回忆道："在入职华为时，新员工有三个月的培训。我记得很清楚，当时一位培训师在黑板上写下了这三个字——'假积极'，意思就是不管你爱不爱这份工作，但进入了一份工作就要先把当下做好，哪怕是假装的积极。"对于张力而言，这个观念给他日后的人生带来了巨大的变化。"在刚接触一份工作，你的价值观、人生观根本没有养成的情况下，就去判断这份工作不适合自己，这很可能是主观意识造成的错误判断，实际上我觉得这可以作为新员工非常重要的一个引导。"

在从事技术工作的第一年,张力就在这种"假积极"的理念下做到了真努力,这也给他未来的销售和管理工作打下了基础。一年后,张力被调往销售团队,从代表处销售到网通系统部主管,由于对技术工作的深刻理解,张力在销售岗位上显得更加得心应手,很快就表现出了超常的才能,踏上了最适合自己的人生轨道。

2005年1月,张力加入了紫光股份旗下新华三集团的前身杭州华三通信技术有限公司,当时的华三通信虽然只是一家成立仅仅两年的新企业,但却是一家充满活力的潜力股。想要大干一场的张力来到了河南郑州,开始负责河南代表处的工作,一间小小的办公室打造了一个广阔的天地,创造了一个快速迭代的新阶段。"我渴望改变和创新,也一直崇尚大胆实践、模式创新。"在郑州的十年改变了他的人生航向,也给了他一个成就人生价值的舞台。张力回忆道,"河南并不是一个数字经济非常发达的大省,但是,经过战略的选择和判断,我确定了河南代表处以云计算产品销量最优先的策略。从2013年公司推出云计算产品开始到我调到总部工作,河南代表处的云产品销售量一直位居全国各代表处第一,因为我相信'云'代表了行业未来的方向,代表了新华三的未来"。

如今,新华三集团与郑州的关系日益紧密。2016年,伴随着新华三集团的成立,张力开始推动公司在郑州设立新华三大数据技术有限公司(简称新华三集团)。在郑州的工作经历,让张力更能读懂这个城市的需求和期望,也更理解这座中原重镇对于数字产业发展的渴求。在经过坦诚地沟通和交流之后,新华三集团与郑州市委一拍即合,短短几个月内就完成了相关的合作洽谈。11月,新华三集团与郑州市人民政府正式签署了战略合作协议:在大数据领域深度合作,共建大数据产业生态圈。在新华三集团的战略布局中,郑州是其发展大数据产业的基地,并将依托数据产业的协同作用,打造一个根植河南、辐射全国、业内一流的大数据全球总部研发中心。经过3年的发展,新华三集团已初具规模,成为产值超20亿元、人员近千人、发明专利数百项的软件明星企业。

当然,新华三集团不止将郑州视为产业落地的基地,更积极地依托自身的数字技术积累,回馈郑州的变革和发展。1988年启动筹建的郑州国家高新技术产业开发区,南临西流湖,北接邙山,不仅是河南省高新产业的聚集地,更是培育中部地区数字经济的新沃土。通过"数字大脑计划"的践行,新华三集团助力郑州高新区建设了城市客厅、智慧产业企业科普展厅、智慧城市运营中心、多功能大厅、智美生活体验馆的"五位一体"新型智慧城市实验场,围绕智慧治理中心、三维城市全景、大数据管理体系三大建设内容,为郑州高新区构建城市数字大脑,汇聚了区内25个部门、35万人口和33 000余家市场主体的数据,不但为政府实现了城市管理的全局总览、应急指挥与指挥决策,还为区内高新企业提供了富有生命力的智能共享展示之窗,同时也让市民能够切身体验到新型智慧城市的人文关怀,感受智慧城市建设带来的生活变化,助力郑州打造宜创宜业宜居的"智美新城"。

结缘郑大,求学会友

如果说河南代表处的工作给张力积累了丰富的经验,在职业生涯中留下了浓墨重彩的一笔,那么在郑州大学商学院的求学之旅,则给张力的思想和观念带来了更为深远的影响。"第一届郑大 EMBA 课程设立是在 2009 年,那个时候我已经有了十余年的工作经历,我想借着这个机会能够做一个回顾、总结和提升,将过去具象的生活和工作经历抽象化;在这里的学习,的确让我受益良多。除了知识的提升,更主要的就是学习习惯的重新确立,直到现在,我仍然保持着良好的学习习惯,时间再紧也会通过手机 APP 听一些书和课程。我觉得这个很重要,在何时何地都要向有能力、水平高的人学习,要学习每个人的长处。例如一个人对茶道颇有研究,我们也可虚心求教,听听别人对茶道的看法。"

郑大的学习经历,一方面教给了他更多的知识、理念和方法,让他科学地了解了管理体系;另一方面,也让他结识了众多观点独到的良师益友。"在他们身上学到的东西,直到现在仍然让我获益良多。"张力回忆说:"当时魏杰老师是宏观经济学的特聘教授,对宏观经济的发展趋势既有精准的把握,也有深入浅出的理论,更重要的是,他有非常强的逻辑分析方法,这给我的工作方式带来了非常深刻的影响。现在,我所有谈话、汇报和表达都很关注逻辑,我同样也要求团队成员能够注重逻辑,能真正发现不同因素之间的关系,无论是宏观架构还是微观的要素,都要能实现逻辑推导。每当我遇到想不通的问题,我还会把课堂笔记拿出来,总能在里面发现一些可供参考的思路。"

无论是关于宏观经济形势对企业影响的解读,还是企业发展战略的思考和制定,郑大 EMBA 课程赋予的知识体系和方法论都在张力的人生和职场上发挥了显而易见的影响,也给了他思考和解读外部环境的工具。此外,在郑大 EMBA 的学习也给了他脱离固有的身份属性去审视不同行业内发展规律的途径。在求学过程中,通过与众多行业高管的交流,张力对于不同行业的发展有了更清晰的认知,这也为日后他担任新华三集团高级副总裁、中国区总裁提供了更广泛的视角。

除了对企业管理、经济趋势解读等方面的能力培养之外,郑州大学的求学经历及在此结识的良师益友，也在某种程度上改变了张力为人处世的原则和态度。张力回忆道，"EMBA 课堂上一位老师的人生故事，给他留下了深刻的印象。老师曾讲过一个故事，她去新西兰做访问学者的时候，在当地买了一件非常高档的纯羊毛衣服，但被一家洗衣店弄破了一个洞。"张力说，"按照规则是需要赔偿的，但她看到门店的店员很年轻，是农村来的孩子，她主动放弃了赔偿，因为这对于她来说就是一件衣服，但对别人而言就是一份来之不易的工作，是一个人生的转折。"这些为人处世的例子，给了张力很深的影响，也让他在职场拼搏的道路上多了一些"人情味"，塑造了一位新华三集团人人称赞的"力总"。

走向人生的新舞台

结束了近十年的河南代表处工作之后，张力通过干部轮岗来到了新华三集团总部，成为安全产品线总裁。新的工作环境和内容带来了新的挑战，也赋予了张力前所未有的施展空间。其中最明显的，就是决策的方式和流程。张力谈道，"首先在一线作战部门，我们最重要是做到快速决策、快速判断和快速执行。但总部不一样，更多的工作要聚焦战略规划、流程再造及业务支持，这要求一个人具备思考全局、战略决策的能力。其次，在总部的工作更多地由执行变为了协调，我们需要协调研发、财务、人事等各个部门，为一线团队输出更合适的指导和支持，这需要不同部门之间能够做到换位思考，才能实现内部的共生共赢。"

而作为"新人"，张力也在努力适应着从冲锋陷阵的将领，到运筹帷幄的帅才身份转换。"刚开始我负责安全产品线，从客观上来说，这条业务线对我而言确确实实是一个新鲜的事物。原来我主要是负责市场工作，但现在我还需要统筹组织架构、研发、服务等各个部门的工作，这是一次全新的挑战，也是一个走向未来的平台。"那时候，市场岗位出身的张力对研发工作的流程和管理缺乏了解，但在兼任安全产品线研发总裁后，他坚持参加安全研发部门例会、IPD 会议，很快就融入了这个快速发展的部门之中。

作为在市场一线打拼过的人，张力对市场趋势的变化异常敏感，这也让他能够更好地判断安全产品的市场走向。"在了解新华三自身的安全产品规划和研发思路之后，结合市场一线的经验，让我有了一个对安全市场发展趋势的判断。"张力说，"我们相信，未来的安全领域需要的是软硬件融合的完整解决方案，这是我们当时确定的重要发展路径。在这一理念的指引下，我们陆续推出了安全云、态势感知等产品及解决方案，这些解决方案成为了我司整体安全能力集成和展示的平台，让我司的安全体系更加成熟和完

善"。

对于张力而言,确定安全产品线的发展战略必须要承担巨大的压力,因为这条产品线涉及了几十种门类、数百种产品,市场上更是存在着大大小小近百家竞争对手。面对复杂的业务架构和激烈的市场竞争,张力也在思考如何在这片红海市场中构建新华三集团的优势。为此,他将目光投向了安全领域最重要的核心硬件产品,尤其是防火墙。"目前,新华三集团将绝大部分研发投入聚焦到核心产品之上,高端防火墙等市场做到了全国第一,并且一直在坚持这个方向。"张力说道,"与此同时,新华三也构建了一个良好的产业生态,在众多细分领域中博采众长,用一个整合的解决方案满足客户需求,同时也与加入到这个生态中的合作伙伴实现共同成长"。

新华三"数字大脑计划2020"

为了解决用户的安全问题,早在2017年,新华三集团就率先提出了"主动安全"的理念,并根据用户需求的转变及全新的安全挑战不断地进行升级迭代。而这一发展策略也完美地契合了未来多云和智能时代的需求,让新华三集团成为安全理念发展和创新的先行者。例如,安全云改变了传统的产品交付模式,简化了部署、管理和维护;而态势感知等主动安全能力的植入,很大程度上优化了安全保障的效果,让企业安全工作的重心,从事后追溯转移到事前的主动防范。如今,新华三集团以主动发现、智能分析、提前预警、及时响应为核心手段,构建全栈感知、意图分析、使能驱动的主动安全体系架构,进一步扩大数据范畴、实现智能模型进阶、升级响应能力。

2019 NAVIGATE 领航者峰会

家庭的传承

张力成长在一个具有严父慈母的中国典型特征家庭的里,父亲通常很严厉,母亲则更加健谈。这个家庭看似普通却又不平常,父母长期在国外工作,让他从小养成独立独立坚强的性格。在他小学和初中的上半段,父亲去了非洲,母亲则前往美国。在张力眼中,父亲是勤学的代名词,让他看到了勤奋和努力的价值,更是他人生的"导师",虽然严厉,却总是给他最中肯的建议,教会了他如何更好地生活。"在我快要上大学的时候,他曾经找我谈话:人是发展的,人的眼光和价值观也是不断改变的,我们每一个人都要用发展的眼光看待问题。"另一方面,母亲则更加地细心,也更擅长用创新的方式解决问题。张力说:"我母亲的信条就是办法总比困难多,她工作作风特别细致,这个细致一直影响着到我,现在也成了同事和朋友对我的一致评价。"

在组建了自己的家庭之后,身份的转换让张力面临着如何平衡家庭生活与繁重工作的挑战。因为工作的因素,张力调任新华三集团总部之后,就孤身一人前往了北京,妻子和两个孩子则留在了郑州。两地分居的生活让张力更能体会一个男人的苦心和责任。对张力而言,对家庭的亏欠让他自责,但家庭给他的支持更让他感受到温暖。他谈到家庭生活时表示:"我的爱人给我的支持非常多,对我的影响非常大。她牺牲了自己的事业,贡献给了家庭,给了我无限的包容。"现在,张力也努力地让自己平衡事业与家庭,

郑州十公里亲子徒步活动

给予妻子和孩子最大程度上的陪伴，关心妻子、关爱孩子。每次回家，他都会找时间和孩子一起散步聊天，了解他们在想什么，遇到哪些有趣的事。

现在，孩子们经常打电话给张力，分享他们最近的生活。无论是快乐的还是烦恼的事，和孩子走得越来越近，是张力最高兴的事。孩子会在电话中提醒他要关心身体状况，少喝酒，按时吃保健品，照顾好自己的生活。与此同时，他也像父亲曾经告诫自己的那样，时刻地审视自己对孩子的态度和教育的方式，用一种发展中眼光看待孩子的成长。

在不知不觉中，张力完成了家族文化的传承，成为孩子眼中的好父亲。

与数字时代共赢

家庭的圆满，让张力在工作上有了更大的干劲儿。如今，在如火如荼的"新基建"热潮之下，新华三集团正在开启一个更广阔的数字化市场，这也给他践行自己的事业理想造就了更具潜力的人生舞台。在他看来，新基建的含义包罗万象，但也能用简单的概念进行总结：就是一方面要推进5G、人工智能、物联网等数字产业的落地发展；另一方面要推进传统产业的数字化转型，赋能传统基建的融合变革。在这一过程中，新华三集团将智慧城市和"云+智能"业务作为推进新基建的两个基点；同时，也将聚焦行业数字化转型的特殊需求，积极推进5G、云计算、大数据、人工智能等与行业场景的融合。

"例如在运营商行业，我们一方面推进自身在核心网、承载网、无线网等领域的产品创新和技术积累，助力运营商实现5G网络全面云化，降低5G建网成本，打造开放、集约、弹性的高性价比5G领先网络。"张力介绍，"另一方面，我们也致力于携手运营商共同开拓新的行业垂直市场，帮助运营商发掘5G的变革潜力，在合作的基础上实现生态共赢"。

伴随着新华三集团在政府、教育、医疗、交通、金融等百行百业内的数字化转型实践,越来越多的行业在科技的加持下走向了变革和重塑的全新进程。新华三集团相信,数字化转型是企业构建未来核心竞争力的关键"钥匙",更是驱动产业在数字化时代发展变革的核心引擎。顺应时代的发展,新华三集团在今年提出了全新的"AI in ALL"智能战略,旨在让自身的产品和解决方案更加智能,同时助力客户的运营更加智能。在过去的一年内,新华三集团为 1806 个客户部署了数字大脑解决方案。今年,新华三集团更进一步推出了"数字大脑计划 2020",将原业务能力平台升级为云与智能平台,打造全新的数字大脑核心引擎,进一步强化数字大脑的智能水平与业务支撑能力,助力百行百业加快智能化时代的数字化转型。

紫光集团以移动芯片设计为突破口,以存储芯片制造为纵深,贯穿云计算和整个网络产业生态,打造出了极具特色的"从芯到云"内生产业链条,推动自身成为世界级"从芯到云"的高科技产业集团。截至 2019 年末,紫光集团总资产已达近 3000 亿,并且已开始在武汉、南京、成都、重庆等地投资建立存储芯片生产基地,在极大程度上推动了中国高新科技的革新和发展。

2020 年 4 月,紫光集团更进一步实现了重大组织架构的升级—基于紫光云网板块的整体发展战略,有效整合旗下云网板块的新华三集团、紫光云技术有限公司、重庆紫光华山智安科技有限公司及紫光软件系统有限公司在私有云、公有云、人工智能、视频云、软件服务等领域的整体能力,成立"紫光云与智能事业群",在架构、品牌、服务层面全面统一,以全新的"紫光云"品牌面向市场,倾力发展"云+智能"业务。紫光集团联席总裁兼新华三首席执行官于英涛出任紫光云与智能事业群总裁。

如今,新华三集团作为紫光集团旗下的核心云网企业,背靠紫光"从芯到云"产业链条的优势,已经发展起计算、存储、网络、安全等全方位的数字化基础设施整体能力,能够为客户提供云计算、大数据、人工智能、5G、工业互联网、智能联接、新安防、边缘计算、物联网等在内的一站式数字化解决方案,以及端到端的技术服务。在深耕行业的 30 余年间,新华三始终以客户需求为导向,提供场景化解决方案,支持运营商、政府、金融、医疗、教育、交通、制造、电力、能源、互联网等百行百业数字化转型实践,产品和解决方案广泛应用于近百个国家和地区。

在张力看来,在技术创新的推动下,新基建将以数字化和智能化为抓手,对传统基建赋能,并与传统基建共同推动百行百业的发展。新华三集团也将继续扮演好数字化解决方案领导者和新基建践行者与赋能者的角色,以全面领先的创新实力和深厚经验,助力中国数字经济的健康快速发展。

不进则退，矢志前行

作为张力的伯乐，紫光集团联席总裁兼新华三集团首席执行官于英涛在公司提出了一个做事的行为准则——讲常识、合逻辑。在张力看来，只要能做到按常识和逻辑办事，工作也好，生活也好，方向基本都会是对的，就不会出现大的问题。同时他也在工作中时刻保持着一颗包容心，"我在工作中很强势，但不固执己见。我会听取大家多方面的意见，然后遵循讲常识、合逻辑的原则。"他谈到，"要将所有人的智慧集合起来才能打造出一个更好的策略，才能把市场做好"。与此同时，他也在工作中保持着以发展的眼光看待问题的态度，在实践的过程中发现问题、解决问题，不断地修正自己和团队。他说，"我们只能永远向前，不进则退，这就是我人生中一个很重要的思想观念，指导着我的工作和生活。"

张力的职业历程陪伴了新华三集团及其前身公司的每一个重要的历史阶段，伴随着数字经济与产业大跨越和发展，新华三的发展正迎来一个更广阔的创新舞台。在谈到中国区业务情况时，他异常坚定地表示，全力以赴三年翻番，把中国区的业务从400亿提升到800亿。我们相信总是满怀激情的他，将继续与新华三创造新的高度，与时代同行，走向人生的新阶段。

第二十期玄奘之路戈壁成人礼

编者语

从一个大学刚毕业的懵懂少年到集团公司的掌门人,他不仅完成了自己的华丽蜕变,也见证了一个时代的变革。做技术是枯燥的、单调的,技术人员也都被戏称为"苦行僧",但是正是由于张力这样的"苦行僧"的坚持,我们的社会才会有翻天覆地的变化,我们才会有如此便捷、智能的生活。道路虽艰,唯有负重前行……

河南农业战线追梦人

——河南天和农业股份有限公司董事长　徐建敏

成功的荣耀大家共享
失败的责任我肩独担

徐建敏

个人简介

徐建敏,1975 年 11 月 16 日出生于河南许昌市建安区,2002 年,创立河南冷王物流有限公司,曾任河南冷王物流有限公司董事长兼总经理,2017 年 12 月 19 日卸任,现任河南天和农业股份有限公司董事长兼总经理。

絮语

昔日的冷王,今日的菜王。他在探索中把握商机,一朝成名;他在危机中化险为夷,重获新生。他的梦想是:用工业化理念管理农业生产,把农村人口和劳动力从小农经济上解放出来,打造中国版的"金伯利农场"，农民是"产业工人"，农场像标准化车间，种地也不再是"邋遢活"，农产品个个"干净有颜"……传统农业生产模式正在他手中焕然蜕变。他就是河南农业战线追梦人——徐建敏。

"冷王"华丽转身"菜王"

44 岁的徐建敏，朴实敦厚，曾在部队服役 4 年。1995 年，20 岁的他从部队置业返回许昌，分配到一家棉织厂当工人。一年后，不安于现状的他辞职下海经商。

谈起"发家史"，徐建敏回忆，起先他做冷藏车辆改装生意，在与客户交往时，他留意到冷藏运输行业蕴藏着更大的商机。1999 年春节刚过，他借钱购买了一辆冷藏运输车，开始从事冷藏物流运输。2000 年底，他注册成立了"河南冷王运输有限公司"，麾下悬挂"河南冷王"的专用运输车辆达 300 多辆，成为一个名副其实的"冷王"运输团队。

机遇往往青睐有准备的人，更青睐有心人。这个道理在徐建敏身上再次得到了印证。

香港祥利公司是"冷王"的合作伙伴，该公司在内蒙古、河北等地设有供港澳蔬菜基地，在运输蔬菜时，该公司大多选择"冷王"的车辆运货。长期的业务交往中，香港祥利公司看中了"冷王"的诚信，而"冷王"徐建敏则慢慢了解了对供港澳蔬菜的生产、销售等行情。

2008 年下半年，一场全球性的经济危机来临，面对困难，徐建敏选择了主动出击。"香港祥利公司能在内蒙古、河北设立基地种蔬菜，许昌的气候、土壤、交通等条件不比这些地方差，为什么不能种？为什么就不能把供港澳蔬菜生产基地搬到许昌？更何况，自己公司具有冷藏运输的得天独厚的优势。"

凭着多年的良好合作伙伴关系，这个年经人的异想天开得到了香港祥利公司决策者的赏识。该公司决定，和"冷王"合作，在许昌建设蔬菜种植基地。

2008 年 10 月，许昌天和农业发展有限公司在建安区将官池镇呱呱落地。2009 年 3 月，一期工程 3 000 多亩的蔬菜开始播种，5 月 1 日，公司生产的第一批蔬菜，摆上了香港超市的货架。从"冷王"到"菜王"，徐建敏实现了一次完美的转型和蝶变。

天和农业发展有限公司

怀揣英雄梦的农人

2013 年,刚刚 38 岁的徐建敏当选为河南省人大代表。同年,省第十二届人大第一次会议,徐建敏提了第 283 号《关于加快土地流转,推进农业现代化的建设》的议案。

在等待答复的过程中,他飞向了大洋彼岸的美国加州。

在那里,他与两个留美博士合作,从一个台湾人手里买了 2 000 亩一年四季都适合种菜的好地,把河南天和农场里 20 多种蔬菜中的芥蓝和菜心以及广东小白菜等 12 个品种,"拷贝"到了加州农场。

在徐建敏弟弟、天和农业负责种植基地生产销售的常务副总徐建伟眼里,"老大是想学美国农业,他一直认为美国现代化的农业耕作技术比我们先进近 100 年。"

称呼哥哥为"老大",不仅是因为徐建敏是集团董事长,更因为在徐建伟心里,他是个胸襟宽广、视野开阔的人,他总是隐忍、奉献,勇于吃亏甚至是牺牲。

比如,起初徐建敏让他读 EMBA 时,徐建伟一万个"拧巴"。此前,他最头大的就是念书,宁可流汗、流血不愿埋头码字。如今,美国著名学者曼昆的《经济学原理》,他正扳着词典读原版,毕业论文一口气写了 2.7 万字。

正如徐建敏的理想:用工业化理念管理农业生产,把农村人口和劳动力从小农经济上解放出来,把河南天和农业发展成为中国版的"金伯利农场"。

5月2日,农业厅就徐建敏的议案给出了一份长达5页的答复。5月14日,徐建敏在回执上,认真地签下了"满意"二字。

在别人看来,这个答复很官方,徐建敏却不这么看。他悟到了政府要迫切"把这项工作往前推进"的讯息。他说,从事农业生产这么多年,他有从专业角度理清和甄别的能力,他看到了"正在努力"和"已经取得的成效",正如《政府工作报告》中的第18~22页明确指出,"要培育、发展、推进100个规模化、标准化、专业化现代农业产业化集群。"

之后的日子里,只要不是EMBA有课或者有必不可少的接待,不管白天晚上,都可以在许昌天和农场总部基地的农场里找到他。

徐建敏是一个有着浓郁的英雄主义和浪漫主义情怀的人,他的精神和格局影响着身边和他一起共谋事业的人。"如今,我们都是他的铁杆粉丝。凡老大让做的事情必是理解了执行,不理解先执行,而后在执行中理解。"徐建伟如此评价。

做事、鉴情、察人,他的眼光很"毒"

"眼光,一旦丧失,找都找不回来。"一个令徐建敏钦佩的友人多年以前说过的话,直到他上了长江商学院以后,才弄明白。

当年,友人是在夸他,而他认为这句溢美之词太过肉麻。如今,这句话常在半夜惊醒他,他说他很怕这种能力"丧失"。

即便今天身家过亿,他仍不认为只有吃喝玩乐才是享受,"满足好奇心才是真正的精神愉悦",他不喜欢一般世俗的那些喜乐,他想折腾。

他的眼光很"毒",具体体现在三个方面:做事、鉴情、察人。

正如前文所讲,起先他做冷藏车辆改装生意时,意识到冷藏运输更赚钱,第二年,便注册成立"河南冷王冷藏运输有限公司"。辉煌时,"冷王"的名声很响,牌子很硬。不料,一场波及全球的经济危机重创了他的运输业。萧条时,只有生产供港澳蔬菜的香港祥利公司还在用他的车拉菜。他发现,只有做全产业链才不受制于人。于是,他改行投资农业,把"路上"挣的钱全部埋进了"地下",从冷王运输转为天和农业,把供港澳蔬菜基地复制到了许昌。

2009年,天和农业以长江为界,成立南方事业部和北方事业部,创造了一年内同时向广东、宁夏、陕西、云南、河南等五个省区9个地市扩张的纪录。所到之处,天和往往高价拿地,而后斥巨资修路、建厂,将当地百姓纳入天和农业产业链,与天和农业共进退……

短短3年,天和农业已经在中国农业现代化的大潮中取得了骄人的成

绩。眼下,天和农业已是农业产业化国家级重点龙头企业,成为河南农业战线一面旗帜。

天和发展历程

天和品牌简介

"一个企业做到国家级龙头至少需要 10 年,天和农业用 3 年时间实现了别人 10 年才能实现的目标。"河南省农业厅一位工作人员这样讲。

究其原因,徐建敏提出了"以身相许"说。他认为,天道酬勤。"每天比别人多干 3 个小时,你的人生就会比别人多出三分之二。对自己热爱的事业要能做到'以身相许'。"

跂而望,不如登高之博见。

2012 年 11 月,徐建敏又以迅雷不及掩耳之势完成了向国外扩张——以在美国加州拿地为标志,他终于迈出了国际化农业梦想的第一步。

察人,他的眼光更独特:得有信仰。"一个人没有信仰就没有敬畏,没有敬畏,就必然导致个人行为缺乏有效的自我约束机制。"

徐建敏曾经是一个军人,在长江商学院学习后,他发现,学习西方的东西,更多是技术层面。如何从意识形态的角度去理解、吸收,到最后一定是信仰。这个发现,使他终于为自己的行为找到了一个合理的解释。

过去他是"我想要",而今他选择"我必须"。

"做全产业链"才能有"话语权"

像无数个志存高远自强不息者一样,徐建敏期待自己与天和农业最终能成为推动社会进步的中坚力量。

曾经的徐建敏追求高调做事低调做人,他很少在外界抛头露脸,企业做得很大,但外界对他却不甚了解。终于有一天,他明白了一个道理:人要有名气,才能获得足够的话语权。有了话语权,才能去实现那个远大的理想。

多年以来,他一直在追求话语权。

做运输时,他以诚信和口碑取胜,伊利、蒙牛、三全、思念等大企业都是"冷王"的忠实客户,他以为他的事业据此便能走很远。但那场金融危机让他所有的预想幻灭。

"物流就是产业链中最脆弱的中间环节,只要上下游活不好,你永远只能寄生。在上游和下游都没有定价权,危机一来,还没出声就已死掉。"从此,"做全产业链"的梦想开始持久地萦绕着他。"每个环节都是我的,质量保证、风险可控。"

丰收的喜悦

于是,从 2009 年 5 月至今,徐建敏先后在河南许昌、濮阳清丰;广东惠州、从化、湛江;云南芒市、陕西太白、宁夏银川等地开辟了 12 个蔬菜基地(注:南方基地轮作时会套种香米、杂粮,北方基地会轮茬种小麦、玉米和花生),推行南北多地域交叉种植和生产基地区域化布局的生产管理模式。

而呼和浩特、成都、南宁、昆明、长沙等基地的规划和考察正紧锣密鼓的开展。

他科学种菜决不"靠天收",他像养孩子一样关心蔬菜的营养和吸收,细到间距必须保持在 8~12 厘米,有足够的光照能呼吸到足够新鲜的空气;他

像嫁姑娘一样扮美蔬菜品相,即便一把芥蓝也一定要做到切口精致,误差不超过1厘米……

他建大型给水排水设施和人工增雨设备。每开辟一地,他都要调取当地10余年的气象资料,收集翔实的天气数据。他利用自有的冷链物流车队进行产品的运输,同时在每个生产基地、销售终端建立最先进的真空预冷设备,最大限度地保证产品的新鲜,最终破了"千里不贩青"的魔咒。

他种粮食只选择高端健康的麦种、玉米种和花生种子。今年,许昌总部农场轮作和套种的"紫麦",就是从澳大利亚引进的新品种。

他决不向"农业就是邋遢活"的观念妥协,他的播种机和预冷机清一色从美国、德国进口,他的12个农场全部使用昂贵的自动喷淋,他的菜农不是"力工"是"技工",他的农场更像个现代化标准件车间……

徐建敏说,"农业最怕的就是气候灾难所致的颗粒无收。跨地域多建基地就是规避风险,科学种植就是规避风险。"在他看来,赢得下游信任只有两条刚性标准:一是质量上乘,二是货源稳定。市场上经常断供,经销商会趁机打压你。

机械化生产

"做全产业链,你才拥有市场话语权。你是个小石子儿,别人会随时把你踢开,你是大石头他就不敢踢你了,他硌脚。"徐建敏一直用这句通俗却又极为生动的比喻来形容自身实力的重要性。

秉承"石头说",徐建敏用3年时间把天和农业做成了河南省规模最大、机械化程度最高、综合生产能力最强的农场群,他的生产经营模式全部实现水利化、机械化、规模化、标准化和产业化。

农业产业化是徐建敏为天和农业制定的三大战略之一。

在经营初期,天和农场的所有种子全部来自以色列、日本和澳大利亚。徐建敏说,以色列的国土面积仅2.2万平方公里,相当于北京再加上毗邻的河北香河总面积,但以色列却有全球最先进的蔬菜种子企业、最有效的科研生产转化机制、最高效的农业生产管理技术和模式。

在 2012 年底的企业年会上,他说:"论产品的精细和目标的远见,日本很值得学习。"但他又很警惕。从第一次购买日本蔬菜种子那天起,他就开始创建河南省绿色有机蔬菜工程技术研究中心。"日本人很精明,第一次种子成活率很高,如果自己留种以后的成活率会很低。"

三年的尝试,天和农场已经摆脱进口种子。现在天和农场 90% 以上使用自己研发繁育的蔬菜种子。他们和河南农大合作,和香港有机国际合作,有博士工作站,还有教学实习基地。

天和农业有设施配套完善的蔬菜栽培实验室,有自己专业的科研队伍。"我就是想搞一个和别人不一样的农业。天和从种子研发到田间生产、物流配送都是自己做。"

2010 年 6 月 10 日,原国务院总理温家宝来到天和视察并指出:"这就是现代农业,你们的路子走对了。"(来源:河南日报农村版)

2011 年 3 月 21 日,原国务院副总理回良玉现场观摩了天和蔬菜基地后说:"要让人民群众吃上放心菜,这样的菜我们吃着放心。"(来源:东方今报)

国家农业部部长韩长赋来调研过,2011 年全国农业生产会组织全国管农业的副省长们来观摩过,国家农开办主任王建国来考察过……

天和农业因在有机蔬菜及粮食作物的研发、种植、生产、加工、销售等领域成绩卓著而备受赞誉。因为农业产业化国家重点龙头企业和出口食品农产品国家级质量安全示范区的头衔,天和农业成为世人瞩目的焦点。

专业的事专业人做

熟悉徐建敏的人普遍认为他极具英雄主义情结,这种内在情结的外化就是做了很多看似和企业发展无关的事情。比如,驰援汶川、资助科研和发展教育。

在天和农场种菜和收菜的人,徐建敏称他们为"产业工人",而不是农民,他的农场菜农 70% 来自贵州,只有 30% 是当地真正喜欢农业的人。

在天和农场,收入最高的是一线菜农,其次是技术人员,再次才是管理人员。

徐建敏绝不允许家属参与经营。

他会花重金从贵州聘请技术总监,并把整个农场数千人的命运全然交给对方。

他会斥巨资把全部高管送到郑州大学、厦门大学、清华大学等 EMBA 课堂轮训。他希望"这个团队不仅要有创造社会财富的能力,更能在个人修为上诚信、正直、包容、胸怀天下"。

在此驱动下,徐建敏成功赋予了天和企业价值观。他给天和农业定下了三大发展战略:农业产业化、产品精致化和视野国际化,天和也一直在坚持并执行着三大战略。产业化的好处是,有人犁地,有人播种,有人防治病虫害,有人负责收割,有人盯着品质,有人负责销售,有人负责运输……这种分工和精细化管理、科技投入,农户做不到。

徐建敏在提出这么一个宏大的概念后,需要一个解决执行层面问题的人。他选择了王建军,王建军是天和农场的技术"大拿",天和内部的人将他们二人比作"东家"和"掌柜"。

王建军与徐建伟既是好友又是连襟,俩人迎娶的是同胞姐妹俩。

这种特殊的姻亲关系在外人看来,是老大徐建敏精明地用利益将两个人绑在了同一战船上。而王建军对此说法嗤之以鼻,在他看来是价值观的统一和成就感的愉悦让我愿意与天和共生死。

在王建军眼里,徐建敏胸襟宽广,胆识超群,感觉敏锐。"农业产业化的逻辑非常简单,就是要更多地用工业的方法代替传统农业。在中国,就是因为曾经劳动力过剩、劳动力便宜,所以用人工的成本低于用工业化方法的成本。我相信中国的消费者一定会越来越讲品质。等到那时候,天和再产业化就来不及了。"

国外客商友好交流

产品精致化更多体现在蔬菜品质上。"在发达国家,净菜是生活品质的前提保证。但国内市场提供的70%的蔬菜连半成品也不是,下了班,再到菜场或超市买菜、择菜、洗菜、炒菜,全部的生活乐趣被这种烦琐稀释殆尽了。"徐建敏坚持品质几近偏执。

如今,徐建敏把目光放到了欧美,他要把河南天和农场做成中国版的"金伯利农场"。

徐建敏加速国际化进程源于入读长江商学院的EMBA课堂。他认为,这个课堂给了他看世界的第三只眼,以往习惯了的思维模式被颠覆……

给企业注入社会责任的 DNA

汶川地震传到许昌时,徐建敏还是冷王运输的头儿。不到一个小时,他派徐建伟集结了由 8 个人、7 辆车组成的救援队一路风驰电掣赶赴四川,其中两辆价值 270 万元的奔驰牌重型清障救援车返回时,已近"奄奄一息"。

在徐建敏的认知里,无论你企业做得怎么样,做公益总是好的。不要问动机,从技术层面来讲,不要去问道德。能做善事,有怜悯之心,会反过来影响未来企业的一些决策。

天和农业有自己的基因图和导向图。徐建敏就是要给天和注入一种社会责任的 DNA。在形象暧昧的企业群体里,这直接影响到天和的企业气质。

"其实,与服务相比,产品质量更重要,与产品相比,企业员工活得是否有尊严更加重要。"他认为,企业真正的红利是如何让员工有归属感。在天和,人尽其才,物尽其用,只要你诚实劳动,你就能拿到高薪,获得高位。在天和,来自一线的员工购买住房的比比皆是,有的是奖励所得,也有的是凭收入购取。"每人有保险,各个享福利。即便身在异乡的贵州菜农,在天和,他们也没有临时工的意识……"

徐建敏已经跳出技术层面,为未来提前布局。对他而言,天和是作品,这个作品显然集中了他太多的理想和情怀。

他认为,不论是农夫、面包师、裁缝还是总统、参议员,他们的辛勤工作出发点并不是为他人,都是"利己"的,可以是让自己物质生活更富足,也可以是让自己精神追求更高远,但恰恰是这种"利己"推动了社会的发展,最终实现了"利他"。

从一开始,他就确定了用市场这个杠杆来运行企业,他会主动放弃企业 70% 的利润留给产业链的每个环节。这个有悖人性的决定让他获得了对天和掌控产业链各个环节的绝对道德优势,这给所有试图去挑战天和的人设置了一道难以翻越的藩篱。

他个人的思想经历了 3 个变化:第一是从盲目的、浪漫的理想主义转向崇尚科学精神、关注现实社会问题;第二是对自由和权利的尊重和追求;第三是在经济上,更相信政府,相信市场的力量,相信企业家的精神。

曾有记者问他,你到今天还有什么是深信不疑的? 他说:"真善美和终极关怀。"他认为这是人类共有的,他不赞成用阶级属性解构。

起初,他只想做一个快乐的小人物。而天和发展到今天,他已经没有最佳选择,只能一次又一次冲在前面。"当你还是小人物的时候,一定要当一个有理想的小人物;当你实现了你的理想时,一定要是一个有作为、有担待的人,让更多的人因你而获得快乐。"

李嘉诚有一次演讲震撼到了徐建敏,他说:"有能力的人,要为人类谋幸福。"

徐建敏的目标是,把天和农业打造成一个在国际上有影响力的农业公司,带动和引导更多的农民走上致富路。

编者语

要想做大企业,必须先放大格局。这包括对事业蓝图的描绘,是不是符合社会和人民的长远利益,能让企业可持续发展;对行业动态的把控,是否有准确的判断与果敢的实践,抓住机遇,让企业立于不败之地;对价值观基因的解构,让无形的文化认同渗透进每一个成员的行为举止中,内化为强大的生产力;对员工归属感和幸福感的塑造,通过提升物质保障的"利己"来实现精神上更高远的"利他"……

扶摇直上九万里

——“国际郑”地标设计师、祥龙电力董事长　何向东

座右铭

当这个时代到来的时候，锐不可当，万物肆意生长，尘埃与曙光升腾，江河汇集成川，无名山丘崛起为峰，天地一时无比开阔！

何向东

个人简介

何向东，男，1968 年 9 月生于河南省郑州市，民革党员。1998 年 7 月 23 日创办郑州祥龙电力股份有限公司，现任郑州祥龙电力股份有限公司董事长、总经理，河南省电力企业协会发起人、郑州大学 EMBA/MBA 校友会常务理事。

絮语

纵观祥龙电力20余年的发展轨迹,完全可以用顺风顺水和快速稳健来形容。从创建之初仅有两辆摩托车的小公司,发展成为资产上亿元和电力行业拥有多种高级资质的现代企业。尤其是2016年4月在新三板挂牌(证券简称"祥龙电力"),为公司规范管理、打造品牌、企业融资等方面注入了新的基因,进入发展的快车道。而这一切都离不开祥龙电力的掌舵人——何向东。这位身材微胖、健壮魁伟的中年男子,开朗豁达、谦逊真诚,说话声音洪亮,不时发出爽朗的笑声,给人以力量、信任和安全感。他是高管团队的"核武器",一路带领祥龙电力扶摇直上九万里。

郑州"国际范",祥龙有其功

说起新郑国际机场的标志性建筑,无疑是高耸入云、娉婷玉立的"笛塔"。在蓝天白云映衬下,一身银灰素衣、尽显高洁修颀、古朴典雅之美的"笛塔",堪称"国际郑"独具地域、历史、文化特色的新地标。

笛塔是新郑国际机场的空管指挥塔,对飞机起降发号施令,为机场提供空中交通管制、航行情报、导航、气象信息等服务。随着2016年1月7日凌晨4点45分,"笛塔"上发出第一个管制指令,新郑国际机场成为继北、上、广之后的第四个航空枢纽。这意味着,郑州未来将建设空港、产业、居住、生态功能区共同支撑、具有国际风范的绿色智慧航空大都市。

当你走进明亮的候机大厅,查看屏航班信息,享受舒适服务的时候,你可能不会注意到,机场的正常运行,均离不开电力支持。而机场供电系统的可靠性与稳定性,直接影响着机场的运行状态,一旦出现故障,轻则飞机不能起飞降落,机场陷入瘫痪状态,重则造成安全事故,后果不堪设想。因此,机场供电系统的运行维护,是关系到人们出行安全的头等大事,其重要性不言而喻。

也许你更想不到,新郑国际机场供电系统的运行维护,是由一家民营企业——郑州祥龙电力股份有限公司(简称祥龙电力)负责的。

2020年5月15日,祥龙电力接到了河南省国贸招标有限公司代理河南省机场集团有限公司的《中标通知书》:"你方于2020年5月7日所递交的'110 KV航空变电站等29个变电站运行维护项目'(招标编号:GMFG19317)投标文件已被我方接受,经本项目评标委员会集体评议,招标人确认,正式确定贵公司为本项目的中标单位。"

至此,祥龙电力自2012年承接新郑国际机场二期扩建工程(简称机场二期工程)供配电工程项目以来,再次与机场成功牵手,成为电力行业多年来有口皆碑的"大佬"。

能够拿下新郑国际机场二期工程的供配电项目,并成为其维护运行的服务商,这对祥龙电力来说,不仅仅是一项技术标准高、服务质量好的业务,也是体现他们技术实力和管理水平的"黄金招牌"。

那么,祥龙电力究竟是一家什么样的企业?

河南省电力企业协会负责人如是介绍:祥龙电力走过了22年的发展历程,可以说是郑州同行业中创业时间最长、组织结构最健全,企业规模、科技创新、管理水平等综合实力均排在前列的企业,在河南乃至全国同行中以团队精锐、技术精湛、质量精良、能打硬仗而久负盛名,不仅是河南民营电力行业的一面旗帜,也是全国电力民营企业中表现不俗的一匹黑马,创造了一桩又一桩传奇。

2013年3月7日,《郑州航空港经济综合实验区发展规划》获得国务院批复——全国第一个上升为国家战略的航空经济试验区花落郑州。在伟大的机遇面前,河南举全省之力推进机场二期工程建设。

为了参与这场史无前例、打造"国际郑"的"大会战",祥龙电力为投标机场项目做了充分而有效的准备工作,董事长何向东亲自挂帅,成立了由施工经验丰富、作风过硬的副总经理吉鸣飞任项目经理的项目组。

战斗打响了,工期只有120天。拿到中标通知书的当天晚上,何向东把吉鸣飞请到办公室,既兴奋又担心。"老哥,没问题吧?"

"困难还是有的,但比起十几年前郑州南大门亮化工程,无论是工期还是施工难度,这都不算啥。"吉鸣飞满怀信心地说。

从公司创建就一直负责施工队的项目经理吉鸣飞,带领大家打过多次硬仗,曾经创造过施工速度、质量等多方面的奇迹。但毕竟,这一年他已经57岁。而且,第一次承接机场的变配电工程,虽然技术上并无障碍,但施工要求却远高于其他民用变配电工程,无疑是一次新的挑战,对祥龙电力未来的快速、持续、健康发展,也将是一个新的起点。

"可不一样,可不一样!"一向乐观的何向东,此时却变得特别小心谨慎,"这可是机场,我们绝对不能掉以轻心,不能有任何的闪失,一定要保质保量完成工程,要完美,争取靠这一战,让祥龙占领同行市场高地。"

吉鸣飞郑重地点点头,以低沉而有力的声音说:"我清楚什么轻什么重,你放心吧。"

"老哥辛苦了,等着你的好消息!"何向东用力握握吉鸣飞的手,他相信这个并肩战斗十几年的老战友,"每天上午召开战前动员会,项目由你全权负责,你就放开手干吧。"

吉鸣飞(中)在工地上

战前动员会(左一是吉鸣飞,右二是何向东)

很快,项目部投入紧张、高效的施工中。吉鸣飞率领项目部通过周密部署,精心组织,科学统筹,公司市场外联部、采购部和工程部等部门密切配合,施工队克服了施工现场气候恶劣、条件艰苦等重重困难,PTGD-03、PTGD-04两个标段于2014年7月30日如期竣工。

凭借在新郑机场机场二期工程"大会战"的突出表现,祥龙电力在河南省住房与城乡建设厅《关于表彰郑州机场二期工程2014年度质量安全管理先进单位和先进个人的通报》中,成为18家获得"质量安全管理先进单位"的施工单位之一,公司两位员工被评为"2014年度质量安全管理先进个人";在河南省总工会《河南省总工会关于授予郑州机场二期工程建设先进集体和个人河南省工人先锋号和河南省五一劳动奖章的决定》中,祥龙电力荣膺"河南省工人先锋号",也是1 400多家电力民营企业中唯一获过此项殊荣的企业。

荣膺"河南省工人先锋号"

祥龙电力对新郑国际机场二期工程所做的贡献,被载入中原崛起、经济腾飞建设的史册,也成为公司发展史上又一具有重大意义的里程碑。

不甘"铁饭碗","下海"勇弄潮

1968年出生于郑州的何向东,父亲是郑州市电业局一个部门的负责人,母亲是郑州锅炉厂的一名干部。在那个时代,他的家庭境况应该属于比较优裕的,他的童年与少年时期,也充满了幸福和快乐——这应该是他性格形成的良好"土壤"。

何向东的中学时代,延续着他的幸运与美好人生:进入具有深厚人文底蕴的市级重点中学——郑州市七中读书。在这里,他结识了众多父母在外贸、商检等涉外部门工作的同学。

而这个阶段,何向东又接触到《世界经济导报》——这份紧随我国改革开放步伐,创刊于1980年的经济类报纸,办报之初以评述世界经济形势,探讨中国社会主义经济建设重要问题,为改革开放鸣锣开道,并介绍国内外经济发展和经营管理经验,交流国内外世界经济情况为主要内容。后来办报宗旨改为"让世界了解中国,传播经济信息,宣传中国对外开放与经济改革"。

何向东从母亲那里看到了这份报纸——这是母亲作为企业领导干部的福利。在那个娱乐方式相对贫乏的年代,这份报纸为他的课外生活带来了很多乐趣,也成为他的精神大餐和初涉经济的启蒙读物。

1986年,何向东从郑州市七中考入中州大学(现更名为郑州工程技术学院)商业经济专业。但由于彼时我国刚刚向社会主义市场经济转型,专业课程的主要内容还是市场经济理论,这些课程显然不能成为他后来创业的理论支撑。

幸运的是,何向东在大学期间遇见了河南财经学院(现更名为河南财经政法大学)的郭友群老师,他曾到英国做过访问学者,任何向东那个班的商业经济课,讲授了一些国外先进的经济理论。而何向东又是本班商业经济的课代表,加上他对这门课的兴趣,学习非常自觉,取得了优异的成绩。

大二期间,何向东开始了他的首次商业活动:与一个同学(其家长在外贸部门工作)联手,以低于市场的价格购进德国冰箱,在倒手卖给亲戚朋友。那时候,郑州结婚已经开始流行置办冰箱、电视、洗衣机等三大件,虽然改革开放的大气候已经形成,但物质匮乏问题依然突出,想买进口冰箱不光要有钱,还得有门路。在这种大环境下,没费什么劲,何向东就挣到了他人生中第一笔钱,足足有500多块。第一次拥有这么多可支配"财富",自幼就慷慨大方的何向东，当然不会独享，而是花去了大约一半的钱，在郑州一家闻名的清真饭店请全班同学放开吃了一顿，为美好的青春留下了浓重的一笔。

大学毕业后，何向东被分到郑州商业大厦工作了两年，然后被调往郑州供电公司服务公司工会。无论是商场，还是工会的工作，与他所学的专业都相距甚远。工会算是机关，他自然成了坐办公室的"白领"——这其中既有父亲的情面，也有看着他长大的领导照顾他的因素。

然而，大约过了5年多，何向东完成了结婚生子等人生大事，便逐渐厌倦了这种安逸、恬淡的生活。一眼就能看到头的人生，除了稳定之外，他不仅感到寡淡无味，甚至认为就是浪费生命。

就在这当儿，郑州供电局发生一起严重事故：1997年底，一只老鼠钻进10千伏开关柜造成短路，引发大火，直接造成京广线和陇海线铁路停运数小时。事故惊动了国务院领导，电力部受到严厉指责批评，郑州供电局也受到了上级的严厉处分。"不惜一切代价，坚决杜绝鼠害事故再次发生"成为郑州电业部门一时的重中之重。

这次鼠害事故，成了何向东辞职"下海"的契机。他说服妻子，确定"下海"。为了不受到长辈的干预，何向东没有把"下海"告诉岳父母。而对自己的父母，他不仅没有告知，而且躲在一个同学家里，与父母"失联"了一年之久。直到1998年7月正式创立郑州祥龙电力股份有限公司，他的"下海"才向老人公开。木已成舟，他们也不得不接受了。

这期间，何向东多方打听，得知深圳供电局有沿海潮湿地区变电站防鼠、防蛇技术，于是雷厉风行的他，立即启程去深圳进行考察，掌握了以热缩绝缘防鼠、防蛇技术，并成为祥龙电力的第一单业务。

敢啃硬骨头，一战成英名

祥龙电力一成立，何向东便组建了一支技术过硬的施工队。施工队的技术工，均来自电力系统，有的是退休之后不甘赋闲，有的是不在编制因人事变动被原单位辞退的临时工。何向东把这些技术工看作宝贝，开启了他的创业之路。此时，郑州供电局郊区分局刚成立，因为组织架构不健全，缺少技术人员。何向东便与郊区分局达成合作协议：他带领施工队承担起该局电缆班和试验班的任务，虽然忙碌又不赚钱，但至少可以保证大家有活干，有基本的工资拿。在没有大宗工程的情况下，公司靠这样低附加值的工作，度过了两三年的艰苦创业阶段。2000年初，河南省委省政府为了提升河南形象，决定让郑州的南大门"亮"起来。于是，由河南省高速公路管理局负责的郑州市南大门"亮化"工程被列入议事日程，并很快进入实质性阶段。

当年 4 月 26 日,何向东与王和庆一起去参加郑州市南大门"亮化"工程——全程 27.5 公里的郑州机场高速 10 千伏电缆敷设 17 台箱式变安装工程的议标会。当甲方提出 6 月 1 号竣工送电时,参加投标的其他一些单位负责人一听工期如此紧迫,根本不予考虑,扭头便走。只有何向东与王和庆表示,祥龙电力可以按期完成。参与投标的单位,大多人都与何向东熟悉。在他们看来,这么浩大的工程,在 30 多天的时间内根本无法完成。工程是干出来的,不是说出来的。工期再紧,都是人干的,只要组织得力,科学部署,合理安排,就没有干不来的活。何向东不仅自己是个内行,跟他一起参加投标会的王和庆,是郑州电力系统公认的顶尖技术人才,人称"电缆王",技术高超,经验丰富。虽然当时他已经 66 岁,但干事创业的激情不亚于年轻人。他退休后被何向东请到公司任副总后,成为公司技术上的"定海神针"。王和庆说可以干,这让何向东心里更加踏实。当天,招标会一结束,何向东与王和庆火速赶回公司,召开相关人员会议,研究工程施工方案。公司总经济师柴付杰,也是一位电力系统退休职工,比王和庆大两岁。他在原单位就担任总经济师,是一位"老基建",思维缜密,胆大心细。大家刚到会议室,听了何向东的介绍,柴付杰马上说:"天马上就黑了,现在别讨论了,马上去现场察看。"于是,何向东、王和庆、柴付杰、施工队总负责吉鸣飞和负责材料采购的荆西山等人立即赶赴施工现场。当晚霞渐渐褪去,机场高速公路笼罩在一片朦胧之中,祥龙电力的决策层满怀激情来到了现场。现场勘察让他们惊了一身冷汗:需要开挖电缆沟的位置,在高速路两侧的深沟内,挖掘机根本无法抵达。也就是说,电缆沟挖掘不能使用机械,只能靠人工,效率大大降低,为赶工期带来重大困难。公司只有两个施工班组共 16 名技工。去哪里寻找那么多人来挖电缆沟?这让何向东如坐针毡。几位老同志提醒他,靠我们自己找人肯定不行,得寻求协作单位来援助。何向东开始给亲戚朋友打电话。也真是天遂人愿,一个亲戚为公司联系到一个拥有数百人的专业施工队,拿掉了这个最大的"拦路虎"。勘察时,当时 60 岁的荆西山为了摸清工地与市区的距离及行车时间,他放弃坐车,顶着高温不辞辛苦骑着摩托车每天在市区与工地间往返。柴付杰的排兵布阵更是细之又细,除了施工计划落实到每一天,连电缆盘放置位置、吊车停放位置都做了详细规划,把施工时间、路段是否影响交通等细节都考虑进去。当时 42 岁的吉鸣飞,带领施工队,每天早上四点就上工做电缆中间对接头,一直干到天黑。施工班组吃饭在工地,公司买好盒饭送到现场,吃完饭立即工作。新晋"火炉"郑州的5 月,已经进入高温天气。在空旷的野外,风刮日晒不算什么,连个能坐的地方都没有。年轻人能顶得住,老同志就有点受不了了。何向东看在眼里,疼在心里,马上派人专门为几位老同志买来折叠躺椅,让他们能在紧张的施工中坐一坐,实在累了就躺一躺。施工期间,何向东天天在现场盯着。他曾经发现有人在午饭后忍不住睡觉,当时他有些恼火,不客气地喊醒训斥。事后,他后悔不迭,那么繁重的劳动,那么炎热的天气,有些人体力不支睡一会,自己应该能体谅。于是,他真诚地向他们道歉,请求大家理解原谅。从4月23日开始施工至6月1日,多雨的季节居然连续37天没有下雨,为赶工期提供了有利条件。5月30日,工程竣工,一次送电成功。从此,郑州南大门的夜晚被彻底点亮。这场同行绕着走的硬仗,祥龙电力一战成名,成为公司发展史上的重大转折:一是在施工水平、效率等在业内叫响,成为闻名电力行业的"高精尖"队伍,被誉为电力行业的一支"铁军"。二是这单总造价400余万的业务,让公司在经济实力方面上了一个新台阶。三是让何向东和高层管理人员更加自信,对公司未来发展有了更大的格局与期许。由此,祥龙电力进入更高层面的发展阶段。

之后,祥龙电力先后承接了黄河二桥蒋庄35千伏变电站、郑州奥体中心供配电工程、华能阜新风场、中广核莽川风电、济源巨力光伏电站、汝阳柏树风电、安阳临淇风电、兰考中原风电等重大工程项目,成为闻名全国的电力民营企业。

奥体项目受到国家电网领导高度赞扬

近年来,祥龙电力在经营理念上又有新的突破:把"一生一次的业务",变成"一生一世的业务",即由原来以供配电工程安装为主,转变为供配电安装与运行维护相结合的同时,向代表电力行业最高水平的电网项目进军,并取得了可喜的业绩,赢得了业内的高度赞誉。2020年3月,祥龙电力中标河南联通中原数据基地110KV变电站代维服务项目。同时,一些单位主动找到祥龙电力,洽谈下步供电系统运行维护合作。在全球"新冠肺炎"疫情肆虐、经济形势严峻的大气候下,祥龙电力发展势头继续保持稳健状态,也是他们未雨绸缪、多年耕耘的结果。

敢于担责任,行业成翘楚

何向东自幼受美国哈默、日本著名实业家稻盛和夫的影响,创业之初,何向东就渴望成为那样的企业家。尤其是读了稻盛和夫的《干法》《活法》《阿米巴经营》这三本书,对他启发很大。稻盛和夫把事业看作超越了自己的身体和人生,他建议领导者的选拔标准,德要高于才,也就是居人上者,人格第一,勇气第二,能力第三;他还指出,热爱是点燃工作激情的火把。那些杰出企业家的观点,引起了何向东的共鸣。在企业成长的过程中,他也不断地修炼自己,努力使自己成为一个德才兼备、心胸开阔、格局宏大、志向高远的优秀企业家。超强的自律,加上他的侠义心肠、热心助人、体恤下属、乐善好施等品格,凝结成超凡的人格魅力,成为他驾驭企业与市场的根本,让全公司 260 多名员工无怨无悔地追随他、拥护他,受到了众多客户的青睐与赞誉。

多年来,祥龙电力一直把社会化服务作为公司的责任与使命。

2002 年 7 月,一场暴雨致使郑州市配电线路大面积发生故障,配电工程处向民营电力企业发出义务抢修的倡议,祥龙电力积极响应并立即投入抢修。之后,义务抢险成为祥龙电力的一项日常工作,近 20 年从没有间断过,为郑州电网做出了自己的贡献,多次受到市供电公司的肯定和表彰,2020 年 1 月,祥龙电力收到了来自郑州大学后勤集团的感谢函,感谢其抢修工作,及时恢复供电。

责任与使命

2018 年,祥龙电力中标的郑州奥体中心供配电工程和充电桩项目,除了以高度的社会责任感和使命感按时完成了建设任务,为第十一届全国少数民族传统体育运动会提供了强有力的电力保证。为了保证运动会期间的用电安全,祥龙电力积极组织专业队伍参与保电工作,是参与保电队伍中唯一的民营企业。

作为河南民营电力企业的优秀代表,何向东的心不仅局限于企业自身的发展,而是主动肩负起"为全省民营电力企业鼓与呼"的责任,促使成立河南省电力企业协会,并当选为协会副会长。

2005年4月22日,《大河报》"看点"栏目整版刊发了一篇题为《"绿色通道"只给一家公司亮绿灯?》的文章,反映了部分民营电力企业对"到郑州市电业局报批时,客户只有委托指定公司才能享受快捷的'绿色通道'"的质疑。这篇文章以记者调查、暗访到的事实,直击郑州市供电局对民营企业的不公,为纠正行业不正之风起到了舆论监督作用。

以此事件为契机,何向东把全省民营电力企业的合法权益及市场利益放在心上,开始联系有关部门,组织民营企业座谈、讨论,提出成立电力行业协会的设想。

2009年,作为电力行业协会主要发起人之一,何向东自费组织民营企业负责人到最早成立省级电力企业协会的广东、四川等地取经学习,并将外省的先进经验写成材料上报有关部门。全省电力行业协会筹备工作进入最后阶段。次年,以"服务会员、服务政府、服务行业、服务社会"为办会宗旨的河南省电力企业协会,继广东、四川、山东三省之后,正式成立。从此,全省民营电力企业有了"娘家"。

何向东还积极参与慈善活动,比如2008年汶川发生7.8级地震,他迅速投入抗震救灾捐赠活动中,不仅公司、个人捐款,还倡议员工献爱心,为灾区人民尽一分力量。此外,何向东还经常资助贫困大学生,帮助他们完成学业。

学习再学习,创新促发展

祥龙电力风雨二十三载,其发展后劲、创新势头持续保持良好态势,这与何向东的热爱学习是分不开的。

何向东从小喜欢读书学习,且有文学情怀,骨子里又具有浓厚的理想主义和个人英雄主义。伴随着何向东工作与生活的读书学习习惯,让他成为一个学习型企业家,不断成长,并带领企业朝着社会化服务的方向发展。

为了学习,何向东戒掉了包括扑克、麻将等不良娱乐嗜好,把有限的时间用于读书学习。尤其是进入互联网时代,业余时间他集中学习关于现代企业、电力专业等网课,关注、研究国家相关政策,不断提升自己的政策、业务、专业水平。

有一次,何向东出差到北京,与一位参加过 EMBA 学习,企业发展得到较大提升的企业家见面,谈起之后的心得体会,他如醍醐灌顶,意识到自己多年来的读书与网上学习,还停留在碎片化阶段,不够系统化、专业化,真正用于企业管理实践的理论知识并不多。

当晚,他将买好的"德云社"票退掉,与这位企业家就学习进行了彻夜长谈,并决定参加专业的 EMBA 班的学习。2014 年,他成为郑州大学商学院的 EMBA 高级工商管理硕士班的一名学员。

就这样,何向东进入"走读时期",在企业与校园之间来回耕耘,圆满完成了 EMBA 全部 22 门课程,以全优的成绩拿到了毕业证。

这次学习,为何向东对企业、市场以及企业战略规划的定义、意义、层次、原则等有了更深的理解与认识。

何向东亲笔起草的《祥龙电力 2020—2023 三年发展战略规划》,应该是他两年半 EMBA 学习后的理论与实践的完美结合。

在"战略规划的原则"条款中,何向东提出:志向高远、定位现实、承诺坚定、取舍清晰、科学决策、迅速行动、富于创新。

在"企业发展愿景"条款中,他指出:按照上市企业的治理标准,致力于构建、完善公司治理架构,提升企业经营理念,严格各项管理制度和工作流程,打造基业长青的百年企业。

何向东提出的"三年目标",也有了质变:新三板进入创新层,连续两年实现企业年利润 1 500 万以上,迈入精选层,进一步实现向创业板或中小企业板转板的目标。

何向东不光自己学习,还督促公司中层以上管理人员重视学习,鼓励大家报名参加 MBA、EMBA 的专业学习,而且公司报销学费。

何向东还在全体员工中发起学习的倡议,每个职工宿舍中都摆放了学习桌,公司上下逐步形成了浓厚的学习氛围,为企业带来了正气和创新活力。

以学习为驱动力的何向东,在他的"战略规划"中,仿佛也注入了"不知其几千里也"的鲲鹏遐想,驱动祥龙电力"一飞冲天",空中呈现一只"其翼若垂天之云"的大鹏!

编者语

祥龙电力 20 年来能一路引吭高歌,鲜有低谷挫折,这其中有很多经验值得我们学习。比如内行人领导内行人,使团队拥有超强专业力和判断力;比如团队之间信任默契,保持过硬作战能力。究其根本,何向东作为优秀企业家的人格魅力是成就祥龙电力的重要法宝。仁者爱人,自立自强,德才兼备,内外兼修的领导人品质,让祥龙有了"腾飞之魂"。

中国力量树起国际标杆
——起重机械行业领跑者 郑要杰

知行纳新　起重若轻

郑要杰

个人简介

郑要杰,男,汉族,中共党员,1972年4月5日出生于河南省长垣县恼里镇。2009年在清华大学董事长资本运营班进修;2016年参加郑州大学商学院高级管理人员EMBA学习并取得硕士学位。曾获得新乡市委优秀党务工作者、河南省节能减排先进个人、技术标兵、河南省五一劳动奖章等荣誉称号。2013年加盟卫华集团任采购中心总监,副总裁;河南卫华重型机械股份有限公司副董事长、董事长;2019年任卫华集团执行总裁。

在起重机械行业,他是专业带头人。坚持实干创新,获得多项荣誉嘉奖,是员工们学习的榜样,前进的目标。在思想政治领域,他积极响应党的号召,贯彻落实为企业服务的宗旨和原则,爱厂如家,无私奉献。他将自己的专业知识应用到企业管理实践,以点带面推动起重行业生产链上下游产业互补发展。让我们一起走进这位"重量级"企业家的故事。

创国际品牌,兴民族工业

郑要杰在重型机械方面有着丰富的创业经验。1999 年成立陕西新起电力设备有限公司并任董事长;2006 年成立河南省郑州国际机场凯芙投资有限公司并担任执行董事;2007 年在"中国起重之乡"长垣联合创建河南省大方重型机器有限公司,任总经理。2013 年,加盟全国首批国家技术创新示范企业——卫华集团。

卫华集团大楼广场

卫华集团创建于 1988 年,是以研制桥、门式起重机械、港口机械、电动葫芦、减速机、矿用机械、停车设备、特种机器人等产品为主的装备制造和以建筑工程总承包为主的大型企业集团,主导产品广泛应用于机械、冶金、矿山、电力、铁路、航天、港口、石油、化工等行业,服务于西气东输、南水北调、航空航天、奥运工程、杭州湾跨海大桥等国家重点工程和中国核电、中国中煤、中国神华、中国石化、中国石油、上海宝钢、北京首钢等数千家大型企业,助力神舟系列飞船、长征系列火箭、天宫系列探测器成功飞天,并远销美洲、欧洲、大洋洲、东南亚、中亚、中东、非洲的 130 多个国家和地区。先后荣获"全国制造业单项冠军示范企业""国家火炬计划重点高新技术企业""全国守合

同重信用企业""全国质量标杆""全国机械工业质量奖""全国工业品牌培育示范企业"等500多项荣誉称号。

德国汉诺威展会

泰国港务局项目签约仪式

郑要杰就职后主要负责企业营销管理、科技创新、产品研发和节能减排。他带领团队克服重重考验,拿下一个又一个大单。谈到卫华设备得到客户信任的原因,郑要杰表示,一直专注于产品研发是卫华永葆青春活力的秘诀。"卫华对于产品研发十分重视,投入了大量资源,建立了技术研究院,国家级实验室,还特别设立了院士工作站、博士后科研工作站,研发人员数量多达600人。我们深信,只有关注行业内的最新动向,不断改进自己的设备和技术,才能在市场竞争中胜出。"正因为重视研发,卫华获得了工信部颁发的全国制造业单项冠军示范企业。"科技研发是卫华的核心竞争力。面对重型机械设备市场同质化的现状,卫华坚决走差异化发展路线,突显自身技术优势,为客户提供优质产品。"正因如此,卫华才能在30年的发展历程中打造出一块金质品牌,先后获得中国名牌、中国驰名商标、全国质量标杆的荣誉称号。除了产品质量过硬,卫华还在国内市场全面铺开营销售后网点,为客户提供最快捷的售前、售中、售后及二次购买服务。

卫华在全国建立的售后网点和经营部多达三百余家,这也体现了卫华要做中国起重机龙头品牌的决心。郑要杰认为:"通过这些遍及全国的销售及售后网点,我们不但可以更好地开展售后服务工作,还可以更加深入地渗透到中小城市及乡镇市场。卫华是一家十分注重体系建设的企业,从产品制造到产品销售,都有着完备的体系支撑,在制造、销售体系的坚实骨架支持下,我们才能进一步改良生产线,才能进一步铺开服务网络。当制造和销售、售后都成为我们的优势时,客户对我们的认可自然就会到来。"

经过多年发展,卫华在产品核心技术层面已经可以与国际上的一些业内巨头品牌相媲美。"我们一直以国际先进水平为追赶的标杆,虽然现在在核心技术方面取得了突破,但是在精益制造环节上依然存在着差距。我们一直在想办法缩小这些差距，让更多的客户认识我们，认可我们。"正是本着这样的理念，卫华走进了全世界108个国家和地区的市场，从产销量上来看，在世界范围内已经名列前茅。但郑要杰并未感到满意。

"虽然我们的产销量领先于其他品牌，但由于中国市场仍然处于发展期，我们在中国市场推出的产品附加值依然较低，这是我们无法与国际高端品牌相比的。因此，我们现在在高端制造、智能制造、自动化制造这些方面加大了投入，希望能够提高我们产品的自动化、智能化水平。随着国内的技术研发环境正在逐渐变好，我们看到了在精益制造和细节处理上赶超欧美先进企业的希望。作为民族企业的代表，卫华不会停下前进的脚步。"

未来的制造行业将会继续延续"以机代人"的趋势，更多本来由人工完成的工作将由机器人来代替，更多重复性、危险性强的烦琐流程可以用自动化控制的设备来完成，工作效率、安全性、适用性会大大增强。卫华也将遵循规律，更新旧有的生产模式。郑要杰表示，智能制造是整个机械制造和物料搬运行业中一个大的发展趋势，特别是德国提出"工业4.0"，中国提出"中国制造2025"之后，卫华也在想方设法地更新自己的生产模式。我们首先在生产线增设了机器人工作站，并且实现了整体控制系统的自动化。通过引入这些新技术、新设备，我们的生产效率得到了大幅提高，同时减少了人工成本，设备投入回报率可以达到50%以上。智能制造和自动化控制是国家大力提倡的制造业发展方向，卫华作为重型装备制造业民族品牌的代表，要沿着这条道路坚定地走下去。

除了在生产制造过程中实现了机器人作业，在工厂实现了自动化控制方案外，卫华还在产品中引入自动化控制系统，使其可以通过物联网控制融入整套制造业或物流业解决方案中。郑要杰表示，在自动化、信息化大行其道的今天，传统设备要努力向高技术方向靠拢。"目前来看，客户的需求不仅仅停留在独立的设备上，谁的产品能够更好地融入物联网，融入整体产品解决方案，谁的产品就能得到客户认可，这是我们正在努力的方向。"

卫华在未来要成为全世界领先的起重机制造企业。"我们现在经过30年的发展，已经具有了一定的规模。集团提出二次创业，二次造富的新征程已经启航，相信经过全体卫华员工的共同努力，在未来一定能够实现'百年卫华，世界第一'的理想。要让这个口号变为现实，我们还有很长的路要走。在现阶段，我们必须以国际先进水平为标杆，继续提升产品质量，提高产品的智能化水平，进一步做强做大，最终实现全方位地自动化生产。卫华要让全世界看到，中国的民族企业具有强大的制造水平。代表'中国制造'的卫华，必将得到全世界起重机械使用者的认可。"

创卫华国际品牌、兴中华民族工业。卫华将瞄准起重机国际前沿技术，

在"绿色化、智能化、定制化、网络化"方面,持续创新,为"卫华让世界轻松起来"愿景而奋进。

6万平方米生产车间

崇尚科学管理,推动改革创新

除了加盟卫华集团,大方集团也是郑要杰呕心沥血联合创建的企业。大方集团始建于2006年,注册资金5.2亿元,以起重机械、钢结构两大业务板块为主,起重设备运输、安装等相关服务为辅,目前已发展成为占地面积85万平方米,员工1 600多人,年产电动单、双梁起重机、电动葫芦、门式起重机50 000余台,钢结构50 000余吨,是集桥门式起重机、电动葫芦、钢结构等产品的设计、研发、制造、销售为一体的大型综合性企业集团。集团成立以来,先后获得全国质量标杆、全国守合同重信用企业、全国机械工业质量奖、国家高新技术企业、河南省民营企业制造业100强企业等百余项殊荣,稳居行业前三。

卫华集团拥有近300人的技术研发团队,已取得全系列路桥产品专利群及其他发明专利200余项,拥有国家批准成立的"企业技术中心""路桥门机工程技术中心"、建立了先进的综合"检测中心"和"智能控制中心",积极推进起重机械、钢结构的产品升级。研发的新型电动葫芦、欧式单、双梁、冶金铸造起重机、1600t移动模架、ME400+400t双主梁龙门起重机、320t欧式双梁起重机等工程设备在机械制造、大型钢铁、冶金、铁路、桥梁建设等行业中大显身手。

为了使企业高质量发展,郑要杰热心参与技术体系的创新,并取得了以下成果:核汽轮机厂房起重机超载控制系统V1.0;起动机传动链断开故障紧急保护控制系统V1.0;起动机故障保护安全快速预警切换系统V1.0;一种高

160

速运行起重机动态视频监控系统 V1.0;起重机吊具多维度姿态控制优化程序系统 V1.0;一种吊具自动同步对中控制程序软件 V1.0;起重机吊具夹持位置精度微调控制程序系统 V1.0 等软件著作登记权。

他认真学习,积极实践,为推动企业生产,实施安全生产制度化、标准化、程序化、长效化、信息化管理,在企业深化改革、自主创新,实施品牌战略、精细管理、循环经济、节能降耗减排、危机管理、风险管理、安全生产等工作中取得优异成绩。他深化内部改革,科学管理,推动以"项目目标考核"为代表的管理方式,调动全体员工的积极性和创造性;努力开拓多元化市场经营,增强公司的综合竞争力。

郑要杰不断深入学习管理,主动接受先进的施工管理技术和工艺,积极推进各专业自主创新,按照可持续发展的生产方式,在节能减排、低碳经济、绿色建筑、环保方面取得显著成绩。在开展"我为'节能减排'献策"活动中,响应国家的新能源发展战略,提前将公司现有燃煤锅炉改造为燃气锅炉,此举大量减排了二氧化碳和其他颗粒物。项目于 2017 年 3 月立项通过,7 月完成项目改造。结合企业运营情况,提供一系列节能改造项目,如开发4.5 MWp 光伏电站项目、使 26 辆电动叉车逐步取代燃油叉车、进行车间集中供气改造、用低频无极灯取代金属卤化物灯具等,节能降耗成效显现,达到企业无废气排放;提出建设车间房顶 6MWP 光伏发电项目,大幅度降低了氮氧化物,年节约 360 万元。

在开展"十个一"节约活动中,提出将现有大功率设备进行改造升级,项目于 6 月立项通过,11 月完成 10 台大型龙门刨改造,功率由以前的一台 95KW 降至 15KW,用电量每小时降低 80 度,一天节约 6 400 度电,大大降低了耗电量,全年节约 200 多万元。

坚持兴企为民,爱心回报社会

"企业发展了,不能忘了本。"郑要杰饮水思源,卫华集团多年投身公益事业,累计捐款 2 个多亿;大方集团累计捐款 5 000 多万,贡献税收 5 个多亿。郑要杰曾获得"河南省五一劳动奖章"等省级荣誉。

2015 年,郑要杰个人为长垣市恼里镇小岸村捐款 10 万元,帮助村民兴修水利。近年来,国家多次重大灾情他都积极组织员工捐款,每年都给企业所在地的几个村的低保户、敬老院捐款捐物。

2019 年底突如其来的疫情对整个国家而言是一次严峻的考验,郑要杰忧国忧民,心系国家,积极投身于全民疫情防控事业。在全国口罩紧缺的情况下,及时捐赠出几万只口罩,用于当地的疫情防护工作;带领员工积极捐款,并个人捐款5 000元特殊党费用于新冠肺炎疫情防控工作。

　　郑要杰不仅为企业的发展做出了巨大贡献,而且政治立场坚定,积极拥护党的领导,坚持以马克思列宁主义、毛泽东思想、邓小平理论、"三个代表"重要思想、科学发展观和习近平新时代中国特色社会主义思想为指导,思想行动始终与党的路线、方针、政策保持一致。严格要求自己,把作风建设的重点放在严谨、细致、求实、脚踏实地埋头苦干上,做到了"干一行,爱一行",具有强烈的社会责任感和服务意识。郑要杰时时处处以党员的标准严格要求自己,在政治理论学习、联系群众和遵纪守法等各方面都较好地发挥着共产党员的先锋模范作用,以饱满的工作热情、扎实的工作作风、优异的工作成绩回报社会,实现人生价值。

编者语

　　不驰于空想,不骛于虚声,而惟以求真的态度,做踏实的功夫。以此态度求学,则真理可明,以此态度做事,则功业可成。"这是郑要杰的真实写照。在学习期间,他脚踏实地地做学问,求知识;在思想上,他作风严谨,态度端正;在工作领域,他勤勤恳恳,兢兢业业,有强烈的事业心和高度的政治责任感,决心把企业做好,做强,做大! 多年如一日,他将自己的热情、智慧和心血全部奉献在工作上,全力打造企业更灿烂的明天,为社会做出更大的贡献。

我的绿色环保梦

——河南丘比特新能源科技有限公司董事长 刘 磊

个人简介

刘磊,1983 年 9 月出生于河南省中牟县。郑州大学高级工商管理硕士,清华大学管理硕士,香港科技大学硕士。现任郑州市净洁馨建材有限责任公司总经理,河南丘比特新能源科技有限公司董事长,河南省直属机关青年联合会副主席,郑州市第十四届政协委员,中牟县第九、十届政协委员,第十一、十二届河南省青联委员,河南省青年企业家协会理事,清华大学 EMBA 河南同学会第四届副会长,郑州市扶贫协会副会长。

絮语

他是矿区走出来的孩子,如今用自己的实际行动回报养育他的故乡。经他创办的郑州市净洁馨建材有限责任公司(以下简称净洁馨)目前每年消耗煤矸石约 30 万吨,解决就业 200 多人,多次被评为"环保卫士""优秀企业"等称号。经他创办的河南丘比特新能源科技有限公司(以下简称丘比特)目前为社区、市场、商场提供 600 多充电桩,为国家新基建的建设添砖加瓦。

若许轻捐便轻得,古来创业岂云艰

2007 年,刘磊进入郑煤集团工作,后又在一家煤炭贸易公司做业务员。与煤结媒,一种对煤炭的挚爱悄然烙入了他的心田。他是个"工作狂",通宵达旦的质检、过磅、押车是常有的事,也因此练就了一身过硬的本领:他用手抓一把煤捻一捻,就能估计出有多少发热量;围着煤堆转一圈就能估算出来这个堆煤有多少吨。凭借这种吃苦耐劳、务实心细的工作态度,他每年为公司销售煤炭达百万吨,这也使得他很快就得到了领导的赏识。

杨河煤业是郑煤集团的下属单位,井田面积 48.76 平方公里,每年排放大约 60 万吨煤矸石,因暂时没有找到合理的利用途径而露天堆置,久而久之便堆成了一座高高的山,俗称渣山。渣山的堆叠,既占了宝贵的土地资源,又对环境造成了一定污染,这也成为集团高层急于移除的心头之山。

2008 年,郑煤集团为治理渣山环境寻找合作项目,深藏在刘磊心底的设想一下子被唤醒,一副崭新的蓝图在他脑海中清晰地呈现。向领导主动请缨后,他便全身心地投入到项目可行性报告的研究中,15 天跑遍全国 8 个省市,与同行取经。经过多地考察各个生产线、设备的厂家,一遍遍地和团队推演每个细节,最终敲定了生产线的设计,技术的售后,设备的制造、维修。

利用煤矸石制造环保砖的项目与郑煤集团洽谈顺利,刘磊所在的贸易公司以 60% 的股份成为最大股东。之后成立郑州市净洁馨建材有限责任公司,刘磊出任公司总经理。2009 年 7 月,厂房奠基仪式后,净洁馨正式进入建设中,一个为移除渣山的"愚公"正阔步走来。硕大的渣山在高技术、低耗能、轻污染下变废为宝,成为一批批各式各样的产品,有实心砖、多孔砖和空心砖,用于承重墙结构墙体和非承重结构墙体。净洁馨生产运营的这 10 年,每一步都是磨砺与血汗,用刘磊自己的话说,"只有办过企业的人才明白其中的艰辛。"

2010 年,企业投产不到一年,刘磊提出修建一条连接工厂、乡村、省道的公路,却遭到其他股东的强烈反对。但他顶着各方压力,最终出资 30 万修建公路。事实证明,他的这个决定是十分有远见的,这条路在工厂日后的发展中起着不可替代的作用。

前期厂子效益较为可观,年均消耗煤矸石40万吨,年销售烧结砖12 000万块,员工300人,这样的成绩,对于绝大多数初创公司来说都是不错的,可是随着国有煤矿整合、缩产、减员,一场危机悄然到来,净洁馨的兄弟企业米村矿、王庄矿煤矸石烧结砖砖厂,因为主要客户的需求量减少而相继停产,一些股东顶不住压力,纷纷要求撤资。也是在这一年,公司遭遇危机,资金周转出现困难。回忆往事,刘磊略带伤感,"后来是我的妻子给了我莫大的支持,把我们的住房抵押贷款,不停地鼓励我,为我排解不良情绪,我很感激她。"也是在那场危机中刘磊明白了一个道理:学会感恩。他说:"感谢在最困难的时候不离不弃的股东和相互搀扶的妻子。在别人最困难的时候,给予帮助,来日方长,说不定对方也会是你困难时候的一道曙光。"

躲过资金危机,刘磊几番斟酌,提出客户的细分方案。他把公司的客户分为四类:第一类是郑煤集团杨河煤业,第二类是房地产公司,第三类是砖瓦分销商,第四类是拉砖建房的终端客户。每一类客户都有专人负责,并制定出细分管理制度和服务方案。所以,虽然当年郑煤集团的利润贡献率从80%降到了50%,但是由于个性化的营销和服务模式,其他三类客户的利润有增无减,到第二年,年销售额仍在1亿元以上。

随着国家环保标准的日益提高,2017年整个冬天,净洁馨环保一直处于整改状态,机器暂时关闭,工人遣散回家,只留车间经理以上人员轮替值班,这让刘磊着急地像热锅上的蚂蚁,曾经一度对最初的信念产生了动摇,但短暂的迷茫之后,他迅速冷静下来认真剖析原因:净洁馨的主要污染在于煤矸石磨粉和砖坯露天堆置时引起扬尘和烧结过程中的二氧化硫的排放。针对这些问题,他及时制订了合理的整改方案:一是加盖磨粉厂房,加购扬尘喷雾机器和移动喷雾车,露天堆置的砖坯先做临时遮棚,后期加盖带顶仓库;二是按照国家环保要求购置安装除二氧化硫设施。这些措施都是在整改的三个月内加速完成的。功夫不负有心人,2018年春节过后,净洁馨环保验收合格,恢复生产。

净洁馨生产车间及产品

如今的净洁馨就是渣山旁的愚公，"一箕一畚"挑走矿渣，终有一日矿区"无陇断焉"。

如果说净洁馨正在实现刘磊造福家乡的梦想，那么2019年跨界经营新能源科技公司对刘磊而言就是在实现绿色环保梦想的路上又一次出发。

随着2018年全国环保最严模式的启动，郑州也开始了机动车限号出行，街头新能源汽车越来越多，有着数十年经营经验的刘磊，从中嗅到了一丝商机，郑州地区现有挂牌机动超过400万辆，随着城市不断发展，机动车保有量还会上升，新能源车辆的占比也会越来越高，由此，充电桩的建设和完善就会显得尤为紧迫，这个行业未来肯定大有可为。这个想法虽然很早就有，但真正让他决定进入这个行业的是一次出差坐新能源网约车的经历，乘车途中和司机聊天时，司机说道，新能源车好处很多，就是充电不方便。就在那一瞬间，他想到：如果将线上服务和新能源车充电桩结合，不就能解决问题了么？

但他很快发现国内已经有了类似应用，并且也有一定覆盖规模。接下来，刘磊用了将近2个月的时间调研全国各大城市的充电桩数量，同时将市面上已有的充电桩服务软件全部下载下来进行研究。经过调研，他发现虽然有一部分企业做得很好，但并不能完全满足用户需求，充电桩缺口仍然很大。综合考虑市场、生产等一系列条件后，他将企业落户在了家乡中牟县刁家乡。与此同时，刁家乡也通过各种政策招商引资，一个崭新的新能源项目即将落地而生。

2019年，河南丘比特新能源科技有限公司注册成立，7月团队组建，团队成员平均年龄不超过30岁，是一群敢想敢干的年轻人。"这个公司是初创的，我们不仅要技术专业，更要一个有活力有拼力的团队。"刘磊致力于把公司打造成线上线下紧密结合的一体化经营模式，为此，他请猎头从行业内高薪聘请技术人员负责产品的研发和生产，为了掌握核心技术，在技术上和生产工艺上过关，他还亲自带队到青岛拜师请教。所有的付出都是值得的，目前丘比特的快充产品，在结构设计、后台管理和温控系统上都显现出高安全性的优势，并且在高功率工作、动态功率分配等方面表现出色。

就在第一批产品将要下线的时候，公司与白沙镇玻璃建材市场签订了首笔100根单枪快充电桩的订单，11月完成中牟县汉飞向上城200根单枪慢充充电订单的签订。2020年，丘比特在对接商场、市场、小区等都有不错的成绩。刘磊大概估算了一下："今年的销量一千万有点勉强，七八百万应该没问题。这个速度，我自己也有点意外，不过新能源是个趋势，这也是顺应了国家新基建规划的需求。"

与此同时，线上软件的开发也毫不懈怠，他积极引入技术人才，为公众号及小程序进行技术更迭和后台维护，小调整和大更新前前后后十几次，目前可以一键完成充电全流程，实时查看场站、充电桩信息以及订单信息、在线充值等。随着数量增加和技术的升级，刘磊计划未来利用手机平台解决更多问题，比如停车位的查看，推荐错峰充电，推荐优惠充电时段及远程监控等，真正实现平台的大数据管理。

2019 年是一个华丽的转身，从传统砖瓦生产行业，到新兴的互联网和新能源的组合，刘磊每一步都走得小心翼翼，却也是一步一个脚印，每一步都是他怀揣环保梦的实际行动。煤矸石山的移除是为矿区居民造福，工厂的运营解决了周边闲散劳动力的就业问题，就算有再多困难他也会坚持做下去。充电桩项目是顺应国家新能源推广，为更多人带来便捷，为节能减排做更多贡献的项目，他也会坚定不移地做下去。

刘磊总结两次创业经历时表示，创业路上他最感谢的就是党和国家的好政策，回顾十年艰苦经营路，他始终坚信是党和国家给了他发展机遇。2009 年，堆积了几十年的渣山，国家给予各项优惠税收政策，积极寻找合作项目，自行消化伴生废弃物，这才有了净洁馨的诞生。2019 年，也是国家新基建规划的需求，新能源汽车及其配套设备才能快速发展。创业路上他最牵挂的是他的员工，10 多年的砖厂生产，正是依靠这一群不离不弃的可爱的员工，企业才能运转下去，在跨领域创业时，他最忠诚的员工依然同他并肩作战。

采得百花成蜜后，为谁辛苦为谁甜

刘磊的爷爷是一位老革命战士，当年是陈毅司令亲笔签字入伍的。爷爷参加过辽沈战役和淮海战役，在服役期间荣立过二等功一次，三等功二次。刘磊回忆：小时候，爷爷经常向他展示一块挂满纪念章的红布，讲述他曾多次参加攻城先锋队，在枪林弹雨中九死一生的故事，最后以营级干部退伍归乡。刘磊的父亲是高中老师，中共党员，红色基因在刘磊身上一脉相承，让他对红色传承有着一种与生俱来的热爱。现在他常常把爷爷的故事讲给自己的孩子听。

刘磊说他的想法很简单，爷爷的革命故事很珍贵，是历史的见证，如今的幸福生活都是他们那一代人用鲜血换来的，社会再发展也不能忘本，作为革命军人的后代，就要发扬顽强拼搏、勇敢自信的精神，这是自己的使命和责任。

2012 年 2 月，在习近平主席访问美国期间，刘磊有幸和国家领导人一同合影留念，这更坚定了他做民族企业，服务百姓的理想和信念。坚决拥护党的路线、方针、政策，要一心为公，无私奉献，以习近平新时代中国特色社会主义思想作为行动指南，将红色基因在新时代经济建设中发扬光大！

做公益,传递温暖,就是他的爱心和奉献!

早在 2003 年,刘磊的父亲就开始为家乡——中牟县刁家乡捐助助学金,也从这一刻开始,公益的种子开始在刘磊的心中生根发芽。此后的十几年间,刘磊将自己的一腔赤诚奉献给了家乡的发展。他每年为家乡中牟县刁家乡捐助爱心助学金,11 年来,刘磊父子共捐助 300 余万元,被乡政府授予"荣誉公民"称号。在担任中牟县政协委员期间,他每年资助贫困家庭10 000 元,共计捐助 50 000 元,并连续五年获得中牟县"扶贫济困献爱心"先进个人。同时,他还积极参与"关爱农村留守儿童、奉献爱心""河南省希望工程圆梦行动""我为团员青年赠份报"等公益活动,出钱出力关心下一代的教育和成长。

刁家长资助大学生

驻马店上蔡县坪铺村扶贫

刘磊是一位有民族大义的企业家,2008 年 5 月汶川大地震发生时,刘磊所在的公司紧急召开会议,他主动申请作为运送员将一批价值 40 万元的饮用水过滤装置运送至灾区。2020 年新冠肺炎疫情暴发,刘磊为中牟县刁家乡捐助医用口罩 2 000 只,捐助价值 22 万元的食品到河南省慈善总会,为武汉加油。

一次次少先队队礼致敬,一次次拿着录取通知书的高考生鞠躬感谢,一次次朴实的家乡人紧紧地握手唠嗑,一张张记满金额的票据,共同见证了红色基因在刘磊和群众中的自然流淌,更彰显了责任担当和无私奉献。

人民也不会忘记这个赤子,"郑州市优秀政协委员""中牟县扶贫济困优秀政协委员""河南省青联优秀青联委员""河南省青联脱贫攻坚之星""新密市优秀企业家""环保先进个人""刁家乡荣誉公民",这些沉甸甸的荣誉和奖章是对他满腔赤诚的最好见证。

编者语

　　而立之年的刘磊，语速稍快，眼神坚定，要求每一个细节做到完美。从业务员到总经理，再到董事长，一路支撑他的是坚定的信念和脚踏实地的实干精神，他说："人缺乏的不是才干而是志向，不是成功的能力而是勤劳的智慧，做什么事，要开始做就要做到最好，这是我的座右铭。"谈及未来，刘磊说："未来的路很长，只希望自己做个有用的人，做好企业，回报社会。"

　　"雄关漫道真如铁，而今迈步从头越。"愿他有诗，有远方，一路春暖花开！

交流篇

　　"古之学者必有师，师者，所以传道授业解惑也"，从夏商时期的"庠、序"，到今天数之不尽的各类学校，教育从来都走在历史进程的最前端。今天的教育更是百花齐放，特色教育、职业教育百花争鸣，教育方式也不再局限于学校和老师，文化交流、经验分享更直接、更细腻地传播着各种积极的理念……

不忘初心，砥砺前行

——河南科技职业大学理事长　李海燕

知识改变命运
品德成就人生

李海燕

个人简介

李海燕，1961 年 10 月生于河南省太康县，副教授，高级技师。现任周口市政协副主席、河南科技职业大学理事长。享受国务院特殊津贴教育专家，多次当选为全国人大代表、河南省人大代表，河南省人大监察与司法委员会委员；河南省职业技术教育学会副会长；河南省民办教育

协会副会长；周口红十字会副会长。曾获得中华职教社首届"黄炎培职业教育奖——杰出校长"奖，河南省、全国"五一劳动奖章"，河南省、全国"三八红旗手"，国务院授予的"全国先进工作者""全国扶贫英模人物""全国社会扶贫先进个人"，教育部颁发的"全国职业教育先进个人"等多项殊荣。

絮语

　　李海燕说,她一生追求的理想目标就是为周口1 200万父老乡亲办一所非营利性的本科大学,让周口的孩子在家门口就能上大学,掌握一技之长,过上幸福生活。

　　1981年,20岁的李海燕勇立改革潮头,拉开了周口职业教育发展的大幕。如今,小小的服装裁剪班早已成长为全国首批、河南唯一一所本科层次职业教育试点高校——河南科技职业大学,开枝散叶,桃李芳华,逾15万名技术技能型人才投身祖国现代化建设,这也成为推动周口经济发展的智力引擎。

河南科技职业大学

　　河南科技职业大学,这所全国首批、河南唯一的一所本科层次职业教育试点高校,由李海燕创办于1981年。在改革开放大潮中,勇立潮头,努力拼搏,历经39载的风雨洗礼,逐步发展壮大,实现了学校发展的三级跨越:

　　一是从1981年一个名不见经传的服装裁剪班到海燕技校——生源旺、出口畅,"周口海燕技工"叫响全国的海燕品牌跨越。

　　二是从1994年的海燕职专到2008年晋升为周口科技职业学院,实现了由职专到大学专科的跨越发展,成为支持地方经济发展的职教名校。

　　三是从2008年到今天,十年磨一剑,周口科技职业学院华丽转身,晋升为本科高校,更名为河南科技职业大学,这不仅是学校全体师生的喜讯,也是周口1 200多万人民期盼已久的大喜事。

　　从此,周口市结束了没有一所市属本科高校的历史,开辟了周口职教发展的新时代,是周口教育发展史上具有里程碑意义的一件大盛事。这对于加快高层次技术技能型人才的培养,促进周口经济社会发展会产生极大的推动作用。

　　近40年来,李海燕脚踏实地、志存高远、不懈努力、艰苦创业,痴心不改地办职业教育,以自己的青春、智慧和无私奉献,砥砺前行。学校培养的约15万名各级各类技术技能型人才,从这里走出,奔赴祖国各地,他们脱了贫、致了富,实现了人生理想和价值,学校在全国竖起了"海燕技工"的金字招牌,为社会培养了大批实用型技能人才,为祖国的现代化建设和发展做出了应有贡献。

在李海燕的带领下,学校办学以来,长期坚持党的领导,坚持社会主义办学方向,坚持党的教育方针,以立德树人为根本任务,秉承"依法治校、人才强校、质量立校、特色兴校"的办学方略,坚持市场导向、注重产教融合;坚持服务地方、注重扶贫助学;坚持内涵建设,树立外部形象;走出了一条具有地方特色的现代化职业教育新路子,走在了全省民办职业院校的前列,李海燕多次被中央电视台、河南电视台、光明日报等多家新闻媒体进行专题报道,分享她的办学经验和办学成果。

心怀感恩,爱党立学

"没有党和国家改革开放的好政策,就没有我们民办学校的今天,也不会有我李海燕的今天。"这是李海燕时常挂在嘴上、放在心上的话。

学校办学以来坚持唱响三支歌,即《没有共产党就没有新中国》《团结就是力量》《学习雷锋好榜样》,这三支歌是每个学生必须会唱的。李海燕要求,不但要让学生学会一技之长,也要让学生懂得感恩,懂得爱党、爱国、爱人民,懂得用勤劳、智慧去创造自己美好的未来,为社会、为国家发展贡献自己的一分力量。这三支歌,唱出了她对祖国的浓浓深情,也唱出了她创业和奋斗的历程。

高中毕业后,原本打算当一名教师的李海燕,阴差阳错地到平顶山一家国有服装厂当了一名制衣工人。也正是这段经历,使李海燕掌握了裁剪缝纫技术,为她日后顺利开启职业教育生涯奠定了基础。

1981年,20岁的李海燕发现在周口市当时最热闹的五一路上,有三四家裁缝店都门庭若市,但成衣店却门可罗雀。原来,买一套成衣需要近30元钱,而做一套衣服只需要13元钱。自己有很好的剪裁手艺,何不开家小店教人做衣服呢?于是,想到就干的李海燕做了一个大胆的决定:放弃正式工的工作,在五一路南段租了两间房,开起了小服装店。当时正值改革开放初期,人们的思想还很保守。面对家人的不理解,李海燕毅然坚持自己的选择。

与其他店不同的是,李海燕的小服装店不单做衣服,还培训剪裁缝纫技术。由于收费较低,第一批学员毕业,李海燕没有挣到一分钱。然而,这批技术过硬的学员分散到周口各地后,却引来了 100 多名农村女青年,甚至还有服装店的裁缝,他们甘愿出高学费向她学真本事。同年,李海燕创办了周口市第一家民营职业技术培训学校——海燕技校。10 年时间,海燕技校为周口培养了 3 万多名裁缝,全市 183 个乡镇 1 000 多个行政村的集市,凡有服装店,必有她的学生。

随着社会发展,有前瞻性眼光的李海燕盯上了全国市场这块蛋糕,针对市场设专业、针对企业定课程、针对岗位练技能,增设厨师、家电维修、美容美发、电子应用等专业。如今,经过近 40 年的艰苦创业和发展,昔日的海燕技校已成为一所有在校生 1.2 万多人、短期技能培训人员每年都超过 1 万人的本科职业高校。

"学校从小到大,从弱到强,像滚雪球一样发展到现在,得益于国家的好政策,得益于国家和领导对职业教育的支持和重视。"几十年来的创业历程,李海燕感慨万千。学校成长的每一步都凝聚着党和政府及社会各界的支持与厚爱。正是抱着一份真挚的感恩之情,李海燕早已把利民为民、帮助农村孩子成才、帮助父老乡亲脱贫、回报政府和社会当作办学的第一原动力。

2019 年,《河南省人民政府关于印发河南省职业教育改革实施方案的通知》〔2019〕23 号文件指出"重点支持本科层次职业教育院校,在招生计划、专业建设、项目安排等方面予以倾斜"。市委、市政府连续四年把学校升本写入政府工作报告,并且在资金奖励、市财政全供编制指标等方面给予支持,把学校升本当作全市人民的一件大事。2020 年又将"支持河南科技职业大学高质量发展"写入市政府工作报告。虽然有各级领导的关怀、有全校师生流下的辛勤汗水、有李海燕付出的艰辛,但是李海燕仍清醒地认识到,没有党的正确领导,没有改革开放的好政策,没有习近平新时代中国特色社会主义思想的指导,就没有河南科技职业大学的今天。因此,每当李海燕在校园徜徉时,看到高楼林立、灌木成林、环境优美的校园,特别是送走的一届届毕业生奔赴祖国各地,为家乡、为社会做出了积极贡献的时候,李海燕在为他们自豪的同时,又发自内心地感谢这个好时代,大家都遇上了这个好时代。

长期以来,李海燕坚持学校对全体师生进行革命传统教育。早在 2014 年,习近平总书记就在福建古田主持召开全军政治工作会议。党的十九大胜利闭幕仅一周,习近平总书记又带领中共中央政治局常委专程瞻仰上海中共一大会址和浙江嘉兴南湖红船,这为全国人民不忘初心,继承革命传统带了一个好头。多年来,学校党委以校园文化建设为抓手,把爱国主义、集体主义和社会主义教育作为主旋律,达到环境育人、文化育人、立德树人的目的。要求学生们努力刻苦学习知识和技能,为祖国的强大奋斗终生。

坚持扶贫，爱心助学

"培训一人，就业一人，全家脱贫。""授人以鱼，不如授人以渔。"这是李海燕之前在全国扶贫工作会议上做典型发言时说的话。

在国家企业改制初期，周口市有大批职工下岗，学校立即抽调大量教育资源，为他们提供培训。针对部分家庭负担特别重的下岗职工，学校除免收学费外，还常常为其捐款捐物，帮助他们渡过难关。后来，周口市政府了解到学校为培训下岗工人已影响到正常运转的情况后，决定从本市财政拨付一定的经费给予补偿。李海燕却说："当我们学校还在创业的时候，政府给了我们极大的关怀和照顾，使我们能够渡过难关。现在政府有困难了，我们理应做出贡献，绝不能向政府伸手。"就这样，李海燕把送到嘴边的"唐僧肉"推了回去。这件事在周口传为美谈。

与此同时，学校还在帮助农村劳动力转移、扶贫开发等方面做了大量工作。李海燕深知，农村孩子求学不易。她坚持为农村家庭经济困难学员、残疾学员、孤儿等减免学费，让他们掌握一技之长，以便在社会立足。他们也视李海燕为校长妈妈，把她当成自己的亲人。

慰问困难家庭

39年来，学校始终坚持把社会效益放在第一位。学校在持续扩建、资金困难的情况下，先后免费培训家庭经济困难学员 27 630 人、下岗职工 4 106人、残疾学员 5 182 人、孤儿 613 人，使他们变"社会包袱"为社会财富，实现"培训一人、就业一人、全家脱贫"，为地方经济发展和社会稳定做出了重要贡献。郸城县汲水乡张宜明高中毕业后由于家里困难,考上大学没钱上,父亲又卧病在床,他骑自行车100多公里来到学校。学校不仅免去他的学费,还资助他生活费直到毕业。现在,他创办了河南荣全实业有限公司,年收入一千多万元。为报答学校、回馈社会,他招收的员工多数是家庭贫困人员,他自己也并荣获"周口市五一劳动奖章""五四青年创业带头人"等荣誉。像这样的例子举不胜举。李海燕也被评为"周口市公益爱心形象大使",学院被国务院表彰为"全国扶残助残先进集体"。

李海燕算了笔账:39年,学校总共培养了15万专业技能人才。如果每个人平均每年往家里拿1万元,就等于为周口创造了15亿元的收入,等于建了一个高效益的大企业。在李海燕眼中,干啥也没有干职业教育这一行光荣。为人民解忧,为政府排难,学校赢得良好口碑,先后被命名为"河南省就业培训中心""河南省扶贫开发劳务技能培训基地",荣获"下岗职工分流安置工作先进单位""全国农村青年转移就业先进单位"等称号。

"治贫先治愚,扶贫先扶智。教育扶贫是根除穷困、阻止贫困代际传递的重要途径。大力开展职业技能培训,是培养'造血功能'、根治贫困的基本途径。"李海燕说,实现脱贫攻坚,职业教育大有可为,发展职业教育任重而道远。

作为本土民办的本科职业院校,不忘初心,不忘乡亲,勇于担当,这种责任情怀、大局意识,是做好教育扶贫的前提。为进一步做好扶贫培训工作,创新扶贫培训模式,李海燕带领学校领导在实地调研的基础上,在位置偏远、贫困人口较多的太康县高贤乡建立扶贫培训基地,为培训基地购买桌凳、电脑、投影仪、空调等教学设备,定期选派教师到培训基地进行技术技能培训。李海燕本人还深入扶沟县大新镇寺后刘行政村,与贫困户结成"帮扶对子",有针对性的解决贫困户的实际困难,在走访慰问贫困户时,李海燕了解到村里长期患脑血管疾病的郭大娘,因贫困而没有钱买药,长期饱受病痛的折磨,看到她瘦弱的身体、愁苦无奈的面容时,李海燕拉着郭大娘的手,温暖而坚定地告诉她:"大娘,您需要什么药,跟我说,不要担心,党和政府永远是您的后盾。"从那时起,李海燕一直为郭大娘买药,从未间断过。每次李海燕去慰问,郭大娘都激动地拉着她的手,热泪盈眶地说:"感谢你啊,感谢共产党!"也是由于办学成绩突出,学校先后被国务院授予"全国扶残助残先进集体",被河南省委、省政府表彰为"扶贫开发先进集体"。李海燕本人被国务院扶贫办、教育部、人社部等部委表彰为"全国扶贫英模人物""全国社会扶贫先进个人""全国职业教育先进个人",并获得全国首届"黄炎培职业教育奖"等荣誉称号。

产教融合，特色办学

李海燕创办的河南科技职业大学，是全国首批、河南省唯一一所本科层次职业教育试点高校，现占地1 200多亩（约80公顷），建筑面积约38万平方米，全日制在校生1万多人。教学科研仪器设备总值1亿多元，馆藏纸质图书100多万册。学校现有医学院、信息工程学院、教育科学学院、机电工程学院、经济与管理学院、汽车工程学院、建筑工程学院、美术与艺术设计学院、国际教育学院、公共基础教学部10个院部。开设有机械电子工程、汽车服务工程、电子信息工程、学前教育、土木工程、服装与服饰设计、物流管理、护理、临床医学、助产等45个社会急需的本、专科专业。学校建有综合实训中心，校内实验实训室156个，校外实习实训基地118个。

李海燕带领学校，始终坚持以立德树人为根本，理论实践相结合，注重实践育人，加强内涵建设，深化教学改革，加大实验实训课程比重，确保实验实训课程开出率100%；加大校内实验实训室建设投入，不断提升实践课教学水平。校内投资3 000多万元新建了综合实训中心，建成10个实训分中心，156个实验实训室，其中机电一体化专业实训中心是中央财政支持的实训基地。机械电子实训中心是河南省示范性实训基地，物流管理专业被省教育厅认定为河南省"双师型"教师培训基地，"翱翔众创空间"被省教育厅、科技厅联合认定为"河南省众创空间"，为学院今后本科教育打下了坚实的基础。

改革开放初期的"海燕技工"源源不断地走进了东南沿海，踏入中外合资企业，成为企业争抢的香饽饽，为社会做出了不可磨灭的贡献。学校现在的毕业生更是供不应求，每年举办的企业"双选会"，众多企业来校争抢毕业生，这得益于产教融合、校企合作成果。

近几年来，随着国家扶持实体经济和"中国制造2025"规划政策的出台，高等职业教育迎来了历史发展新机遇。学校抓住这个大好机遇，积极探索"产教融合、校企合作"的人才培养模式，先后与厦门天马、郑州富士康、长城汽车、京东物流、周口亿星集团、周口万果园集团、西华无人机工业园和周口物流港区以及周边县市的100多家企业建立了校企合作关系。在厦门天马微电子集团，学校有200多名毕业生在此就业，其中有30余名毕业生晋升为工程师，有50多名毕业生成为该公司的技术骨干。2017年，厦门天马集团投资200多万元在我校建成了生产实训车间，实现了"校中有厂，厂中有校、教室设在工厂、车间建在学校"的校企深度融合的现代职教范例。

为了学生的就业，只要时间允许，李海燕都是亲自外出调研、实地考察，有的时候,实在是赶车没时间吃饭,她都会自己用饭盒带点馒头等熟食在路上吃,从来都是以工作为重,把学生、学校的事情放在第一位。从企业的工作环境到生活环境,从薪资福利待遇到社会医疗保障、再到职业发展上升空间等各个方面,李海燕都会切切实实地了解实习企业的实际情况,为学生考虑。过年过节,她也会带着家乡的特产亲自去看望在企业坚守岗位的师生。2017年春节前夕,李海燕带着周口的牛肉和烧饼,到厦门天马微电子公司看望260多位春节坚守岗位的实习生。这不仅让大家感到了家乡的温暖,也感到了母校的亲切。李海燕告诉同学们:"在这样500强的央企实习,是一次不可多得的机会,大家一定要珍惜,希望大家在工作中做出业绩,为企业为社会做贡献。春节期间大家坚守岗位,虽不能回家过年,不能和家人团聚,但你们的努力和坚持会让自己收获希望的,你们为一个好的工作岗位而付出是值得的。"

走进学生课堂

此外,在校内还开设了中德班、厦门天马班、郑州富士康班、凯迪数码班等冠名特色专班,真正实现了与企业的无缝对接,形成了学生毕业即就业的良好局面。他们有的成了技术人员,有的成了部门主管,有的成了厂长、经理,在各自不同的岗位上为社会主义现代化建设奉献着自己的聪明才智。如2010级市场营销专业学生夏鹏威,现任北京人民大会堂接待处科长。还有飞利浦周口销售总经理王晨、周口4S店经理尚军辉、浙江娜丽服装有限公司设计师刘亚浩、浙江荣华服饰有限公司总经理田浩义、杭州信源电子科技有限公司副总经理张伟,以及一大批县乡企业经理,都是河南科技职业大学培养出来的成功人士,他们为当地区域经济社会发展做出了自己应有的贡献,成为河南科技职业大学的骄傲。

由于学校办学特色鲜明,成绩突出,学校被国家教育部评为"全国职业技术学校职业指导工作先进学校",办学经验和成果曾在全国及省市职教会议上做经验介绍与推广,多届省委主要领导来学校指导工作,都对学校的工作给予充分肯定。

"风起扬帆催人进,职教发展正当时"。今天的周口大地政通人和,千帆竞发,在市委市政府的领导下,正在认真落实十九大提出的"两个一百年"奋斗目标,实施周口跨越发展战略计划。新时代、新征程,新任务、新要求,作为服务地方发展、支撑家乡繁荣的本科层次职业教育试点高校的举办者、责任人,李海燕说:"我责无旁贷,自我加压,砥砺前行、扬帆远航。我一定坚持党的教育方针和社会主义办学方向,加倍努力按照教育部的要求,办好职业本科大学,搞好试点,出经验、出成果,做到可复制、可推广,起到引领示范带头作用,继续解放思想、锐意进取,绝不辜负周口人民的期望和各级领导的重托,努力把学校办成一流的本科职业大学,为国家培养更多的'大国工匠'、高层次技能型和创新型人才,为地方经济社会发展提供人才支撑。一定以提高教学质量、促进就业创业、服务经济发展为宗旨,进一步深化产教融合,创新人才培养模式,提高人才培养质量,为推进我市'四大攻坚',实现'四大突破',促进区域经济发展,培养更多的高层次人才,为周口区域经济社会发展和中原更出彩做出新的更大的贡献。"

编者语

海燕志存高远,却始终根植中原,心系家乡。四十年如一日,用多彩的职业教育丰富着河南学子的梦想版图。在她身上,我们看到了敢于把握时代机遇的勇气,艰苦创业的锐气,甘于奉献的正气,更重要的是告诉年轻人,如何实现个人价值与社会价值的统一。李海燕是一位教育守望者,更是一位时代追梦人。

吹尽狂沙始到金

——最美退役军人　窦东海

宽厚待人　努力工作
享受人生　与时俱进
一身正气　光明磊落

窦东海

个人简介

窦东海,1969 年出生,中共党员,本科学历,经济师、高级人力资源师、高级信息分析师、国际注册管理咨询师（CMC）、管理硕士。现任鹤壁市鼎鑫劳务有限公司、河南淇河文化发展有限公司、淇水清风小镇等多家企业董事长,鹤壁市文化产业协会会长、鹤壁市慈善总会副会长、"八一慈善"分会会长,鹤壁市企业家联合会/协会副会长,鹤壁市"双创"学院院长,河南省文化产业研究院副院长、研究员兼鹤壁分院院长,深圳文化创意产业协会副会长,深圳管理咨询行业协会副会长,北京大学总裁同学会副会长、常委等职务。先后荣获鹤壁市五一劳动奖章、鹤壁市十大功勋企业家、优秀复转军人、河南省十大慈善人物、"中华慈善突出贡献奖(个人)奖"等荣誉。

絮语

一朝入伍,终生是军人。这是窦东海始终不变的钢铁本色。部队锻造了他坚毅的性格和高尚的品格,让他在事业奋斗中始终不忘报效祖国,服务人民。退役不褪色,转业不转志,他不仅凭借智慧和勇气在地方成就了自己的事业,还为像他一样的退役军人提供就业岗位,完成社会过渡,实现人生价值,让军人的荣光再度延续。可以说,窦东海为退役军人群体树立了全新榜样,也为退役军人再就业贡献了一份坚实的社会力量。

窦东海1987年入伍,曾荣获五次嘉奖、一次三等功。1990年退役后,自主创业创办劳务公司,向省内外派遣各类劳务人员20余万人次,其中安排退役军人创业就业2 000人次;创办鹤壁市慈善总会"八一"慈善分会,每年开展慈善公益捐助活动,累计捐赠金额600多万元;帮助4 000名贫困退役军人及其亲属渡过难关;为300多名现役军人提供免费体检;为抗击新冠肺炎疫情一线工作人员赠送价值200万元的体检套餐,个人向市慈善总会捐款1万元,通过"八一"慈善分会向多家单位捐赠价值4万元的口罩等防护物资……

30年前,他怀揣着"五次嘉奖、一次三等功"的荣誉,在经历了3年部队生涯的磨炼之后,恋恋不舍地脱去军装,走出军营,成为一名光荣的退役军人。

部队股役中的窦东海

2020年八一建军节前夕,身为"鹤壁市最美退役军人"的窦东海,被鹤壁市推荐并成为鹤壁市唯一荣获"河南省最美退役军人"称号的退役军人。他当之无愧!

转业、创业:在社会大熔炉中尽显军人本色

20世纪90年代初,改革春风吹遍大江南北,处处都是生机盎然的土地,向投身创业的人伸出了温暖的手臂。从部队回到家乡后,窦东海和6名志同道合的退役军人怀着青春年少的激情,开始自主创业。考虑到鹤壁老城区紧邻矿区,他们首先想到了在企业、矿区承包工程。由于刚从部队转业,年纪轻轻,没有社会经验,周围的人都怀疑这些退役军人、毛头小子能不能把技术性、专业性非常高的工程做好。

"一定要干出点儿名堂来,为部队争光,为军人争光。"他们暗下决心。

在材料使用上,他们严把质量关,货比三家,优中选优;在工程实施中,他们请来经验丰富的专家上培训课,决不偷工减料;在施工效率上,他们严格要求自己,军人作风,累了和衣躺会儿,饿了啃几口方便面……每次他们都非常漂亮地完成了工程任务。

"这些退役军人了不得!"一段时间以后,周围的质疑目光开始变化。他们在业界中口碑渐起。

创业初期

在承包工程时，每干一次活儿，都会聚拢一部分技术人员，而这些活干完了人也散了，流动性非常强。在长期与企业打交道的过程中，窦东海敏锐地发现，劳务市场有很大的发展空间。窦东海想："为什么不组建公司，给这些技术人员安个家，同时扩大业务开展劳务服务呢？这样不但能把人留住，把那些零零碎碎的务工队规范起来，把规模做大，还能给企业提供劳务用工，为求职者提供就业岗位。"于是，在窦东海带领下，2004年成立鹤壁市鼎鑫劳务有限公司，主要从事职业介绍、劳务输出、人才测评、员工培训、劳务派遣等业务，为广大企业提供全方位人力资源、人才储备、建筑劳务分包等服务。公司员工80%为退役军人。

作为一个人力资源管理公司，公司秉承"让无业者有业，让有业者乐业"的宗旨，坚持诚信，赢得了企业和劳动者的信任。

为了保障员工利益，他们下深圳、跑广州，帮助员工解决工资拖欠问题……

"有些时候不仅不挣钱，还赔钱，但我们是企业的合作伙伴，一定要讲诚信。"窦东海说。

这样的合作伙伴谁不愿意合作，天海集团、鹤壁同力水泥……窦东海的合作伙伴越来越多，许多劳动者和退役军人也慕名而来。提起退役军人，窦东海说："公司承诺，求职者只要是退役军人，保证让他们有业可做，有特长的，尽量发挥他们的特长。"公司还主动与民政部门结合，收集更多退役军人资料，以给他们提供就业创业信息；制作服务卡，退役军人只要拿着服务卡，无论何时，不论在哪，只要打了公司电话，公司就免费提供就业岗位。

"在我们两口子双双下岗、生活困难的时候，是鼎鑫劳务免费给我安排工作，给予我们帮扶资金。"1990年退役的邢光东，被安排到某集团下属三产企业，不料遭遇下岗后无业可做。

邢光东听说鼎鑫劳务优先安排退役军人，就抱着试试看的心理来到了这里。"没想到，鼎鑫这么干脆，立即就在工程上给我安排了岗位。"现在已成长为公司中层的邢光东说，他永远忘不了鼎鑫给予的帮助，鼎鑫劳务永远是退役军人的家。

在为退役军人提供就业帮助的同时，鼎鑫劳务还积极扶持他们自主创业。

王洪涛，1991年退役，曾经三进三出鼎鑫。他在鼎鑫学到经验就自己创业，创业失败再回鼎鑫。他说，鼎鑫就是"铁打的营盘铁打的兵"，对退役军人永远敞开大门。

王周，2005年退役后在鼎鑫劳务经过两年经验积累，2007在公司帮助下成立了宏程贸易有限公司，从事运输和机电配件维修。公司还派人手把手

教他如何管理和经营。

朱文革、韩保军、苗长富，退役后想自己创业，因家庭困难，没有创业资金。窦东海得知消息后，分别向他们捐款 10 000 元，帮助他们创业，解决他们的困境。

鹤壁市喜洋洋生态农业合作社、浚县油磨坊食品有限公司和鹤壁市金兰文化传媒有限公司均由退役军人创立。企业出现资金流转困难，鼎鑫劳务提供资金累计达 500 多万元。

一言九鼎，有诺必践。10 余年来，鼎鑫劳务已累计向省内外派遣各类劳务人员 20 余万人次，其中安排退役军人创业就业 2 000 人次；有 100 余家派遣单位，安置下岗再就业人员 1 万余人。每年提供就业岗位 3 000 余个，已成为河南省专业程度高、服务规模大的人力资源公司之一。

为提高公司整体管理水平，更好地服务用人单位，鼎鑫劳务率先通过 ISO9001：2008 质量管理体系认证，使公司运营更规范、管理更专业、服务更到位。先后被评为"全国劳务派遣优秀服务单位""河南省就业促进会理事单位""河南省青年就业创业培训基地""共青团鹤壁市首家青年就业服务中心""鹤壁市首家诚信职介单位""鹤壁市退役士兵就业服务中心""河南省人力资源诚信服务示范机构"等。

退伍、增色：在奉献担当中扛起报效社会的责任

窦东海身高马大、魁梧健壮，可他却有一颗菩萨般的大爱之心，路遇危难，他尽显军人本色，义无反顾，救人于生死关头；而面对弱者，他捧着一颗火热的爱心，伸出温暖之手，救人于水火之中。他说："善人善事，是做人做事的最高境界。"

1993 年的一个冬日，天寒地冻，一辆摩托车翻倒在村路边，一名流浪者被压在车下，驾驶员则躺在地上不能动弹。窦东海和员工正巧路过事发现场，他马上停车救人，并拨打急救电话。通过了解，原来是摩托车不小心撞了流浪者，车主也受了伤。这时，驾驶员的亲属也从村里赶了过来，准备直接把驾驶员拉回家。窦东海马上制止，他义正词严地说："不行！你们是肇事方，不能一走了之，要把受害方送至医院查看伤情。"对方耍赖不同意。窦东海又拨打 110。派出所警察不一会儿来到事发现场，经讯问及勘查现场后，将驾驶员拉回所里，依法处理。想到流浪者无家可归，窦东海希望派出所警察带流浪者到医院救治后，能与社会救助机构联系，妥善安置流浪者。得到肯定答复后，窦东海才和员工放心离去。

还有一次，窦东海和朋友开车路过山城区东方红商场。在商场北门口，

他们发现一群围观者中间浓烟滚滚,靠近时,发现一辆"面的"着了火,却无一人上前灭火。窦东海二话没说,迅速灭火,直到火被完全扑灭。

1993年、2001年、2003年先后遇到6起车祸十几名伤者,窦东海都没有袖手旁观,而是及时伸出援手,使伤者得到了及时救助。"好几次事故现场,有时还有火情,救人不害怕吗?"面对这个问题,窦东海摆摆手:"救人要紧啊,面对那种情况没想那么多。"

2007年,淇县黄洞乡鱼泉村一名大学生面临辍学,他将1 000元学费送到学生家中,还想尽办法帮助学生的父母将其家中的土特产售出,热心资助让那位贫困家庭的孩子圆了大学梦。

2008年、2010年分别向汶川地震、玉树灾区捐款近万元。

2011年,他不顾公司资金紧张,拿出30万元支持鹤壁的慈善事业。

2012年初,为了进一步弘扬红旗渠精神,向河南省话剧团红旗渠剧组赞助经费15万元。

　　……

"一枝独秀不是春,百花齐放春满园。"随着多年的打拼,窦东海的公司逐步发展壮大,怎样才能更好地服务更多的退役军人和贫困群众,成为他思考的又一个问题。

2012年7月27日鹤壁市慈善总会"八一"慈善分会揭牌仪式

为了更好地为全市3 700多名军转干部、30 000多名转业士兵服务,为贫困群众搭建一个创业救助平台,在窦东海的积极倡议下,由鹤壁市鼎鑫劳

务有限公司发起、隶属鹤壁市慈善总会的鹤壁市"八一"慈善分会于2012年7月成立。鹤壁市"八一"慈善分会以救助与帮扶困难退役军人为主,重点支持帮助困难退役军人,打造复转退役交流协作、携手发展的平台,为慈善救助,帮助贫困复员、转业、退役军人和现役军人及亲属渡过难关开辟更为有效的渠道。

2013年1月份,患有严重心脏病的退役军人甄成兵突发心梗住院,需要做心脏支架手术。面对十几万元的医药费,早已花光积蓄的甄成兵决定放弃手术。得知这一情况后,窦东海立即去医院探望,并决定为甄成兵垫付全部医药费用,共计11.4万元。"八一"慈善分会也为甄成兵募捐善款6 000元,并对善款的使用情况及时向捐赠者发送了手机信息,提高了慈善的透明度,产生了良好的社会效果。"如果不是窦大哥,真是觉得没啥奔头了。"提起窦东海和鹤壁市慈善总会"八一"慈善分会对自己的帮助,甄成兵至今都颇为感慨。

与甄成兵一样接受捐赠的退役军人还有很多:李桂林、周纪联、侯海贵、贾宝庆……

鹤壁市慈善总会"八一"慈善分会还拿出善款慰问濮阳市老英雄李文祥,全国劳动模范、全国拥军模范、全国三八红旗手靳月英,抗日老英雄赵金山和朱德成等,向浚县白寺镇胡庄村捐助修路款6万元,为患病儿童席鑫麟捐赠2 000元,捐赠给鹤壁市老年体育协会和鹤壁市养生保健协会5台电脑和3台打印复印一体机,向淇滨区大赉店镇敬老院和一些老同志赠送了有机蔬菜……

鹤壁市慈善总会"八一"慈善分会会长窦东海慰问全国劳动模范、
拥军模范、绿化模范靳月英

虽然身不在军营,窦东海的心却依然牵挂着军旅。2018 年,组织现役军人免费体检;2019 年,免费给部队官兵送去体检卡。新冠肺炎疫情期间,为抗击疫情一线工作人员赠送价值 200 万元的体检套餐,向多家单位捐赠价值 4 万元的口罩等防护物资……

慈善事业是春天里的细雨、冬日里的温暖阳光,鹤壁市慈善总会"八一"慈善分会每年定期开展社会公益活动,让需要帮助的人感受到希望和温暖。

鹤壁市慈善总会"八一"慈善分会自创办以来,已累计捐赠金额 600 多万元,帮助 4 000 名贫困退役军人及其亲属渡过难关。2012 年获得河南省慈善总会授予的"先进慈善组织奖""优秀慈善项目奖",2016 年被评为"慈善先进单位",2017 年被评为"优秀慈善会长单位",2018 年被评为"慈善捐赠先进单位"。窦东海先后荣获"鹤壁市五一劳动奖章""鹤壁市十大功勋企业家""河南十大慈善人物""中华慈善突出献奖(个人奖)"等荣誉,2014 年、2016 年、2017 被评为"慈善工作先进个人",2019 年评为"全省慈善会系统慈善楷模"等。

发展、前行:在与祖国共舞中践行初心使命

全面小康社会日新月异,民族复兴大业任重道远。伟大祖国的每一个发展进步都离不开每一个赤子奉献的点点滴滴。这么多年来,虽然在商海创业小有成就,社会奉献也可圈可点,但创业无止境、奉献有胸襟始终是窦东海的不懈追求。他说:"获得最大的成功是为他人做最大的贡献。"

继鼎鑫劳务之后,文化、医疗、人才培养等领域的一个个实业也成为这些年来窦东海提供给全市退役军人和群众就业创业的平台。

窦东海在发展企业的同时,时刻不忘弘扬优秀传统文化。2009 年,窦东海成立河南淇河文化发展有限公司,公司集创意、开发、研制、展览、销售为一体,专业打造淇河流域的本土文化产品。先后投资近千万元,开发文创产品 200 多项,带动形成的社会交易额近 2 000 万元。同时,还先后打造了淇水清风小镇(非遗生活体验馆)、文化艺术馆、奥运博物馆、民俗博物馆,搜集、收藏、展示文化产业精品上万件。特别是非遗生活体验馆目前已接待500 多家社团万余人次参观,已成为鹤壁市一个文化内涵丰富、非遗特色鲜明的体验中心与城市文化会客厅。

2013 年,窦东海发起组建鹤壁市文化产业协会,大家一致推举他为会长。协会成立后办的第一件事情就是承办鹤壁市首届文化产业博览会。为了搞好文博会,窦东海带领团队到全国各地考察学习,聘请专家做指导,研究论证。鹤壁市首届文化产业博览会接待国内外游客共计 4 万余人次,交易

额486.3万元,订单1 600余万元。之后连续承办了三届中原(鹤壁)文化产业博览交易会,参观人员达67万,交易额突破12亿元。文博会已成为展示中原文化形象、助推河南文化建设的品牌,受到社会各界的一致好评。

2014年12月,鹤壁市贫困村石老公村被命名为"中国传统村落",迎来了难得的发展机遇。窦东海听到这一消息后,带领团队深入调研,利用企业优势,帮助石老公村规划文旅旅游扶贫的路子,以旅促农,精准扶贫。为此,他还专门创建了河南一群一带古村落旅游开发有限公司,克服困难,先后投资200余万元,发展特色种植,引进非遗食品,完善基础设施,改变村容村貌,建设非遗民宿,打造乡村旅游,把农家庭院变成市民丰富生活的"农家乐园"。共帮助30余家贫困户就业创业,村民通过发展旅游走上致富道路,实现了持续脱贫。

2017年,窦东海引进的创业项目上海A股上市公司美年大健康落户鹤壁。鹤壁美年大健康科技有限公司综合门诊部自2018年营业以来,健康体检工作稳步推进,2019年业务收入1 687.48万元,已为6万余人次提供健康体检和健康管理,为300多名现役军人和转业军人免费体检,带动了100多人就业。

2019年,河南木牛流马智能科技公司成立。这家小微企业的成立是窦东海按照慈善助志、助能、助根本和帮急、帮危、帮发展的理性思维,立志于培养小微企业、推进创业创新的缩影。在此之前,窦东海积极推进鹤壁鼎鑫劳务有限公司与中国陶行知教育基金会、鹤壁汽车工程职业学院及北京、深圳、郑州等单位共同联合创办新型创新创业学院。"双创学院"于2016年12月26日正式挂牌成立。这个学院是在党和国家"大众创业,万众创新"政策感召下,围绕汽车、文化、食品、新型科技和健康五大产业发展方向,面向广大退役军人、大学毕业生和社会有志青年双创需求与双创供给而开设的综合性学院,旨在更大的平台上为社会培养具有创业创新精神的小微企业人才。

窦东海说:"身为'双创'学院院长,更要像学生一样,时刻保持对学习的饥渴度,不断给自己充电。"他注重自身学习,通过不断增加、更新知识,为事业发展奠定基础,为未来发展创造条件。窦东海把学习作为必修课,不错过任何一个学习机会,先后到中央党校、广播电视大学、北京大学、清华大学、浙江大学、深圳大学、苏州大学等大学进修学习,特别是在郑州大学商学院EMBA研修的两年半时间里,系统学习了战略管理、企业金融与服务、人力资源管理、企业家精神与创业精神等课程,进一步扩大了视野,提升了格局。

窦东海信奉两句话,一句是"天容万物,海纳百川",说的是处世为人要容人,为人处事要利人;另一句是"山高人为峰,海阔心是岸",说的是再高的山,人上去了就在脚下,再大的海,心中有目标就是彼岸。他说:未来 10～15 年,要依托"双创学院"这个平台,为广大退役军人、大学生和社会有志青年创意、打造、引进 100 个创业项目,成就 100 个小微企业家。窦东海将和小微企业家们一起继续在创业、创新、发展道路上前行,最大限度地创造财富,释放更多的爱和更美的色彩。

年届五旬的退役军人窦东海,以自己 30 年来的实际行动走出了一名"最美退役军人"的飒爽英姿。凭借在部队锻造出的坚韧不拔的性格、诚实守信的做事原则和善于学习、善于创新的精神,窦东海怀揣着对社会强烈的责任感,对军队、军人的一腔热血,在创业、创新的道路上越走越宽。

编者语

海纳百川,有容乃大;以义取利,以德兴业。这是窦东海事业成功的真正法则,也是新儒商精神的生动体现。个人和企业只有将自身的利益与民众、国家需求相结合,才能获得长久发展的动力和泉源,求得企业可持续发展。正因为窦东海始终不忘"己欲立而立人,己欲达而达人",才能最终在商场沧海横流中,成就鼎鑫,成就大我。

国际教育之花绽放中原沃土

——英迪国际学校创办人、总校长 刘士力

人生就是为实现梦想

而不断努力的！

刘士力

个人简介

刘士力，男，汉族，1962年生，河北石家庄人，毕业于郑州航空工业管理学院，研究生学历，英迪国际学校创办人，郑州中澳学校、北京爱迪国际学校创办人之一。现任英迪教育集团理事长、郑州航空工业管理学院校友会法定代表人、北京市向荣公益基金会副理事长。

絮语

他高瞻远瞩，魄力非凡，为河南莘莘学子打开了一扇走向国际名校的逐梦之窗。他不忘初心，溯求教育本源，

让国际化优质教育资源也能"飞入寻常百姓家"。他引入先进理念,创新教育模式,让学生在素质教育中更好地成就自我。刘士力20多年栉风沐雨,砥砺前行,他的教育情怀与理想也在中原沃土开枝散叶,结出累累硕果。

先行先试 河南首现国际教育之花

刘士力出生于河北一个普通的家庭。18岁时跨越黄河,来到中原大地求学于郑州航空工业管理学院,从此与河南结下不解之缘。

大学毕业后,他被分配到航空部所属某飞机制造厂,兢兢业业从基层做起。时值改革开放东风正劲,他果断辞去稳定工作,独闯深圳,进入一家小公司,它就是目前中国境内唯一一家表业上市公司——飞亚达(集团)股份有限公司的前身。

当时公司刚刚成立,年轻的他朝气蓬勃,不怕苦不怕累,凭着一股不服输的韧劲从业务员干到区域经理。1992年飞亚达上市,他被提拔为市场总监,使飞亚达销售额每年保持50%以上增长,由1992年的几千万销售额达到1997年的3.6亿元。10年时间,刘士力完成了从一个大学毕业生到上市公司高管的华丽蜕变。

机遇总是喜欢垂青有准备的头脑。1998年,事业有成的刘士力在一次国外商务活动中偶然了解到,越来越多的年轻人想要到澳美英加等教育资源发达的国家学技术、练本领,但国内当时仅有两家成规模的国际化学校能提供自主选择留学的出路,远远满足不了国内学子出国留学的需求。于是他毅然放弃了光鲜亮丽的上市公司高管职位,邀约了几位对推动中国教育国际化有志向的留学生,转向"隔行如隔山"的国际教育领域。

经过长期的调研学习和多次的申请谈判,西澳洲教育委员会的负责人终于被这位目光高远、百折不挠的年轻人打动,同意将优质的澳洲高中课程移植到国内。经过慎重考量,刘士力和他的伙伴们决定将学校选址在人口众多,但教育资源相对薄弱的河南,回到他青年时期最熟悉的中原大地。

1999年,全国第三所、河南省第一所中外合作高级中学——郑州中澳学校应运而生,打破了河南本土高中国际教育为零的尴尬局面,开创了河南省高中阶段中外合作办学的先河,为河南莘莘学子打开了通向世界高等学府的大门,谱写了中原国际教育的新篇章。

刘士力就是凭借这样一腔热忱,顺利打通了英、澳、美、加、香港等国内外名校升学渠道,达到100%升学、100%签证,已成功培养了几千名名校生。其中,2009届学子李倩荣获"新一代奖学金";2011届任珂在新南威尔士大学高级数学专业本硕连读等。学校连续多年培养出澳洲国际升学考试亚太地区状元,如2015届高云开在WACE(澳洲高考)中以99.95分的优异成绩,名列澳大利亚本土考生和近10所海外学校考区考生第一名。与此同时,高云开同学收到来自澳洲的墨尔本大学、悉尼大学、新南威尔士大学等多所世界百强名校的Offer,被争相录取。

很多学生毕业后也都成了行业精英,比如担任爱尔兰河南商会会长、河南欧美同学会北京分会理事、河南澳斯乐易通国际物流有限公司总经理的1999级中澳首届学生钮亮,超继体育用品连锁品牌创始人、滔搏运动品牌创办者、河南继超商贸集团有限公司总裁、首届中澳毕业生王健等,他们在各自的行业书写成就,发挥光热。

郑州中澳学校是国家教育部备案,河南省批准的第一所中外合作学校,被西澳洲学校课程与标准权威(SCSA)认可、授权,成为12所海外国际学校的一员;获得牛津国际AQA考试局授权(授权号96603)、剑桥大学国际考评部授权(授权号CN615),同时也是IGCSE、A-level官方授权海外学校考试中心。优秀的国际化教学师资队伍,多元化的国际课程体系,为中原地区持续培养并向世界名校持续输送优秀人才,郑州中澳学校先后荣获"河南十大教育品牌""河南民办教育十大品牌""河南最具影响力教育品牌""河南最受欢迎教育项目"等奖项。刘士力校长也众望所归,荣获了"河南省民办教育15杰""河南教育十大风云人物"等一系列殊荣。

凤凰涅槃　中澳学校衍生英迪教育集团

郑州中澳学校为无数河南学子开辟与世界名校对接的路径,提供了不同于国内高考应试之路的另一种可能性,解决了教育的出口问题。但是学校的发展遇到了瓶颈,受限于租用的校舍面积有限,办学优势和先进的教育经验无法得到充分发挥。2011年,刘士力考虑到要从高中向下拓展,开始筹办从幼儿园、小学、初中至高中的K15年一贯制国际学校,从纵向打通整个教育系统,全学段一站式提供国际化优质教育资源,让中西融合的先进教育理念和经验惠及更多的河南学子。

2012年,经过不懈努力,与郑州航空港经济综合实验区政府签订战略合作协议,英迪国际学校作为港区重点教育配套项目正式落户。在学校紧张筹备过程中,刘士力不幸遭遇车祸,颈椎T5及肋骨三处骨折,身体受到重创,住院近半年。大难之后,身体上的重创和项目停顿的双重压力导致了他近两年的精神抑郁,无数次萌生自杀念头,陷入人生低谷。幸而,身体的渐愈又唤起了他在中原建立一流国际学校梦想的信念。大难不死,必有后福,做教育是功德无量的事情,既然重生,有何畏惧?

重新看到了梦想之光的刘士力,在病床上便开始谋划学校的立项工作,除了治疗时间,其他休息时间奔波在各个审批申报单位间。出院之后,刘士力踏遍北上广深的一所所国际学校参观、取经,汇合了国内外多个知名设计师和多家设计院,历经多年绘制了一张博采众长、凝聚特色的"教育城堡"蓝图——郑州航空港区英迪国际学校。

郑州航空港区英迪国际学校鸟瞰图

2012 年学校立项顺利通过后,刘士力事事亲力亲为,投入紧张的学校建设工作中。为了配合航空港的迅猛发展,学校从最初计划 1 个多亿投资增加到总投资 5.8 亿。途中经历过两次资金危机,生死攸关的紧要关头,刘士力与家人商量,忍痛割爱,卖掉自己仅有的多年打拼的深圳、北京两套房产,筹措了资金,使项目建设顺利进行。刘士力就是这样为了实现教育梦想百折不挠,变压力为动力,排除万难,最终让梦想圆满落地。2015 年 9 月,英迪国际学校完成投入使用,一所与世界接轨的十五年一贯制国际学校挺立在中国内地改革开放的高地——郑州航空港。

英迪教育集团是郑州航空港经济综合实验区(中国"空中丝路"的起点)重点引进的高端教育配套项目,占地 219 亩,总投资 5.8 亿,在校生规模 2 600 人。由郑州中澳学校、英迪高级中学、英迪国际学校、英迪国际幼儿园教

育四个版块组成,是幼儿园—小学—初中—高中"十五年一贯制"教育体系,致力于为航空港、郑州乃至中原地区高层次人才子女提供国际化优质教育,助力郑州航空港国际化大都市发展。

作为一所国际学校,硬件设施一流是标配,软件更应该是高配。设计怎样的教育理念,培养怎样的人,这才是学校的灵魂。他多次考察国外学校,理解多元文化,直面英美校长,共同讨论教育,深入探讨如何做中西融合的教育。也正是在无数次的交谈中,他斟酌思考,独创了 Glocal——代表中西融合,实现"global"和"local"的结合,这是他十几年对中国国际化教育理解的精髓,也奠定了英迪国际学校的办学宗旨和培养目标——中西融合,根植中华文明,汲取世界精髓,为民族振兴、国家发展培养精英人才,培养具有中国灵魂、全球视野的未来精英,为中国发展、民族复兴储备人才。

教学环境

面对"师资团队如何组建、如何使培养目标落地、十五年一贯制的学校应该如何管理"等这一系列问题,长期处于高压工作状态的刘士力又一次累倒了,住院长达 4 个多月。躺在病床上的他依然笔耕不辍,字斟句酌,在这个特殊时期,"1+6"创新教育模式出炉了。该模式践行博雅教育理念,回答了"英迪怎样培养学生、培养怎样的学生"。即让每个孩子成为拥有汉英两种语言能力,两门以上的艺术特长、两种以上的体育特长、学业能力很强的综合复合型人才,成功升入"国内外双一流"大学,将来学有所成,成为各行各业的领军人物和主要参与者。该模式让教育的关注点真正落到学生成长身上,致力于学生持续健康的发展。走进英迪,真正让每一位学生终身受益。

"1+6"教育模式中,"1"是指基础教育的学习能力,"6"是指掌握两种世界语言+两种以上体育技能+两项以上艺术特长。学业能力和个性发展兼顾,提升学生综合素养,实现全面发展。基础教育采用国家标准课程体系,统一参加市区水平测试,确保基础牢固,扎实掌握知识。

两种世界语言:除汉语外,英语作为最重要的第二门语言进行学习。以国际权威的牛津、剑桥国际英语教材体系为主,采用沉浸式英语教学方式,中外教全英文教学,为学生营造尽可能多的英语沉浸式学习环境,用英语交流,用英文思考,理解不同语言的表达逻辑和思维模式,尊重多元文化,开放包容,培养"全球视野,中国情怀"的终身学习者。

两种以上体育技能+两项以上艺术特长:英迪以"第二课堂"的形式把博雅教育引入中小学阶段,课程涵盖语言、艺术、文学、科学、体育、公益六大领域,开设阅读、演讲、摄影、舞蹈、管弦乐、合唱、学科竞赛、航模机器人、篮球、足球、武术、志愿者等课程。让学生轻松触及、认识各个领域,开发潜能,培养广泛兴趣并能将其融会贯通,知识渊博,提高鉴赏力,思维力和创造力,让每个学生的个性得到充分尊重和发展,全面提升综合素养。

从最初的"为河南考生开辟一条升读世界名校的路",到获得国际权威认证,打造"适合中国孩子的国际化教育";然后从高中阶段向下拓展,站在国际教育的制高点,整合全球优质教育资源,中西融合,十五年一贯制系统规划孩子学业、未来发展,英迪教育成功克服传统的分割式教育体系的弊端,让优秀的教育理念一以贯之,让孩子的学业发展更加持续、连贯、科学。

英迪是河南首家从幼儿园到高中的 IB 候选学校,是英国剑桥(GIE)、牛津(AQA)考试局官方授权学校及考试中心(IGCSE、A-level),同时也是澳大利亚官方授权海外学校、考试中心(WACE),曾获得美国 ACT、AP 课程的授权学校。整合全球优质教育资源,融合中西教育精粹,立足本土放眼世界,秉承"精英教育·启迪人生"的办学宗旨,坚持"尊重、责任、向上、合作、求真、同理"的育人核心价值观,注重学生领导力的提升,实施个性化定制方案,帮助学生发现自我,成就自我,致力于培养各行各业的精英和领导者,最终走向社会实现自我价值,为中华民族的伟大复兴做出贡献。

英迪国际学校核心价值观

刘士力历时多年筹建的这所学校是河南省第一所 K15 的国际化学校。"K15"背后浸透的是他 20 年在国际教育行业深耕的汗水,承载的是 20 年国际办学梦想的呈现,这里的一草一木都洒着这位教育人的心血,每一处建筑设计都折射着这位教育人的育人理念。

不忘初心　英迪再开国内普高升学路径

环境变化,教育初心不改。作为一所学校,不仅要考虑教育大计,还要服务地区,履行社会责任,担当起区域发展的大任。鉴于郑州航空港区是新建区,普高的供给学位严重不足,需求量较大,为了配合航空港区的发展,满足社会对优质教育普高学位的需求,刘士力决定从 2020 年起,国际化优质教育资源向普高全面开放。英迪高级中学从 2020 年秋季开始招收普通高中生及艺术特长生,而且设置了最高达 2 万的高额奖学金,让更优质的教育资源惠及更多的河南学子,为中国发展、民族强盛培养更多的栋梁之材。

至此,英迪教育集团双语双轨、国际国内两条路径彻底完善,以个性化定制方案为每个孩子量身定制学业发展规划,让每个孩子在英迪实现成长进步,成长为更优秀的、独一无二的自己,进而成功成才。

热心公益　圆贫困山区孩子读书梦

作为民办学校的校长,刘士力非常支持学校党支部的发展,以党员的高标准要求自己,要求学校。在刘校长的大力支持下,英迪国际学校党支部连续获得嘉奖。2017 年,被评为"港区非公党建示范点",获得"港区党建微视频拍摄优秀奖";2019 年荣获"郑州市社会组织先进党组织奖"。

同时,学校建立健全了党组织、共青团组织、少年先锋队,实行党、团、队共建,党、团、队发挥各自的主动性和灵活性,充分发挥党、团、队的先锋作用,真正落实为党育人、为国育才的教育方针。

刘士力一直热心公益事业,是北京向荣公益基金会副理事长。学校注重培养学生的义工精神,让学生从小关注社会弱势群体,勇于承担社会责任,参与社会共建,大力倡导英迪全体师生献爱心、做公益。在刘校长的带领下,学校多次组织爱心义卖活动,与巩义香玉小学手拉手开展爱心捐赠活动,走进港区益智学校关爱智障儿童,组织"9·9 公益日·圆乡村孩子阅读梦"公益活动,学生志愿者参与欣欣教育基金会组织工作、高中部志愿者敬老院之行,举行"传承雷锋精神,关爱留守儿童"等活动,以公益之心,行真善美之事,践公益之行,为社会发展进步贡献微薄之力。

刘士力自 2018 年以来,每年拿出近百万元助学金,资助来自云南、四川等贫困山区及河南本地的 30 多名贫困家庭的孩子就读英迪音乐部,并成立了英迪少年管弦乐团和童声合唱团,让爱温暖每位孩子的心,让贫困山区的孩子走出大山,将来走向国内外最高的音乐学府和艺术殿堂,最终实现"音乐改变命运"。

刘士力怀着深沉的教育情怀,博大的胸襟在教育领域披荆斩棘,独树一帜,可谓一入教育成就终身。三十而立,高瞻远瞩,魄力非凡,创办中原第一所、全国第三所国际学校;四十不惑,审时度势,克服时艰,首创河南 K15 一贯制国际学校,让中原地区的孩子享受到北上广一线大城市的优质教育资源;五十知天命,不忘初心,勇担使命,拓展国内普通教育路径,让更多学子享受优质教育资源!心系教育,孜孜不倦,梦想之光,熠熠生辉,刘士力为中原国际教育乃至中国国际教育的发展做出了有益探索,是一名伟大的教育追梦人!

编者语

河南作为全国高考大省,竞争残酷、升学难度可见一斑。加之本土优质教育资源稀缺,如何让孩子不落人后,在更好的学校与教学氛围中学习成长,成为万千家长头痛的难题。刘士力为中原学子引入国际教育资源,创办融合中西教育理念精粹的国际学校,犹如为升学之路插入了一枚路标,让河南学生拥有更多选择、更多方向、更多拥抱未来的可能性……

我辈岂是蓬蒿人

——创新创业优秀导师 董 涛

人生路上，永不停歇！

董涛

个人简介

董涛,男,1976 年 1 月生,河南鹿邑人,中共党员,郑州大学商学院 EMBA 第 12 班学员。河南纳百川资产管理有限公司创始人、河南省科技厅金融专家、郑州市首批创新创业导师、河南省大众创业优秀导师、河南省高素质农民培育讲师团团长、农业农村部农业创业培训全国共享名师。

絮语

"鸡蛋从内部打破，就是一个生命。"董涛一直坚信这句话。命运给他发了普通牌，他却在不断打出新绝杀。不同身份的迭变中，可以看到保持学习力是他极速前进的动能。他记得"吃红薯"的苦，所以比其他人更知道珍惜机会，把握机会，给自己制造更多出彩的可能。

所以说，董涛的成功不是来自命运女神的眷顾，是他自己成就了自己。

家出鹿邑，拜修名师

有一个叫董涛的鹿邑人，1976 年 1 月生，自 18 岁应征入伍以后，就离开了家乡这片土地。从此，在向外人自我介绍时，便有了一句话——"我是老子故里人"。

如果说，当兵到部队能改变人的一生，那么，做三年的义务兵究竟能有多大改变？按照常规的路径，义务兵服役期满，若能提干，就可以继续留在部队，若不能提干，就要返回家乡。小时候家乡的贫苦在当时这个年轻人心里留下了深深的烙印。这一去，尽管山高路远，却开启了董涛奋斗的人生。

"鸡蛋，从外面打破，被人炒炒吃了，如果从内部打破，就是一个生命。"董涛说。

带着这种思想，他凭借自己坚强的毅力走出了一段不寻常的人生路。作为郑州大学商学院 EMBA 第 12 班学员，2019 年 12 月，董涛被郑州大学商学院授予"优秀校友"荣誉称号。在同一年，河南省人力资源和社会保障厅授予董涛"特别贡献奖"，以表彰其在第三届"豫创天下"创新创业大赛中的辛勤付出。河南农业农村厅授予董涛"特殊贡献奖"，以表彰其在河南新型职业农民创业服务中的突出贡献。

2020 年 7 月 13 日，国家农村农业部科技教育培训中心发文，印发《农业创业师资培训规范》，发布了《农业创业培训全国共享师资名单》，董涛进入全国首批共享师资名录。

2020 年 7 月，河南省农业农村厅成立河南高素质农民培育讲师团，董涛任团长。

从一介布衣，到义务兵；从退伍军人，到商业骄子；从一个学习者，到大众创业导师。鸡蛋都是从内部打破的，其中的传奇经历不仅与道家文化的滋养有关，更与他的家庭及乡情息息相关。

下面，让我们从军人、商人、学习者、导师四个角色里，来认识董涛这段既平凡又卓越的人生。

参军报国、父子同心

从老子故里太清宫向西大约 45 千米,是鹿邑县的辛集镇。董涛的祖籍就在辛集镇上。到其爷爷这一辈,虽念过私塾,但因家贫不得不外出谋生。爷爷一根扁担挑两筐,就是全部家当,逃荒到离辛集镇南 3 公里的张小寨村,为村集体种菜,看菜园子,从此落户到张小寨。

董涛的父亲董玉华今年已经 76 岁,是一名老军人,转业干部。1965 年底参军,在北京服役于空军司令部直属部队通信团,属通信兵。1978 年 8 月,因家中年迈的父母需要照看,董玉华转业回到鹿邑县。

董玉华膝下有三子一女,董涛排行老三。其中老大董云飞,1986 年参军,服役于中央警卫团。三子董涛,1995 年参军,在沈阳军区陆军第 40 集团军军部,1996 年 7 月加入中国共产党。

董涛一米八的身材,体格硬朗,作风雷厉。提及部队的往事,董涛说:"我是通信兵,在部队,我是司令部的打字员。最难忘的是当时军务处处长潘良时上校的教导。他教导我:'小董,一定要记住三句话——在哪个位置上,说哪些话,做哪些事。'"

长官的话言简意赅,本来是一句话,却说出了三个重点,就成了"三句话"。你在哪个位置上,应时刻明确牢记职责。你该说哪些话,应时刻站牢立场。你该做哪些事,应时刻立即执行。在司令部受到的教导永远铭刻在董涛心中。

提及能到司令部当打字员,中间是一种机缘巧合。初入部队的前两个月,董涛在警卫调整连的队列班,也叫标兵班。两个月时,司令部缺一名打字员,当时打字室有两个人,一个是老班长,另一个复员了。

警卫调整连,也叫警卫连,这是一个保卫司令部正常运转的一个连队。

来警卫连挑兵的是一个副处长,姓王,中校军衔。挑兵时,连里先挑出 12 名新兵,于 12 个兵之间,董涛被幸运挑中。

当时挑兵,啥标准?一看文化水平,二看个头,三看精气神。

打字室的工作对于董涛来说,奠定了他后来人生发展的一个基石。当时部队里刚刚有电脑,许多人不会用,需要从头学习。

"我现在的文字素养,得益于那时。他(潘良时,现任陆军副司令员、中将军衔)经常编制集团军发展规划,给集团军首长起草讲话稿。他说着,我打着,打完之后,他圈圈勾勾,马上调整到位。业务要求必须准确。我现在的文字功底得益于他!"回首往事,董涛心存感激。

从另一个方面看,军部的文稿是站在全军的高度思考问题,这种熏陶,提升了董涛的思维方式,他领悟到:人生,做事必须弄透彻。

处长是怎么教的,董涛就是怎么干的。本职工作要干好,言和行都要围绕本职工作,并且必须做好。"你是个打字员,你就要把自己的本职工作钻研好,要做哪些事,就要身体力行,做得出来。"

1996年5月,全军打字员大比武。董涛的纪录是每分钟146个字,以全军第一名的成绩胜出,一百个字误差在2个字以内。这次技术大比武,董涛荣立三等功。同年7月,光荣入党。

1997年,董涛退伍。

永不褪色,商场作战场

《道德经》上篇"道经"中载:上善若水,水善利万物而不争,处众人之所恶,故几于道。大多数人崇尚水的至善至柔,董涛的人生追求的就是像水一样生生不息、滋润万物、造福他人、回报社会。

道,说的是为人之道。然而,退伍之后,道路在哪里?

老大董云飞退伍后回家乡做了一名小学教师,先是民办教师,后来考了公办教师。而对于老家,老三董涛是不愿回去的。"那时候豫东很苦,苦到啥程度?我现在不吃红薯。豫东那时候红薯是主粮,红薯汤、红薯面、红薯馍,一天三顿离了红薯不能活。"

在董家,父亲董玉华是家庭的支柱,是子女的榜样,所有向上的动力都来自自己内心,达则兼济天下,穷则独善其身,豫东汉子骨子里面有这种韧劲。

"父亲说过一句话:靠天、靠地、靠老子,不算好汉。有本事自己来。"董涛回忆。

退伍之后,董涛没有回鹿邑。

1997年,中国大城市里面会打字的人还比较少。董涛由于对电脑很熟悉,就在打字的同时,学习了美工设计。1997年,是中国经济高速发展的年代,广告行业迎来了雨后春笋般的快速发展时期,平面广告和户外广告在这一时期对企业的销售作用非常显著。

这一年,退役之后的董涛选择了留在北京找工作。凭借自己对计算机的熟练程度和过硬的专业技能,他进入了北京西京广告有限公司。经过短暂的自我调整和适应,成为北京西京广告派驻四川成都的分公司经理。这个时期的主营业务是户外广告和丝网印刷,以设计制作作为主营业务。

良好的个人形象和过硬的技术素养,加上特殊的对新事物的学习能力,让董涛在新的岗位上站稳了脚跟,并取得了良好的经营业绩。在成都任分

公司经理期间,他结识了四川姑娘张茂仪,也就是现在的妻子,收获了爱情。

2000年底,在成都工作4个年头的董涛辞去工作,回到郑州,开始组建自己的企业。企业的名称叫"远方",河南远方照明标识有限公司(简称"远方公司")。

世纪之交,一个怀揣诗与梦想的青年来到郑州火车站,决心拼一次。这时的他已经掌握了创办远方公司的技艺。"当时成都的广告制作水平要比郑州领先五到八年。"董涛回忆。

那一刻,意味着一个雄心的开始……

逐鹿中原,梦向远方

千禧之年,郑东新区蓄势待发。当时的老107国道还没有改名为中州大道,郑东新区还是一片"洪荒之地"。

董涛厂址选在新郑路上的郑州帆布厂,主营广告标识,核心技术是丝网印刷及吸塑灯箱。

技术是4年工作经验沉淀下来的,胆识是自己的。随后这十年,董涛从血缘亲情开始,带出了一个驰骋沙场的广告军团。

那个时候,中国教育体制正在发生根本性的变革,高等教育学府发生兼并重组大潮。高校在这场改革中重新洗牌。2000年7月,原郑州大学、郑州工业大学和河南医科大学三校合并组建新郑州大学。2001年,郑州大学商学院成为河南省高校中首家被批准开展工商管理硕士(MBA)教育的学院。八年后的2009年,新的郑州大学被批准为河南省唯一一所开展高级工商管理硕士(EMBA)教育的院校。

在时空的交替之间,某些人某些事正在为某个梦想汇集。首次创业即宣告成功的董涛在为自己的人生积聚经验和财富。远方公司很快凭借技术优势成为中原地区的"灯箱大王,丝印专家"。

到2003年,"远方照明"已经占到河南广告标识灯箱70%的市场份额,处于龙头地位。这个时期,鹿邑老家的表兄弟多被召集来到郑州,成为远方公司的中坚力量,二哥董建民也来了。当时,郑州公安系统派出所的户外照明指示灯箱大部分出自"远方"。

2004年,董涛又做了个在当时看来惊天动地的动作。远方公司购进了河南第一台以色列进口的UV平板打印机,一台机器60多万元。

"2004年的60万能买两套全款房。"董涛说。

到2005年,河南远方照明标识有限公司已经开办了七家分公司:新乡、邯郸、菏泽、西安,以及郑州的三家。在7家分公司之间,董涛赢得了一个雅称——"远方校长"。

表弟张爱廷曾经跟随董涛在成都,后回郑州,现在也独立运营一块。妻子的哥哥张永福 2003 年自深圳来郑州跟随"远方公司",5 年后,于 2008 年也独立运营。据张永福介绍:"从董涛这里培养出去的从业老板不低于 40 人,其中包括原来分公司的老总,以及在'远方公司'工作过的员工。"

这个时期,董涛获得了财务自由,家庭幸福美满。

问道大学,布局"纳百川"

20 世纪中国新道家代表人物林语堂说:"梦想无论怎样模糊,总潜伏在我们心底,使我们的心境永远得不到宁静,直到这些梦想成为事实才止,像种子在地下一样,一定要萌芽滋长,伸出地面来,寻找阳光。"

退伍的时候,有一件事,或许是一粒种子,埋在董涛心里。那年,他报考军校,未能如愿。这粒种子随着人生的成长逐步萌芽。

2008 年,董涛开始谋划转型。两年后,他逐步从"远方公司"的业务中抽出身来,以开辟人生新天地。至于为什么在商业的顶峰转型,后来的解释给出了答案,当时亦为周边人所不理解。

2012 年 5 月,董涛北上,读清华大学私募基金管理研修班。两年修业期满,主营业务转向投融资。

在清华学堂,他遇到了人生的贵人,中国农业发展银行河南省分行的杨炳欣和杨百路两位学长。在两位学长的指导下,依托清华投融中原同学会,2014 年 11 月,河南纳百川资产管理有限公司(简称"纳百川资本")在河南省省会郑州成立。

中原同学会中有 264 名本土投资机构掌门人,形成了上下游资源对接的闭环。从此,"纳百川资本"以产融结合为切口,涉足金融行业。军人敢作敢为,勇于承担的风格体现出来了。2015 年 8 月,中原股权交易中心成立之时,纳百川资本成功进入首批保荐机构名录。

纳百川资本先后投资服务了好想你、雏鹰农牧、双汇国际三家上市公司,伊赛牛肉、厚基化工、鸿盛数码等 16 家新三板公司,为中原股权交易中心推荐了近百家挂牌企业,纳百川资本对接投融资规模近 18 亿元人民币。

"百战归来再读书"在 21 世纪初被商界传为佳话。商场上的成功反哺知识上的短板,同时,再通过学习打通自我内在和外在的气场。

2015 年 7 月,董涛进入郑州大学商学院 EMBA 第 12 班学习,任班级党支部书记。这个班是历年来郑州大学商学院质量较高、人数较多的一个班级。在商学院,对董涛影响最大的人是班主任郭国峰教授。郭国峰既是班

主任,又是郑州大学商学院 MBA 中心主任,还是董涛在商学院的硕士学位论文的导师。董涛的硕士论文的题目是《N 资产公司股权激励方案设计》,此课题属于人力资源管理方向,在此专业上得到了郭老师的精心教导。

郑大商学院 EMBA 毕业之后,对于董涛而言,一个更加宏大的构想产生了。

董涛和他的团队在十年间服务一千多家中小企业的过程中,积累了庞大的数据资源。他们着力为企业注入从"股权布局"到"合伙机制"相结合的裂变发展基因,建立从"资本运营"到"持股平台"相结合的股权融资机制,打造从"顶层控制"到"底层动力"相结合的股权激励体系。

他们注册商标"易合伙",研发《企业动态股权激励合伙人方案》在线SAAS 服务软件,该系统细化公司治理一级指标 11 项、二级指标 163 个,共独立拥有 11 项核心底层逻辑和计算机算法的原始知识产权,被河南省科技厅认定科学技术成果奖 7 项,首创中小企业合伙人方案互联网在线设计先河,打破了时间和空间的限制,让天下的企业合伙人合得长久,合得愉快!

农业大学哈密班授课

2017 年 12 月 25 日,河南纳百川教育科技发展有限公司成立(简称"纳百川教育")。

"纳百川教育"的作用是为"纳百川资本"项目库建设提供入口,通过咨询辅导,促进企业规范化治理,同时为企业经营赋能,提升经营业绩,提升持续发展的能力。而良性运转的、规范化的企业,则是纳百川资产管理公司股权投资的对象。

从投融资到"纳百川教育",从"纳百川教育"再到企业股权专案咨询,最后到"易合伙"在线 SAAS 服务系统,输出服务全部是针对解决企业的原动力发展制度建设问题,三者形成了解决企业内部动力问题的全链条,形成了服务的闭环。

董涛说:"纳百川教育公司重点只做两件事,一是以课程的形式向企业输送治理过程中的发展方案,这个靠师资力量来实现。二是为企业输送专案服务,输出企业订制化方案,确保项目落地。"

德国哲学家尼采说过:"我们走得太快,是该停下来等等自己的灵魂了。"对于董涛而言,走进学堂,就是休息调整状态的过程。调整过后,人生焕发出了更加蓬勃的动力。

作为一个学习者,2010 年之后,放下的"远方照明",托起的是"纳百川"。这两次创业的十年,在茫茫的商海之中,是悄然起航。华丽之处,全是无缝对接。

服务"双创",心怀天下

2014 年 9 月,在夏季达沃斯论坛上,国务院总理李克强首次提出:"大众创业、万众创新",自此,"双创"成为这个时代的烙印,通过创业实现自我价值,带动他人就业,创新驱动发展,实现中国经济良性循环。

"双创"更多的是面对中小企业,激发中小企业的活力。作为一名成功转型的企业创始人,董涛常常挂在嘴边的一句话是"在'双创'背景之下,更好地为中小企业做好企业治理和股权投融资服务,不让企业掉坑里,少走弯路"。

深入企业辅导

2010 年之后,董涛专注企业股权投融资服务 10 年,累计服务企业已达 1 376 家,影响上千万人。作为纳百川企业创始人,同时,他肩负着更多的社会责任。

2016 年 12 月,他被郑州市人力资源和社会保障局聘为郑州市大众创业导师。2017年4月,河南省人力资源和社会保障厅聘他为河南省大众创业导师。2017年9月,共青团河南省委、河南省青年企业家协会,聘请他为"创出彩"河南青年创新创业导师团导师。2018年,他被河南工程学院、河南科技学院、郑州财经学院、河南财政金融学院、郑州升达经贸管理学院、许昌学院等多家高等院校聘为创业导师。2019年1月,郑州市人民政府聘他为郑州市科技创新创业导师。2019年9月,河南省人力资源和社会保障厅聘他为特邀监督员。2020年7月,农业农村部聘他为农业创业培训全国共享名师。

作为河南省优秀创业导师和国家农业创业培训全国创业名师,他平添几分责任,以至于更多的时间出现在担任双创大赛评委、给创业者授课、辅导企业成长的路上。

乡村振兴,产业兴旺是基础,人才支撑是关键。河南省是农业大省,但不是农业强省,是人力资源大省,但不是人力资源强省,结合河南省农业现代化、农民职业化、农产品品牌化的三农发展思路,随着高素质农民培育工程的深入实施,一大批爱农业、懂技术、善经营的高素质农民不断发展成长,成为深化农业农村供给侧结构改革和引领现代化农业发展的中坚力量,为乡村振兴赋予了新动能。国家鼓励中小企业创新,鼓励第三方机构为中小企业进行赋能,解决企业发展过程中公司治理、股权结构等方面的问题。这也是"纳百川教育"面临的机遇,也是"易合伙"最能发挥优势的领域。

关于创新,董涛阐述道:"创新分为原创新和微创新,就中小企业而言,主要是微创新,微创新指在现有技术已经成熟的情况下,打破边界,重新组合,实现创新。例如摩拜单车,单车不是它自己生产的,支付通道也不是他自己的,摩拜单车解决的是公共交通之外的最后一公里的问题,属于他自己的,只是一个APP终端应用系统。原创新则大部分由高校实验室、军工企业、国企、央企等国家实验室承担。"

作为河南省高素质农民培育讲师团团长,这一新的身份无疑会占去董涛更多的精力。对此,他乐此不疲。"人活着为啥?不仅仅是为钱,活着的意义还在于能够影响更多的人,服务更多的人,为社会多做一些有意义的事,创造更大的社会价值。"

从葫芦岛标兵班的一号兵,到锦州军部的打字员;从走出军部的一名打字员到广告公司成都分公司经理;从清华大学的一个培训班学员到全国共享名师;从一个创业者到优秀创业导师。他从来都是给点阳光就能生长,给点机会就能进步的奋进者,一步一个脚印,一次一个台阶,向着自己的梦想前进。

成功密码,大道至简

据2019年国家工商总局统计,中国的企业法人主体有1.23亿户,其中,中小企业有3 858万户,而"纳百川"就是致力于解决中小企业发展中的公司治理问题。它既不解决市场的问题,也不解决产品的问题,只解决企业内部的问题,解决怎么合伙,怎么长久地经营下去的问题。

他梦想像华为任正非所说的那样,分好蛋糕才能做大蛋糕! 华为能够走到今天,得益于分钱分得好。企业分配好股权和利益,可以助力企业吸引人才、资本与资源,共同做大蛋糕,成就的是"创业故事",分不好,做不大蛋糕,酿成的是"创业事故"与中国"散伙人"。

董涛的战场在下一个十年!

让我们来聆听一次与董涛的对话。

问:对您人生影响最大的人是谁?

董涛:父亲。

问:被授予郑州大学商学院EMBA优秀校友荣誉称号,您觉得自身的哪些特质成就了自己?

董涛:逻辑性强,善于表达,待人真诚,凡事都有交代,做人靠谱。

问:对您影响最大的导师是谁?

董涛:郑大商学院的郭国峰教授。

问:最令您不能忘记的同学是谁?

董涛:郅英武。他是校友会秘书长,是个乐善好施、团结同学的热心人。

问:十年前,您在"远方公司"如日中天的时候选择了放弃,真实原因是什么?

董涛:这个行业有天花板。广告标识行业的进入门槛低,又很难把定制化的产品做到标准化,难以形成工业化产品。

问:第三个十年,您的规划是什么? 是"易合伙"吗?

董涛:是"易合伙"。该系统主要解决企业发展中突出的七个方面问题:一是解决生意好做,伙计难搁钱难分的问题;二是解决员工朝秦暮楚、出工不出力的拴心留人,实施股权激励中给予多少的问题;三是解决团队成员之间不患寡而患不均的个量科学分配问题;四是解决企业实施股权激励和融资中,公司做大了却喊别人叫爹的企业主控制权问题;五是解决企业请神容易送神难的合伙人退出问题;六是解决企业到底值多少钱的估值问题;七是解决企业收钱收心中的股权激励不规范而走上非法集资、非法吸收公众存款罪的法律风险问题。

在5G背景下的互联网时代,"易合伙"实现了企业管理咨询的无形产品变成有形产品的质的转化,无形产品做到流程化、可量化、数据化、工具化。"易合伙"在线SAAS服务软件把无形的产品变成标准化的产品,利用互联网

打破时间和空间的限制，让我们的思想体系通过智能系统能服务到更多的人，这就是我的梦想，也是最好的商业模式。

问：作为"双创"导师，您对中小企业的发展有何建议？

董涛：建议有三点：一是聚焦专注主营业务，打磨出尖刀产品，产品要有锐度。二是注重市场渠道建设，特别是在市场营销方面，一定要充分运用好互联网新媒体时代下的"两微一抖一快"（微博、微信、抖音和快手）工具，做好社群营销和会议营销。三是顶层布局企业合伙人之间的制度性安排，规范公司治理，构建公司风险防火墙。

问：您的座右铭是什么？

董涛：人生路上，永不停歇！

问：您业余时间喜欢做什么？

董涛：打篮球，这项爱好在部队就养成了习惯，退伍后每天坚持1.5个小时。现在我组建了一支80多人的球队，由篮球爱好者组成。平时还喜欢阅读，爱读《商界》类杂志，还读一些金融类的专业书籍。

问：请您诠释一下纳百川的企业文化。

董涛：大道至简，海纳百川。专业方面，我们的理念是产业为本，金融为器，产融结合，助力企业有序发展，助推中国经济腾飞。

"道，可道，非常道。名，可名，非常名。无名，天地之始；有名，万物之母。"这是《道德经》的开篇。哲学圭臬只可领会，不宜解释。小时候受的苦永远令人无法忘怀，那是人生的起点。"万物负阴而抱阳，冲气以为和。"没有当时的苦，就不会有后来之勇毅。

经过郑州大学商学院的系统学习与学术深造，董涛的思想体系得到加持，他将承载着学院的荣誉与导师的嘱托再出发！蓦然回首，此正是，人生已至中场，踏平坎坷成大道，岁月如歌，我辈岂是蓬蒿人？

编者语

董涛的故事给创业者几点启示：一是不以出身论英雄，只要志存高远，方向正确，踏实勤奋，行动力强，每个人都有成功的可能。二是在什么位置，说什么话，做哪些事。每个人在职场（事业）进阶犹如游戏中的升级打怪，不可能一步登天，所以要时刻明确牢记职责、时刻站牢立场、时刻立即执行，走稳每一步，才能夯实成功之路的地基。三是要敢于跳出舒适圈，延迟满足感，才能不断成就新的自己。

民营企业的奉献与担当

——文旅扶贫带头人　王亚洲

人贵在自知，自知方能自省，
自省才能自强。

王亚洲

个人简介

　　王亚洲，男，汉族，1975 年出生于河南省南阳市方城县，硕士研究生学历，高级工程师。

　　2003 年就任南阳市五朵山旅游开发有限责任公司董事长，2004 年担任河南中原钙业有限公司董事长，2006 年当选为中国人民政治协商会议南召委员会委员；2007 年被南召县工商联合会选举为副会长；2008 年被评为南召县"优秀政协委员"；2009 年被南召旅游协会选举为县旅游协会会长；2009 年当选中国人民政治协商会议南阳市第四届政协委员；2011 年担任河南中利精细化工有限公司董事长、河南五朵山实业（集团）有限公司董事长，

2011 年当选为南召县工商联副主席、副会长,同期被中国民营科技促进会授予 2011 年度民营科技发展贡献奖;2012 年当选为南召县人民代表大会常务委员、河南省第十二届人大代表;同期被评为河南省旅游系统先进工作者、南阳市"优秀民营企业家";同时他的企业也被评为省、市、县旅游先进企业及全国优秀民营科技企业;2013 年任河南省扶贫开发协会理事;2017 年当选南召县工商联副主席,同期被评选为"南召县第六届拔尖人才";2018 年被河南省南阳市脱贫攻坚领导小组评选为"个人奉献奖"。

絮语

"人贵在自知,自知方能自省,自省才能自强",这是王亚洲时常挂在嘴边的话。他深知实现目标的道路绝非坦途,有梦想还要有筹划、有行动,才能把事业做得更好更大。创业之初,他科学论证做规划、奉献拼搏做基建,以实干精神夯实每一步;小有成就后,他不忘初心回报社会,勇担扶贫攻坚重任,将一家小微企业发展成为一家有责任、有担当、有使命感的多元化的集团。他的故事可以给创业者带来很多思考,比如做企业到底是做什么?

拼搏奉献,筑牢企业发展根基

"只有想不到的,没有做不成的",这句朴实却又充满哲理的话,是河南五朵山实业集团董事长王亚洲 20 多年来一直坚信并践行的座右铭。他牢牢把理想与本职工作结合起来,凭借饱满的热情、过人的胆识、卓越的远见和不屈不挠的创业精神不断书写创业奇迹,谱写出亮丽灿烂的人生华章。

自 2002 年以来,王亚洲带领公司领导班子成员,坚持和贯彻党和国家的方针政策,以真抓实干、开拓创新为创业理念,克服种种困难,为集团的发展奠定了良好的基础,在市场起伏跌宕的大潮中立于不败之地。目前集团拥有员工近 400 人,中高级职称以上 30 余人,总资产达 7.36 亿元。下属 9 家子公司,经营业务涉及旅游开发、地产、采矿、精细化工等板块。

集团旗下五朵山景区位于国家扶贫开发重点县——南召县四棵树乡境内。景区开发初始,王亚洲采用"走出去学习,请进来指导"的办法,带领公司成员先后到其他地区进行考察学习,学习归来又邀请省内外知名旅游、地理、历史、宗教、农林界专家,来景区实地考察论证,科学规划五朵山的旅游开发项目,致力于将五朵山这一秀美的山水风光和底蕴深厚的道教文化,打造成国家 A 级景区,让这"久居深山的闺秀"走出山来,让更多世人欣赏它、品味它、赞美它。

至 2003 年初,项目累计投入资金 3 亿元,克服了高山严寒、酷暑缺水等重重困难,让景区具备了开游基础条件。先后完成了 207 国道至五朵山万福宫游览区 19 公里公路建设;万福宫游览区至金顶 4.5 千米登山步道建设;主景区水、电、路、通讯畅通。同时,投资 3 500 万元收购了南阳第一条旅游观光索道;建设了祖师宫、玉皇殿、财神殿、药王殿、文昌庙等道教文化设施;招商引资建设了五朵仙庄,北顶度假村等服务接待设施,扶持了北大河村、大石窑村及大柳树村 20 多所农家乐建设。2009 年初秋,根据景区和游客需要,追加投资 5 000 余万元,完成了五朵山金顶祖师殿、步道栏板、四星级迎宾馆、游客服务中心等工程的复修和建设。至此,五朵山景区可同时满足接纳 500 多人的会议,供应 700 余位游客的餐饮住宿和数千人游观的需求。景区年创利税 1 000 万元,有力地推动了当地的经济发展。

2012 年,旗下五朵山景区经济指标取得历史性的突破,完成全年收入 1 500 万元,游客人数达到历史新高,全年进山人数达 20 万人次;景区成功升级为国家 AAAA 级旅游区。

然而,这一切的骄人成绩并没有使"五朵山人"王亚洲停步不前。2013 年,王亚洲紧抓热点,依据政策,瞄准市场,及时推出一系列惠民游、低碳游等相关旅游热点项目,将景区打造成集娱乐、休闲、养生、度假于一体的综合性景区。

王亚洲考察民宿项目并与行业大咖进行交流

随着知名度的提升,景区不断承接高端会议并举办大型活动。2013 年承办了河南省索道专业委员会议、郑大商学院研究生移动课堂、南阳市"五朵杯"太极拳大赛……继而又投资 3 600 万元,对长 20 公里环山道路按国家三级道路标准进行升级改造,以改善大型车辆通行条件;投资 500 万元,对暴瀑峡进行升级改造;针对金顶和万福宫庙宇群集中现有神像香炉、彩绘等进

行重修美化,设立"北顶"以"特色养生+论道"为主题的道学院,让人们真正体会"悟道五朵山,养生九龙湖"。近三年来,又连续投入5 000万元对迎宾馆进行了升级改造,新建了云上山居项目,打造了蓼花汀精品民宿、大石窑特色民宿、高山露营帐篷酒店、环湖船坞等项目,产品不断得到升级,服务更加完善,承办了"三山同登""太极文化旅游节""南阳市首届农民丰收节"等重大活动。

王亚洲推介五朵山蓼花汀民宿

勇担重任,扶贫攻坚成果丰硕

南阳市五朵山开发有限责任公司是河南省重点旅游企业。新一轮的脱贫攻坚实施以来,王亚洲牢记"企业发展,回报社会"的初心,带领公司上下积极投身于扶贫攻坚的主战场,在当地党委政府的统一领导下,在多种扶持政策的激励引导下,主动探索多种旅游扶贫模式,让景区贫困群众乘着旅游开发的东风,寻找就业机会,发展服务产业,多渠道增收致富。

一、探索灵活多样的就业帮扶形式,积极吸纳贫困群众务工增收

针对景区大量贫困户因资金、技术、家庭成员健康状况、孩子上学等各种原因,自我发展产业受限和无法外出务工的困境,公司专门建立了四棵树乡建档立卡贫困户劳动力资源库,景区日常经营、建设、维护所需的保安、环卫、售票、导游、维修等岗位用工需求,优先吸纳安置景区周边贫困人口。一是对有一技之长或满足岗位条件的贫困户家庭劳动力,优先聘用为长期员工。二是对因家中有患者、老人需要照顾,不具备长期用工条件的贫困户家

庭劳动力,优先安排季节性、临时工劳动岗位。三是结合景区建设需要,由公司牵头,组织景区范围内各村有建筑施工经验的贫困户劳动力参加,成立了五朵山景区贫困户专业施工队,承担景区工程建设任务。近两年,已累计聘用景区贫困户 23 人为长期员工,年工资性收入 18 000 元以上;依托工程建设带动景区贫困户 52 人,人均年劳务收入 12 000 元以上,80% 以上的户达到了"1 人景区务工、全家收入脱贫"。同时,先后为景区周边贫困群众安排季节性岗位 37 人,提供临时性用工岗位 1 180 人次,人均年增收 6 000 元以上。

二、倾心打造"扶贫商铺",帮扶贫困户依托景区营商创收

结合景区旅游商贸发展规划,公司在景区主要区域建设商铺百余间,计划近期在三个游客服务中心分别再建设商铺 100 余间,全部作为脱贫过渡房,采取租金减缓等措施,优先支持懂经营的贫困户承租从事个体商贸服务业,经营特色小吃、旅游纪念品及特色农副产品销售等。具体操作模式为"一帮一带",即一户贫困户经营必须带动另外一户贫困户参与务工;对有经营头脑的非贫困户经营要求"一户双带",即一个商户必须带动两个贫困户参与经营或务工。通过这一模式,将直接带动 200 户贫困户年均增收 8 000元以上。目前已有 15 户贫困户直接承租经营,公司给予租金全免优惠。

王亚洲带领公司管理团队深入贫困户家中访贫问苦

三、探索"五位一体"产业扶贫模式,引领景区群众大力发展旅游特色产业

针对景区群众一家一户分散发展产业风险高、增收难的困难和顾虑,公司与乡党委政府通力协作,探索采取公司+合作社+基地+电商+农户"五位一体"产业扶贫模式,公司牵头成立了南召县利众种养殖农民专业合作总社,同时以村为单位成立了 26 个合作分社,与公司合作发展食用菌、中华蜂、生态有机鱼类养殖,九龙湖旅游项目及香菇的种植与加工,以合作总社为管理平台和经营核算实体,与景区合作打造 1 个年产各种菌类 40 万千克的食用菌种植基地,1 个年产各种有机鱼类 15 万千克的水产养殖基地和年产量 3 万斤的野山蜂养殖基地。公司与合作总社分别签署了《合作社+企业合作协议书》《产品包销协议》《扶贫帮带承诺书》。合作协议约定:合作社生产的各类旅游手工艺品、纪念品和农副产品,公司均实行保护价包销,依托景区购物中心、"扶贫商铺"和"电商"平台销售;对带资入社的贫困户社员,按投入资金分配股份,享有保底分红的权利,保底额度为每万元每年保底分红 640 元,其他盈余按照净利润分配。若合作社盈余不能保证社员分红,不足部分由公司补足,公司另外按照注入本金的 1% 支付村级合作分社作为管理费用,彻底打消贫困户的后顾之忧。目前,合作社已发展社员 1 200 户,其中带资入社社员 732 户,社员入股资金总额近 500 万元。合作社九龙湖旅游开发项目已累计投入 200 多万元,投放各类鱼苗 30 万尾,购置大小游船 16 艘,吸纳 16 户社员(其中贫困户社员 4 户)直接参与游船劳务经营,户均年劳务增收 8 000 元以上。公司与乡政府共同出资建造年均 50 万袋规模香菇种植大棚和标准化车间。两个项目达产预计每年可带动 400 户贫困户实现脱贫致富。

四、"扶贫再贷款+村级公益岗+建档立卡贫困户"权益扶贫模式

2017 年南召县被国家旅游局确定为第二批国家级全域景区化建设示范县,公司作为全域景区化示范企业和旅游扶贫龙头企业,先后以自有资产抵押累计申请获批扶贫再贷款资金 5 800 万元,实施一系列"AAAA"级景区升级改造项目。公司在自身建设资金紧张的情况下,毅然决定将扶贫再贷款政策释放的优惠利率红利及时兑现给贫困户。为确保资金扶持对象精准,公司与乡党委政府协商拟定了扶贫再贷款权益定向带贫方案,商定将年龄大于 60 岁和因缺少合适的产业项目,不愿或不能取得扶贫小额信贷直接扶持的这部分特殊困难群体作为帮扶对象,定向帮带 580 户。公司与贫困户及其所在村组集体签定向带贫协议,约定由村组集体每月至少为帮扶对象安排 3 个公益劳动工作日,如护林、防护、村庄保洁等。经村集体考核,公司按

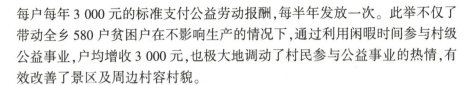

每户每年3 000 元的标准支付公益劳动报酬,每半年发放一次。此举不仅了带动全乡 580 户贫困户在不影响生产的情况下,通过利用闲暇时间参与村级公益事业,户均增收 3 000 元,也极大地调动了村民参与公益事业的热情,有效改善了景区及周边村容村貌。

五、"产业帮扶+技能培训"扶贫模式

五朵山景区面积为 126 平方千米,区内有 8 个行政村,80 个自然村,总人口 8 972 人,景区群众的综合素质与景区形象荣辱与共。公司始终坚持把景区发展、产业扶贫和提升景区群众综合素质有机结合起来,依托公司平台与合作社平台,建立常态化的旅游人才和产业技能培训机制。一是结合景区形象提升工程,常年组织对景区住户和群众导游开展文明礼仪培训,引导景区群众文明待客。二是不定期组织农家客栈、特色民宿、"扶贫商铺"经营者外出参观考察,学习先进的经营管理经验,培育乡村旅游带头人。三是依托合作社平台,不定期开展种植、养殖、特色产品加工等实用技术培训,提高社员群众致富能力。近两年来,已先后组织各类培训 9 次,累计参与培训群众 380 余人次。去年上半年,根据中华野山蜂养殖基地建设的群众需要,公司联合合作社聘请县内养蜂专家专门组织了养蜂技术培训。培训结束后,公司现场为有养殖意向的 67 户贫困户无偿发放蜂箱 300 个。按公司包销价格计算,仅此一项产业,带动 67 户贫困户年均增收 4 000 元。

六、效益共享及捐赠助学帮扶模式

1. 效益共享扶贫模式

公司结合景区发展规划,逐步把景区内贫困村、贫困户的闲置资产,如荒坡、林地、房屋、宅基地等纳入景区统一经营管理范畴,鼓励农户通过租赁形式将闲置资产交由公司经营,目前已经有 37 户参与(其中贫困户 19 户),带动相关村组年增加收益 30 余万元。其中村集体增加收益近 10 万元。同时,积极引导、支持和帮助有条件的农户利用闲置的住宅,创建高端农家客栈及特色民宿,为游客提供个性化餐饮住宿服务,达到辐射一域、富一方百姓的良好效应。

2. 捐赠及助学帮扶模式

公司热心于社会公益事业,常年参与社会捐赠和助学活动。专门创建四棵树乡在校生实习平台,积极支持和吸纳全乡有意向的在校大学生和高中生利用暑期到景区实习或务工,公司在提供住宿的同时,另按每人日工资不低于 80 元支付劳务报酬。

通过上述多种形式的帮扶模式,集团已实际带动四棵树全乡 25 个行政

村2 052户、6 000余名建档立卡贫困人口逐步实现脱贫,先后荣获"河南省扶贫先进单位""南阳市旅游扶贫先进企业""南阳市捐资助学先进企业"等荣誉称号,去年被河南省扶贫办推荐为"国家旅游产业扶贫示范企业"。王亚洲被省级脱贫攻坚领导小组颁发"个人奉献奖"。

王亚洲在把企业做大做强的同时,始终不忘自己肩负的社会责任,积极参加各种公益活动,热心慈善事业,用爱心回馈社会。他总说,人的价值不在于拥有多少财富,而在于对社会的贡献有多大。随着公司的长足发展,他更加重视企业的社会效益,争取在更大的空间中奉献自己的公益爱心。

2006年南召水灾,他积极捐助灾民水泥360吨,帮助灾民灾后重建;2008年"5.12"地震,积极为灾区捐款数十万元,向灾区同胞献出爱心;2010年南召水灾,在积极向灾民捐款的同时,捐助建材材料500吨,帮助同胞重建家园;先后向贫困山区、教育机构、扶贫部门捐款近300万元;2012年8月,向南阳市扶贫办捐献扶贫基金44 000元;先后资助近35名家境贫寒的大学生,救助58名特困孤寡老人;2016—2017年分别为四棵树乡两个贫困村村部建设捐赠15万元、13万元;2019年为该乡脱贫能手创业捐赠10万元。近三年先后为该乡考上大学的贫困户学生93人累计发放奖学金20.8万元。2020年疫情期间向南召县疫情防控指挥中心捐赠了价值15余万元的医用酒精、口罩、防护服等抗疫物资。目前,王亚洲捐助社会公益活动累计达500多万元。

在他的带领下,集团的发展一步一个脚印,由小到大、由弱到强。几年来,五朵山实业集团不仅创造了较好的经济效益,同时也取得了良好的社会效益。王亚洲由此成为同行业的佼佼者,他的企业也成为南召的龙头企业。在他身上,体现了一个成功者的大家风范。"欲穷千里目,更上一层楼"。在成就和荣誉面前,他没有丝毫懈怠与骄傲。他正用他那充满智慧的大脑继续勾勒着五朵山集团更美好的明天。一项项的荣誉光环背后,是一位民营企业家长年累月、默默无闻的奉献,也代表着社会对王亚洲的认可与肯定。

王亚洲常说:企业发展,离不开党和政府及社会的关注支持。真正的企业家要勇于承担社会责任,甘于奉献,造福周边群众。"人生的意义在于奋斗,尽管拼搏的漫长过程是艰辛的、痛苦的,却是过瘾的,更是珍贵和永恒的。我能做到的就是以我个人的力量,尽最大可能地帮助那些需要帮助的人群……让我们每个人都常怀一颗感恩的心去回报这个社会。"

高屋建瓴,翻开事业新篇章

王亚洲仍在不断地思考和探索,力争在南召县域经济建设中走出一条切实可行、实用有效、可持续的企业发展、群众增收、经济社会效益稳定提升的共赢之路,为扶贫攻坚和乡村振兴贡献最大的力量,让扶贫成果经得起历史检验。经过不断地思考和探索,王亚洲又一项大手笔项目正在运作:总投资 2.8 亿,涵盖文创、帐篷露营、滑雪滑草、花卉种植与温泉休闲、农耕采摘、传统铁艺、手工竹编工艺等八大主题的五朵山民宿项目总体规划已经完成,且进入实施阶段。相信在不久的将来,一个全新的立足于"三个特色风情小镇、三个高端民宿度假区、四个游客中心服务区、八个游客换乘服务区"建设的国家级旅游度假区及扶贫攻坚乡村振兴示范区,将会在王亚洲的手中应运而生。

王亚洲说:"做企业要与时俱进,不断满足人们的物质文化需求和精神需求,这样的企业才有生命力。"随着企业的不断发展,产品日臻完善,服务功能更加健全,经营实力不断提升,行业的带动功能不断增强,"造血"功能持久运转,承载于河南五朵山集团平台的区域乡村振兴建设将会跨上新台阶,河南五朵山集团将会为决胜全面建成小康社会积极贡献出更大的力量。

编者语

发展企业,造福乡里,致富不忘老百姓,这是王亚洲作为一名企业家大写的担当与美德。脱贫攻坚的战场,需要这样的本土企业谋大局,挑大梁。创新的模式探索,可落地的实施方案,看得见的成效改观,这背后有太多看不见的用心与艰辛。王亚洲的奋斗历程是我国建设美丽中国、推动乡村振兴大军的生动缩影。

坚持国际化视野，办中国特色民办教育

——河南永创教育集团董事长　陈战勇

家国情怀，为教育强国筑梦。

——陈战勇

个人简介

　　陈战勇，男，1979年10月1日生，河南通许人，郑州大学工商管理硕士，北京外国语大学民族区域经济研究方向博士，郑州新密五届人大代表，高级经济师，北京外国语大学董事，北京外国语大学永创教育基金会发起人，河南永创教育集团董事长，河南信息工程专修学院院长，九三学社郑州师范学院委员会委员，九三学社河南信息工程学院委员会主委。个人独资创办河南永创教育发展有限公司，旗下所属郑州绿业信息中等专业学校、河南信息工程专修学院、北京外国语大学附属郑州外国语学校，现为北京外国语大学附属郑州外国语学校校长，优质民办教育管理实战专家。

絮语

　　民办教育在我国历史悠久，无论是春秋时期孔子的私学，还是宋代的书院，抑或是近代的教会学校，历来都是我国教育不可分割的重要组成部分。如今，民办教育作为我国教育事业的重要组成部分，是公办教育的有效补充，在助力教育均衡发展等方面发挥了重要作用。如何做好民办教育，如何打造"让学生放心、让家长放心、让社会放心"的优质教育品牌，陈战勇用实际行动交上了一份满意的答卷。

不忘初心，追逐教育梦想

　　陈战勇出身农民家庭，自小受父母的影响和感染，红烛精神和教师职业梦想在其少年时代便埋下了饱满的种子。初心不改，高中毕业后他报考了河南师范大学。1998 年被分配到漯河劳动局教育培训科，在培训科工作一年后便同他人共同创办了漯河食品成人中等专业学校，做起职业教育，梦想从此扬帆起航。

　　2006 年，随着河南省学龄人口剧增，很多高中毕业生落榜后便辍学在家。为了更好地服务身边学生求学的愿望，经河南省教育厅批准，陈战勇助力于河南信息工程专修学院与河南商业高等专科学校、河南财经政法大学、武汉理工大学、湖南师范大学等知名大学合作办学并设立函授站，开展非学历高等助学教育，成就了 18 000 多名河南学子的大学梦。以"对得起学生、对得起家长、对得起社会"为办学宗旨，把学历教育和技能教育率先集合起来，促进就业岗位和技能培养紧密结合，陈战勇的教育事业认知更加清晰，教育服务社会的职业追求就此奠基。

　　2009 年，本着"以市场为导向，更好地服务学生升学与就业"的目标，河南信息工程专修学院先后与河南司法警官职业学院、开封大学、河南教育学院合作开展五年制"3+2"联合办学，利用社会力量和社会资金，围绕国家控制社会急需的"法律事务、语文教育、学前教育、高级护理"专业，引进专业教师，建设实训室，提质增量，夯实内涵，全面践行职业教育精神，重视实践教学和学生实际动手能力的培养，毕业生 5 000 余人服务在河南及全国的政法、医疗、教育系统岗位上，受到社会的好评。

　　2015 年，陈战勇所属的河南永创教育发展有限公司与郑州绿业教育发展有限公司达成职业教育战略协议，变更了郑州绿业教育发展有限公司创办的郑州绿业信息中等专业学校的法定代表人、校长、办学住所，正式将以

初中毕业生为培养对象的全日制职业教育纳入新起点。历经磨难做市场调研,不惜成本引进企业名师,经过三年的建设与发展,学校成长为具有"管理军事化、培养实践化、兴趣多元化"特色,致力于中高职贯通培养、技能加学历同步提升、具有军事国防管理模式、彰显信息智能技术集群优势的省级品牌示范校,办特职业教育的理念从此在他心中生根发芽。

2018年,面对郑州城镇化集群发展的实际和基础教育资源匮乏的现状,尤其是优质基础教育资源严重不足,触动了陈战勇教育服务民生的情愫,他充分利用北京外国语大学博士学习的空余时间,多方疏通关系和请教导师彭龙校长,他们围绕教育话题和课程体系的先进性,时常恳谈到深夜。功夫不负苦心人,他的执着终于打动了北京外国语大学的领导班子,北京外国语大学附属郑州(新密)外国语学校落地郑州新密,他的教育事业再添新篇章。

情怀不改,坚持特色办学

带着教育梦想,以习近平新时代中国特色社会主义思想为指引,坚定信念,不忘初心,牢记教育和爱心的社会使命,甘于奉献,积极落实新时期党的教育方针政策,做一名民办教育的实践者、探路者;孜孜以求,践行科学和民主的社会主题,陈战勇初心不改,追梦在途中。

一、办好职业教育省级品牌示范学校

郑州绿业信息中等专业学校是由陈战勇个人独资举办、郑州市教育局批准、河南省教育厅备案的省级品牌示范校。

学校位于郑州市郑东新区龙子湖高校园区王新街9号,是一所专注于中高贯通(中本衔接)、技能加学历同步提升、具有军事国防管理模式、彰显信息智能技术集群优势的品牌示范校。学校坚持"立德、尚能、创新、笃行"的校训,坚持"以国学为基础、以兴趣为导向、以技术为核心、以服务就业升学为抓手、以促进学生成长成才为目标",本着"真教、精教、善教、美教"的教风,建设有信息智能实训中心、文法服务实训中心、轨道交通实训中心、艺术综合实训中心,目前在校生5 000余人,为国际商都智慧城市建设与发展培养现代信息智能技术人才。

学校为省信息技术职教集团、电子商务职业教育集团、汽车工程职业教育集团、软件专人人才培养基地、郑州市职业教育协会会员单位,学校先后被授予郑州市先进团支部、先进基层党组织、优秀基层工会组织等称号,荣贺"十大领军院校、中原教育责任品牌、教育扶贫先进单位"。

二、多渠道开展非学历教育培训工作

河南信息工程专修学院是由陈战勇个人独资举办、河南省教育厅批准设立的非学历高等教育机构。学院成立以来，以成人函授培训、远程网络助学、自考助学、特色课程培训为主要业务范围，各类在籍学生 8 000 余人，员工 120 人。先后设立河南商业高等专科学校函授站、湖南师范大学函授站、郑州大学网络学习中心、北京外国语大学网络学习中心、武汉理工大学网络学习中心、天津大学网络学习中心、北京外国语大学国际课程培训中心。学院先后被授予"优秀函授站、河南省社会助学最理想单位、外语特色课程优秀合作单位"等荣誉称号。

三、推动优质基础教育——北京外国语大学附属学校落地郑州新密

2018 年以来。围绕引进北京外国语大学的优质教育资源，用优质教育服务郑州（新密）人民，陈战勇先后往返北京和郑州数十次。2018 年 11 月 27 日，彭龙校长组织北京外国语大学行政班子深入新密考察项目选址工作，2019 年 3 月 15 日，在全国政协副主席张亚忠、郑州市副市长刘东、新密市主要领导的见证下，北京外国语大学附属郑州（新密）外国语学校（以下简称北外郑州附校）项目签约郑州新密，是国家重点大学教育资源首次入驻郑州新密，该项目建设被列为郑州市 2019 重点项目建设计划。

2019 年 8 月 6 日，项目开工奠基，北外郑州附校筹设和施工建设同步开启，施工建设面积 5 万多平方米，涉及小学部教学楼、宿舍楼、初中部教学楼、学校餐厅、报告厅、游泳馆、行政楼、足球场和篮球场。三个组团同时开工，陈战勇一方面查设计、谈合同、寻监理、看现场、督进度和质量，另一方面多次与北京外国语大学曹文教授深入交流探讨北外郑州新密附校的办学定位、宗旨和特色，确定国际化和外语的特色，着力培养兼具身心健康、学业优秀、气质高雅、家国情怀、世界视野的接班人，目标是建设高端卓越的国际化学校。同时，他积极物色聘请优秀校长、教学名师和优秀青年教师，聘请河南高考名校郸城一高的原校长陈志强任高中部校长，协同参与学校软件筹设工作。学校的筹设与建设进度得到新密市各级领导的高度认可。截至 2020 年 5 月底，一期第一部分工程全部竣工。师资团队近 100 人正接受北外郑州附校课程体系和河南省基础教育课标的系统学习培训。新密市教体局核发北京外国语大学附属郑州（新密）外国语学校办学许可证。2020 年 8 月为新密及郑州人民提供优质基础教育学位 1 000 个，3 年后办学规模达 6 000 人。北外郑州附校必将成为郑州新密优质基础教育的一道亮点。

深造学习，提升思想觉悟

2010年9月，陈战勇到郑州大学商学院EMBA班深造。两年学习与生活让他受益匪浅。陈战勇先后学习社会主义经济理论与实践、商务英语沟通、管理经济学、管理决策分析、市场营销、商业模拟设计与创新、公司治理、企业社会责任与商业伦理、领导学与领导力开发、战略管理、组织行为学、人力资源管理、财务报表与分析等课程，从企业管理的角度，让他对家庭、生活、教育和事业有了全新认识。

当今世界是一个开放包容、信息互通、和谐共生的世界，构建世界各国人民的命运共同体，起点在教育，中国走向世界，必须要办国际视野的中国教育，世界认识中国，必须了解中国历史、中国人民、中国精神。作为中国民办教育践行者、尝试者、探索者，在国际化视野下办好中国民办教育，提上了陈战勇教育事业的日程。

2011年，郑州大学商学院EMBA班组团到欧洲知名大学、企业考察学习，打开了陈战勇实践感知国际知名大学办学理念、模式、特色的第一扇窗户，世界很精彩，教育也不例外，所见、所闻、所感启发他对中国的职业教育、基础教育、应用型教育提出新思考。办好中国的教育首先是要用中国历史和中国国土滋生教育者"根"的情结，沃土滋养万物，立德树人，"根"是本；同时，办好中国的教育一定要具有国际化视野，在国际化教育实践和发展中汲取应有的养分，博采众长，助我成长。不能闭门造车，盲目自大，要开放、包容、创新。

十九大以来，习近平新时代中国特色社会主义思想让陈战勇眼界大开，他深刻认识到"五位一体"对推进社会主义事业文化教育的重要性，教育提升成为"四个全面"战略布局落地奠基石。他抓实"学习强国"平台，积极进取，开展支委间学习交流活动，次次有新声。

2017年9月，陈战勇被北京外国语大学区域经济专业录取为博士研究生。把教育事业的实践与区域经济的发展再次提到研究课堂上，让他对教育有了更新的认识。他悟到：教育终究是育人的、提升人的，是服务民众和国家发展的。要做人民的教育，要站在国家立场、国际视野上用党性印证心声，谋取人的全面发展与成才。

2019年，北京外国语大学国际教育学院牵手北京外国语大学附属各省外国语学校校长在上海举办北外国际校长圆桌论坛，陈战勇作为北外郑州附校的代表聆听了国内外知名教育专家关于教育国际化的专题讲座，圆桌交流的碰撞，如何在国际化视野中办好中国的优质教育再次提上日程，教育者教育载体"课程标准和课程体系"国际化的顶层设计启动新计划。

2020年9月,北外郑州附校面向中原人民开启育人新篇章,作为校长的陈战勇率先提出:办国际化学校,要从起点开始站在国际化的视野上做有未来的教育。确定北外郑州附校的办学理念为"来这里,拥抱未来",育人目标为"身心健康、学业优秀、气质高雅、家国情怀、世界视野"。

坚定信念,投身社会服务

陈战勇作为九三学社社员,紧跟九三河南省委步伐,积极参与九三河南省委"同心康福"扶贫活动。作为九三学社郑州师范学校委员会委员、河南信息工程专修学院支社主委,主动请战"扶贫先扶智"项目,以濮阳台前侯庙中心小学为基础,建设"九三台前希望小学",为台前希望小学捐助建设信息技术机房、智慧黑板、钢琴教室等基础实训室,设立教师特岗教学基金20万,学生勤学奖学金10万元,为每届学生提供书包及校服,受聘为九三台前希望小学名誉校长。2019年在北京外国语大学校友会设立"北京外国语大学永创教育发展基金2 000万元",用于北京外国语大学教师的教学课程项目研发,捐建价值100万元科研实训室。2019年底荣获九三中央委员会"先进个人"荣誉称号。

九三主委陈战勇深入扶贫一线开展扶贫工作

2020年8月,在陈战勇的积极促成下,九三郑州师范学院委员会、北京外国语大学国际教育学院合作北京外国语大学推动北外郑州附校,携手九三台前希望小学开展师资、教材、课程体系互动交流活动,主导思想是就基础教学主要课程教学,实施北外附校小学部优秀青年老师与九三台前希望小学老师"一对一"结对,建立思想融通、课程相通、标准统一的师资互动机制,围绕信息化教学、国际化标准、外语特色课程开通师资短训交流班,建立北京外国语大学附属郑州外国语学校与九三台前希望小学学生之间的夏令营特别活动计划,以北外优质基础教育辐射带动台前基础教育发展促进,青少年快乐健康成长,创立九三扶贫示范点。通过校际联谊,辐射和带动河南地方基础教育优质发展。

编者语

当今世界,各国之间激烈的经济竞争和科技竞争,归根到底是教育的竞争。民办教育有着天然的灵活机制、创新基因和竞争优势,应成为推动我国教育体制创新发展的重要力量。陈战勇坚持"为人民办教育",把学历教育和技能教育结合起来,扩宽应试教育之外更多的学习途径,促进多岗位就业和技能培养,真正实现了几千年前孔子提出的"因材施教""有教无类"思想。

民生篇

　　从"民亦劳止、汔可小康"到高水平的物质文明与精神、政治文明的小康社会,人民的生活发生了翻天覆地的变化。完备的社会制度、优美的生活环境、丰富的文化内容……无一不在向世人展示着中国的进步。这样的生活离不开国家的强大,同样也离不开奋斗在民生行业的人们,不舍昼夜、不辞辛苦应该是对他们最贴切的形容。

铸优质工程，建美丽城市

——人居环境美容师、河南圣锦建设工程有限公司董事长　段钢岭

个人简介

　　段钢岭，1968 年出生于河南濮阳，河南圣锦建设工程有限公司董事长，河南省园林绿化协会副会长，郑州大学商学院 EMBA 第 4 届联合会主席，郑州大学西亚斯学院兼职教授、创业导师，硕士研究生学历，风景园林高级工程师。

絮语

　　建设美丽的城市人居环境,离不开市政园林从业者的科学规划、合理布局、专业设计与悉心养护。十几年来,段钢岭带领他的团队在我们看不见的地方默默改变着城市的面容。他是一位优秀创业者,短短几年间使河南圣锦建设工程有限公司产值达到数十亿元,成为市政园林行业的佼佼者;更重要的是,他执于创新、勇于攻艰、甘于奉献、乐于分享的精神,为青年人创业树立了榜样、指明了方向。

　　十几年来,段钢岭带领河南圣锦建设工程有限公司(以下简称河南圣锦建设公司)广纳英才、强化管理、攻坚克难、精心施工,创造了数百个优质市政园林项目,铸就了众多精品工程,为城市描摹出一道道虽为人作、宛若天成的绚丽风景,助力生态文明,建设美丽城市。

　　目前,公司具有城市园林绿化壹级资质、市政工程总承包壹级资质、古建专业承包叁级资质、城市及道路照明工程专业承包叁级资质和环保工程专业承包叁级资质,注册资金达 3 亿元,下设 3 个子公司、9 个分公司,业绩遍布全国 20 多个省份 100 余个城市,成为集建设工程设计、园林绿化工程施工及养护、环保工程施工、河湖整治工程施工、市政公用工程施工、园林古建筑工程施工,同时涵盖园林技术咨询,苗木、花卉培育,保洁清扫服务的综合性企业。

　　梳理这些年的创业发展之路,有迷茫、有坎坷,有创新、有跨越,有竞争、有合作,既是一首意味深长的诗,也是一支坚持不懈的歌。

寻求突破之路

　　2010 年前后,园林绿化进入了快速发展时期,建设生态文明为园林行业提供了千载难逢的历史机遇,城镇化步伐的加快持续推动了园林绿化大建设,园林城市的创建为园林绿化提供了广阔的发展空间,房地产行业的发展也带动了地产景观的大量需求。

　　项目多了,当然机会就会大大增加,园林绿化项目招标信息接连不断,全省乃至全国皆是如此。可看看招标条件,基本都是需要园林绿化一级资质。河南圣锦建设公司当时是二级资质,有人员、有技术、有设备,但基本的门槛就迈不过去。董事长段钢岭看在眼里,急在心里。审时度势,这是一个拼资质的时代,必须要有一级资质,才能走上快速发展之路。厘清思路后,段钢岭立即行动,对照一级资质标准,找差距,备资料,办资质。当时最难的是一级资质需要大量的专业技术人员,圣锦公司人员明显不够。他通过公开发布招聘信息,找朋友介绍等多种渠道招贤纳士,甚至亲赴山东、天津寻找专业人才。公司终于在 2011 年通过住建部审核,成功晋级城市园林绿化一级企业,发展之路取得了一次关键突破。

市场总是千变万化、令人难以琢磨,园林行业的发展也是变化莫测。2017 年住建部正式取消了园林资质,园林企业又是一次新的洗牌,好多园林企业面临生死存亡。董事长段钢岭在取消前两年就已经看清园林企业发展方向,明晰转型发展才是园林企业的求生之路,把公司发展投向了相近行业——市政公用行业,在做好园林项目的同时,积极发展市政人才,谋划市政发展之路,2016 年成功晋升市政总承包一级资质,取得了新的突破,奠定了公司持续发展的基础。此后,又取得古建专业承包叁级资质、城市及道路照明工程专业承包叁级资质和环保工程专业承包叁级资质等相关资质,向综合型公司发展。

园林养护出亮点

园林绿化项目与其他项目最大的区别是园林项目的养护期很长,一般一年或者两年,主要是保活。而且项目移交后养护任务也非常繁重,需要浇水、施肥、修剪、打药等工作,有"三分种、七分养"的说法。段钢岭非常注重园林绿化养护工作,勤于钻研养护关键技术,在做好工程项目绿化养护的同时,带领公司先后承接了许多纯绿化养护项目,积极了丰富的经验。如郑东新区绿化养护项目,成为郑州市甚至全省工作的亮点,在郑州市的多次督查考评中得到众多好评,外地园林行业到郑州市考察学习园林绿化工作时,也必看郑东新区绿化。

通过多年的绿化养护管理工作,段钢岭发现大部分地区存在养护标准不高、养护费用低、管理粗放的问题。出现这些问题的重要原因是各地养护标准不统一,没有专门的养护定额。为此,他通过河南省园林绿化协会,积极向省住房和城乡建设厅提出建议,统一编制河南省园林绿化养护标准和养护定额。2017 年,河南省住房和城乡建设厅印发出台《河南省城市绿化养护管理标准》,2018 年,河南省住房和城乡建设厅发布《河南省城市绿地养护预算定额》。标准定额实施后,全省园林绿化养护水平明显提高,各地景观效果大幅提升。

为更加有效推进园林绿化养护工作,河南省园林绿化协会组建成立了城市园林绿化养护专业委员会,段钢岭担任专业委员会主任,并被推选为河南省园林绿化协会副会长。近几年来,他一直致力于全省园林绿化养护工作,宣传贯彻园林绿化养护标准和定额,积极推进园林病虫害防治研究,开

展了丰富多彩的活动,为进一步提升全省园林绿化养护水平做出了积极的贡献。

这项工程很特殊

公司成立以来,先后承接了上百个园林工程,在这些工程项目中,有一个项目很特殊,那就是汝州市中央公园景观工程。

2016年以来,河南省大力推进百城建设提质工程,汝州市作为第一批推进城市,非常重视城市建设,城市中央公园就是汝州市按照百城建设提质工程要求,改善城区生态环境、提升城市品位与形象的重点工程。该项目全长7公里,沿河塑景,总面积上百万平方米。河南圣锦公司有幸中标了该项目,中标价6亿多元,是公司承接的最大的园林项目,该项目在全国园林行业中也是比较少见的大型项目,基本涵盖了园林中的堆山、建湖、河溪、广场、园路、桥梁、栈道、雕塑、廊架、景石、各式各样灯具、成百上千的花草树木,其他园林工程有的项目,这里基本上全部包含。

该项目机遇和挑战共存,董事长段钢岭高度重视,集全公司力量,全力做好该项目的施工工作。同时,及时招兵买马,吸纳良将,投入该项目建设中去。工地经常是数千人在同时工作,场面十分壮观。施工过程是艰难困苦的,是劳神费力的,可成果出来以后又是那样的可观。

"中州杯"项目汝州市中央公园项目

公园建成后,呈现出河畅、水清、岸绿、景美的迷人风光,林水相依、移步换景,从空中俯瞰,中央公园犹如一条绿色"腰带"贯穿城市南北,景色优美、环境宜人,成为汝州市的天然"绿脉"。该公园是汝州市最大的自然生态水系景观带和城市海绵体,能够有效涵养地下水源,改善水生态环境,是汝州打造生态宜居的现代化中小城市的重要内容。河南省原省长陈润儿带队,包括各省辖市市长、首批实施百城建设提质工程的43个县(市)长,到城市中央公园现场观摩。近三年来,接待的省市领导以及外地市参观学习团不计其数,该公园已成为外地人来汝州考察旅游必去之地,也是市民休憩、娱乐、锻炼的重要场所。

2019年,该项目获得河南省建筑行业最高奖项"中州杯"奖,得到了省内相关专家的充分肯定和赞扬。

该项目为公司培养了一大批人才良将,也积累了丰富的施工经验,使公司掌握了许多原来没有涉及的技术。通过这项含金量很高的业绩,公司得到更多客户的认可和肯定,为承担更多的园林绿化项目打下了良好基础。

人才是公司发展利剑

人才是公司的第一资源,是公司乘风破浪、勇往直前、取得辉煌成绩的最重要的力量,是公司发展的利剑。凡是发展成功的企业,都对吸纳和培育人才给予了充分重视,这是一个普遍的规律。董事长段钢岭在多年经营管理工作中,练就了识才的慧眼、用才的气魄、爱才的感情、聚才的方法,知人善任,广纳群贤,把人才建设作为公司内部建设的最关键环节,求才,用才,惜才,育才,给人才以大海,给人才以蓝天,使人才扬长避短,各尽其能,各展其技。

截至目前,公司已有市政、园林、建筑、设计、造价咨询等各类专业技术人员180余人,绿化工、花卉工、修剪工、电工、机械工等各类技术工人数百人。公司在人力资源方面的优势,得到河南省市政公用业协会的认可,多次邀请段钢岭参与参加全省市政公用业人才培养方面的研讨,参加各种培训活动。经过筛选,河南圣锦建设公司在黄河滩的苗木基地,被评选为全省园林绿化技能工人培养基地,给予挂牌,重点开展苗木的识别、栽植、修剪、病虫害培训,为我省培育优良人才。

河南省住房和城乡建设厅也对河南圣锦建设公司、对段钢岭给予了高度关注和认可,推选段钢岭为河南省建设工程风景园林高级职称评审专家委员会专家组成员,连续多年参加河南省风景园林专业高级职称评审工作,同时还多次参加河南省园林绿化协会园林工程师评审工作,为河南省选拔人才做出了重要贡献。

闪光点多,看到的人也多。段钢岭善于培养人才、选拔人才的工作才能,被郑州大学西亚斯学院领导发现,特聘段钢岭为学院兼职教授、创业导师。多次到西亚斯学院授课,为大学生开启创业思维,拓宽学习思路,分享人生感悟,受到大家的热烈欢迎和广泛赞誉。

打铁必须自身硬

随着公司的快速发展,公司董事长段钢岭领悟到,项目靠关系、生存靠资质的时代正在翻篇。国家相关政策日趋完善,反腐倡廉工作越抓越严,靠关系操作项目的空间越来越小,拥有资质的企业逐年增多,出现了僧多粥少的局面。随着国家放管服工作的深入开展,许多资质面临取消和合并,资质的平台作用也在降低。公司必须转变思路,谋求长期发展之路。

在探索与困惑并存的情况下,董事长段钢岭选择了学习深造,到郑州大学求真取经。他全身心地投入到郑州大学商学院 EMBA 学习中,学经商之道,学经营管理,学战略谋划,同时获得了硕士学位,收获颇多。由于表现突出,他被推选为郑州大学商学院 EMBA 第 4 届联合会主席。丰富多彩的活动进一步接近同学之间的情谊,增长了见识,开阔了视野,锤炼了信心。

他通过许多成功企业鲜活的例子,厘清了圣锦公司发展的方向。企业的价值观决定企业的走向,价值观才是企业的灵魂!我们身处的时代,企业所面临的经营环境比以往任何时代变化都要快,政策变化快、市场变化快、科技发展快。在这样的生存环境中,企业的商业模式总是在不断地被颠覆,唯有商业模式背后的价值观保持相对稳定。因此,建立一套具有社会普世价值的企业价值观并付诸实施,形成自身的企业文化,给每一个员工都建立一种努力去追求的梦想,这是十分必要的!假如企业没有一种正能量的氛围,不去思考如何实现企业价值,总是围绕企业短期利益而从事一些投机的事、突击的事、不能创造价值的事,这种企业不会走远。

段钢岭在河南圣锦建设工程公司

他将这种理念带入公司的经营管理和项目管理中去,研究谋划公司战略,从现代管理体系建立,到吸纳人才、创优争先等多个方面提升公司综合竞争力,促进公司跨越式发展。公司先后通过了 ISO9001:2000 质量管理体系认证、职业健康安全管理体系认证、环境管理体系认证,多次荣获河南省建筑工程行业最高奖项"中州杯"奖、河南省园林绿化先进单位、河南省安全文明工地奖、河南省园林绿化优质工程金杯奖、"诚信企业"AAAAA 等级、重合同守信用 AAA 等级企业荣誉。

科技创新是公司的发展源泉

创新是企业的灵魂,科技创新是提高企业核心竞争力的源泉。企业如果不重视科技创新,安于现状,故步自封,在这个互联网高科技飞速发展的时代,必将很快被淘汰出局。在各种压力和挑战面前,企业只能是永不休止地推动科技创新,将科技创新转化为产品开发,把智力、知识注入新产品的开发之中,注入创业发展的实践之中,注入企业管理和项目服务之中,才能求得生存、赢利和发展。

段钢岭自公司成立之初,就对科技创新给予了充分重视,先后在郑州、天津、鄢陵等地筹建苗圃 2 500 余亩,培育优良品种,开展各种苗木驯化、嫁接、造型等研究工作,取得了突出成绩,先后研究和培育了上百种乔木、灌木、花卉盆景等园林植物,为园林工程提供了丰富多彩、造型各异的植物品种。

公司近年来在研究开发高新绿色环保技术和施工工艺上不断创新,取得了关键技术的突破。公司拥有生活污水、垃圾分散式处理设备,园林绿化土壤环保修复处理装置,可调节高度的园林用护栏,园林蓄水及灌溉装置,多功能园林路灯等 18 项实用型专利。公司拥有最先进的沥青混合料搅拌设备,可进行各类规格型号的沥青混合料的搅拌;拥有先进的摊铺机,振动压路机;拥有混凝土搅拌站,可生产各种强度的混凝土;拥有先进的冷再生机和铣刨机等机械设备,具备在自然环境温度下就地连续完成铣刨、破碎、添加料、拌合、摊铺及碾压成型的功能,可为客户提供经济合理的道路翻修改造方案和施工。

在项目施工过程中,公司特别注重先进技术、先进设备、先进材料的应用。GPS、无人机等设备已得到广泛应用。用无人机预估垃圾量,对现场进行测量,查看施工进度和效果,大大提高了工作效率。各种先进技术的普遍应用,使公司现场施工迈向现代化。

开启腾飞跨越之梦

任重道远须策马,风正潮平好扬帆。随着我国城镇化进程的不断深入,人民群众文化水平和生活水平的逐步提高,大家对于环境的绿化和美化提出了更高的标准和要求,各级政府更加重视生态文明建设,在园林绿化领域仍将保持稳定供给投资。在市政公用基础设施建设方面,国务院下发了关于保持基础设施领域补短板力度的指导意见,聚焦关键领域和薄弱环节,保持基础设施领域补短板力度,进一步完善基础设施和公共服务,提升基础设施供给质量,更好发挥有效投资对优化供给结构的关键性作用,保持经济平稳健康发展。随着环境整治力度的加大,垃圾处理、垃圾分类、污水处理、黑臭水体整治等市政基础设施投资力度也会进一步加大,还有老旧小区改造也是国家这两年的重要任务。我省积极推进百城建设提质工程,及时加大了城镇基础设施投资力度,拉投资、促经济仍是政府的重点工作之一。

2019年以来,国家实施的黄河流域生态保护和高质量发展这一重大战略,为地处中原腹地的河南提供了重大历史机遇。省委省政府决定建设黄河流域生态保护和高质量发展核心示范区,为疫情防控常态化下的河南园林绿化企业,提供了释放能量、助力打造黄河生态保护和高质量发展中原示范高地的机会,也为河南园林绿化企业参与重大项目建设、提升自身素质,谋求新发展创造了好时机。

一系列方针政策表明,市政园林行业仍处在黄金发展期。只有面临机遇挑战,运筹帷幄,方能决胜千里。董事长段钢岭审时度势,积极谋划河南圣锦建设公司腾飞跨越之路。

公司扶贫募捐

　　下一步,公司将注重企业文化塑造,明晰公司战略布局和长期规划,推进综合型业务发展,做好社会公益和为民服务,走出一条现代化企业发展之路。

　　公司将积极响应党和政府的号召,秉承着奋斗、超越、创新、共赢的信念,着力于多元化产业共进,使优点更优、亮点纷呈,助力生态文明,建设干净、整洁、有序、安全和群众满意的现代化美丽城市。同时完善公司党组织,以有力行动践行自身的社会职责,关注并参与各类社会公益事业,开展各种捐助、助贫、助学帮扶等工作,不断谱写出新的篇章,为城市高质量发展、人民群众生活幸福贡献力量。

　　段钢岭正以饱满的激情,持之以恒的毅力,甘于奉献的精神,用他的睿智和不倦的拼搏,带领着河南圣锦建设工程公司的全体员工,迈开坚实的步伐,与时俱进,走向更加美好的明天!

段钢岭在施工工地现场指导

项目部工作会议

编者语

　　段钢岭是思想的巨人,行动的高标。他善于审时度势,深谋远虑,为企业寻找极佳的发展时机。一旦瞄准目标便全力出击,不负众望,不留遗憾。他从事的行业是城市硬件设施建设,却非常重视人才梯队和企业价值观的"软实力"打造。正因为有了内化在企业和员工血液中的"软性认同",才铸就了品牌在行业中的"强硬口碑"。

医疗后勤智慧化转型之路
——逆转人生的博浪人、国药诺达总裁　范虎城

个人简介

范虎城，男，1983 年出生于河南南阳。中国社科院经济学博士，第十届全国 MBA 联盟主席，现担任国药诺达党委书记兼董事长。

絮语

书山有路勤为径，商海无涯志作帆。昔日是出身贫苦，差点与大学失之交臂，创业一波三折的穷小子，今日是站在行业之巅踞览黄浦江的大型企业掌舵人。范虎城的故事告诉普通创业者，成功没有捷径可走，你能扛得下多少泪水，就能撑得起多少赞美；心中能装下多少委屈，就能拥有多大格局。凤凰涅槃方能浴火重生，幸福的路上一定会伴随着痛苦的影子。

近年来,医疗、教育行业作为国家繁荣、民族昌盛的基石行业,紧跟时代步伐向着现代化、信息化、智能化大步迈进。诺达公司——由中国医药集团国药资本投资的现代化服务企业,积蓄十余载行业经验、立足中原大地,先后与郑州大学、河南省人民医院、河南省肿瘤医院等百余家企事业单位,共同打造智慧后勤服务,建立了一套科学化、规范化、流程化、标准化、信息化的管理系统和运营模式,培育了一支战斗力极强的专业化人才梯队,紧紧围绕医疗行业做全方位信息一体化智慧后勤服务,业务涵盖医用纺织品、物业管理、安全护卫、设备运维、护理服务等后勤业态。

范虎城,一名从农村走出来的孩子,通过知识改变命运,在改革的浪潮浮沉中带领团队和企业,紧跟国家政策指引,立足郑州,走出中原,扎根国际金融中心上海,业务辐射全国,紧紧围绕"健康中国2030规划纲要"和2017年国务院办公厅下发《关于建立现代医院管理制度的指导意见》〔2017〕67号文提出"健全医院后勤管理制度""探索后勤一站式服务模式""健全后勤信息管理制度"意见,秉承高质量发展理念,不断创新,探索后勤服务新手段、新方法、新技术,倾力打造国内一流的智慧后勤一体化服务集团。

穿越风雨,逆流而上

在命运的河流之上,他曾是溺水的孩子,没有舟楫,没有翅膀,甚至没有归宿,只能随波逐流,但终有一天,他凭借自己的毅力长出了新的翅膀,哪怕是拆骨为桨,也将穿越风雨,一路逆流而上。

1983年春天,范虎城出生在河南南阳的一个农村家庭里面,由于姊妹多,家里八口人靠种地维持生计。因生活所迫他一岁多就被送到外婆家寄养,后跟随姨妈生活到八岁才回到远离已久的农村家庭。颠沛流离的童年时代,使他从小就很懂得帮长辈分忧,他的内心深处刻上了"知识改变命运"的箴言。功夫不负有心人,范虎城在2002年考入河南财经政法大学,由于家庭穷,大学第一年的学费成了最大的难题。后来母亲把家里唯一值钱的粮食拉到镇上卖掉换了1 600元,又加上各方借来的钱才进入了大学的校门。在校期间范虎城通过勤工俭学,帮学校餐厅刷盘子刷碗来维持生计,发过传单,干过保安,做过家政,做过传销,卖过化妆品,送过桶装水,从事过十几种兼职工作。2006年大学毕业的时候,才得以把全部把学费交完,还被河南省教育厅评为优秀毕业生。当时范虎城向同学借了1 000块钱,跑到黄河食品城花了60块钱买了一辆二手自行车就开始了创业之路。

万事开头难,刚刚大学毕业,范虎城没有经验,没有资金,没有人脉,一切都要摸着石头过河。终于在3个月后的2006年10月份拿到了第一个项目——二七区马寨康师傅集团保安项目。客户约定好要上 15 个安保人员，当时公司什么都没有，他就到处想办法招聘。就在这时，却晴天霹雳般发生了一件至今让他难忘的事。项目进驻后第一个月汇款的时候，范虎城把员工工资交给项目队长代为发放，结果队长拿了钱之后，到厂区不但没给员工发，还向客户借了几千块钱，之后就突然"人间蒸发"了。这件事当时对范虎城打击非常大，只能到处借钱给员工补发工资。怎奈筹钱艰难，工资延迟发放了几天，员工认为公司没实力，是个骗子，拿到钱就全部离开了。

创业之初到底有多难多苦，只有当事人心里最为清楚！凭借咬牙坚持和永不放弃的精神，范虎城在不断拼搏中慢慢看到了曙光。功夫不负有心人，公司开始陆续承接河南省多个医疗服务项目。

提升技能，战略调整

从 2010 年起，范虎城开始关注国家的政策和形势，通过分析研判最终选择了医疗健康产业，为企业发展确定了精准战略定位。2011 年公司投资 600多万元建立了医用纺织品租赁洗涤消毒业务，紧紧围绕医疗健康领域多业态进行布局。随着公司的快速发展，团队也在不断迭代，他突然感觉到自己急需提高和充电。2013 年，范虎城参加了全国研究生考试，并顺利被郑州大学商学院录取。在学习中结合创业实践，他对专业课程有了更深刻的理解和认知。多年的创业经验和操盘手的定位，让他更懂得如何带领团队有效

2014 年参加第九届中国 MBA 中部联盟会议留念影

解决问题,很快便得到了班级老师和同学们的高度认可,后被选为班长、年级长、郑州大学联合会主席等职务。2014 年范虎城代表郑州大学参加全国研究生 MBA 联盟会议,被选为中国 MBA 联合会第十届主席。

在校两年多的时间里,通过从战略管理到组织行为学,从商业模式到市场营销,从运营管理到信息系统等系列课程的学习,他开阔了视野,放大了格局,通过理论与实践不断沉淀了自己。2015 年,研究生毕业后的范虎城认真思索,为公司重新梳理定位,他认为企业要想有生命力,必须有完善的组织架构和一支优秀的专业团队,要有具有行业竞争力的核心产品和商业模式。2016 年,公司决定定位在医疗大健康后勤领域,用创新技术打造智慧后勤生态体系。

危机面前,勇担使命

企业的经营从来都不会是一帆风顺,创业过程如履薄冰,企业家时刻要有忧患意识。2016 年,国家环保部对全国环境进行全面整顿,特别是企业环境污染治理问题。医用纺织品洗涤租赁消毒公司在焦作马村区电厂附近刚刚建厂完成,配套污水处理设备正在施工建设,企业的洗涤消毒业务被纳入了环保整顿对象。当时公司承接着河南省多家省级医院的医用布草洗涤工作,如果关闭生产,会严重影响医院的正常运营,不仅仅是医护人员无法及时更换清洗消毒后的床上用品,更影响到手术室的辅料。为了确保客户服务不受影响,保全医院对布草洗涤消毒供给的需求,公司决定带领洗涤公司全体员工远赴江苏一家现代化洗涤企业进行合作代为加工。郑州到江苏距离 600 多公里,每天 6 台大型物流车辆 24 小时双向发车,确保了 24 小时的医用纺织品顺利周转,为医院医护人员和患者服务到位。为期近半年的异地生产给公司资金带来了前所未有的压力,但是为了不给客户造成损失和影响,范虎城用全力扛起企业应尽的责任和使命,甚至最后他把未来要用来结婚的房子也卖掉来支撑企业的发展。经过几个月的奋战努力,企业不仅实现了业务的回迁,生产设备、环境与原厂区相比更大幅改善,提升了生产效率,也增强了员工的归属感和幸福感。

孝心使然,成家立业

2017 年,全身心投入事业中的范虎城已经 35 岁,还是单身一人,这让家人和朋友都很替他着急,尤其是他的母亲。

在他的成长经历中影响他最深的便是母亲,不仅是生养之恩,更影响了他的人生观、价值观乃至经商之道。小时候,父亲外出打工,家里的全部农活都落在了母亲一个人身上,慈祥而瘦弱的母亲用全力支撑一个不富裕的家庭。记得母亲在农忙的时候经常起早贪黑,总怕庄稼落后于别人,农闲时节在镇上农贸市场卖一些水果挣点零花钱补贴家用,每天十几元的收入对于母亲来说是非常开心的事情。母亲带着他们兄妹四人生活,用各种方式激励着他们做力所能及的劳动,一方面支撑了家里的生计,一方面也练就了他们劳动的技能和通过分工合作获取劳动报酬的思维方式。在范虎城考入大学时,家里难以支撑,多数人都劝他放弃上学,甚至已经帮他联络好一个采矿石厂的时候,也是他的母亲,坚持筹到了学费支持他、供养他读书。

不幸的是2017年春天,医院查出母亲患甲状腺癌,这无疑对范虎城是一个极大的打击。他不能等到子欲孝而亲不在,他也不能放下公司上上下下数千名员工和正在服务的医院项目与不顾,他能做的只能是在公司与家庭之间用最大的精力投入并兼顾。这个时候,他的婚事成了老人最牵挂的事。他的母亲经常说孩子不结婚作为母亲总是没脸回老家,如果这个时候结婚,一定能让母亲高兴,也有利于她的康复。

也是缘分使然,一段好的姻缘正在悄然走向这个年轻人。这一年是他刚刚经历洗涤厂变故,卖掉婚房支撑企业度过危机的那一年,马淑欣的出现,为他的工作和生活打开了另外一盏明灯。这是一个不俗的姑娘,1988年出生,研究生学历,正在备考博士,有着独立向上的思想,和刚刚卖掉房子正在事业关键转折期的范虎城志同道合,一见钟情。一对佳人自此走向了婚姻的殿堂。婚后,妻子不仅担起了家里的重任,让范虎城得以全身心地投入工作,更是在他工作之余和他一起读书成长,探讨人生。家里第一个孩子的出生让这个家庭更加温馨幸福,此时的范虎城已踏入中年的大门,工作和家庭的责任让他在负重前行的道路上目光所到更为深远,行事谋虑更为沉稳。更大更新的事业也正在向他招手。

坚定信念,追梦前行

上海,创新之城,追梦之城,无数的奋斗者见证着这片土地的发展与繁荣。在美丽的黄埔江畔,国药诺达正在起航一个智慧后勤服务新篇章。

2017年国务院办公厅下发《关于建立现代医院管理制度的指导意见》,提出"健全医院后勤管理制度""探索后勤一站式服务模式""健全后勤信息管理制度"意见。这给正在发展中的诺达集团带来了更为广阔的发展空间。公司不断深入学习研究国家政策导向,并带领高层管理团队到北上广、江浙沪去参加各种行业交流,同时到同行业及上下游产业链进行学习、参观考

察。这一次公司结合国家相关政策定位,确立了"医院智慧后勤一体化服务"的战略目标。

2019 年参加中国医院后勤年会留影

伟大的梦想造就伟大的企业,历经一番风雨后,好运开始悄然降临。中国医药集团国药资本计划在全国范围内选择一家有潜力的后勤企业进行投资。经过近一年的商务谈判和尽职调查,终于在 2018 年达成了央企国药和诺达的合作。一份全新的挑战即将开始,这既是机遇又是责任,国药诺达总部正式迁至国际金融中心——上海市黄浦区。范虎城带领一名创业成员独闯上海滩,到了上海之后第一件事就是做全国所有省份医院后勤的市场调研,最终将企业愿景定位成做"中国智慧后勤一体化服务领导品牌",要通过信息化、智能化、互联网技术实现医疗后勤一体化服务。

新时代呼唤新担当,新作为。党的十九大开启了中国创业环境的新篇章,前所未有的良好营商环境如春风助力,公司带领团队撸起袖子加油干,紧跟新时代步伐,以党建促企业发展,树立"四个意识"、坚定"四个自信"、做到"两个维护",通过党建不断提升管理干部政治信念,发扬艰苦奋斗的优良作风,打造特别能吃苦、特别能战斗的服务团队,秉承高质量发展理念,不断创新,探索后勤服务新手段、新方法、新技术,倾力打造国内一流的智慧后勤服务一体化集团。

乘风破浪,捍梦创新

一个国家和民族有了坚定正确的理想信念才能披荆斩棘攻坚克难,一个人有了坚定正确的理想信念才能历经波折达到成功的彼岸。打造中国智慧后勤一体化服务,领航国际服务水平,是企业的信仰和追求的方向。公司始终坚持以客户为中心,持续创造价值的企业使命,致力于打造信息化、智能化、标准化、一体化的全方位智慧后勤管理服务,2019年公司业务版图已遍布北京、上海、河南、山西、山东、浙江、甘肃等多个省份。

顺势而为,乘势而上。国药诺达紧紧围绕国务院《健康中国 2030 规划纲要》及国务院办公厅《关于建立现代化医院管理制度的指导意见》相关精神,将智慧互联、高效节能的经营理念以科技力量为传统后勤服务行业赋能转型,研发了一站式后勤管理平台诺达云、诺达医院物流机器人、智能衣柜收发系统等创新项目,全面赋能医用纺织品租赁、洗涤消毒、安全防范、环境管理、中央运送、设备运维、护理服务、餐饮服务等后勤业态,开拓了智慧互联在医院后勤领域的新思维、新高度。匠心中国服务,让中国医院后勤引领国际服务水平是企业不断努力的方向。

移动互联,有容乃大。国药诺达成立自己的信息化研发团队,自主研发智慧后勤一体化管理平台诺达云,通过大数据、移动互联、物联网等技术颠覆传统管理模式,创新智慧后勤生态体系,严格按照 PDCA 标准,实现人员定位、资产盘点、任务验收、服务反馈等数据的信息化一站式闭环管理,提高医疗后勤精细化服务水平,降低人力成本,实现信息化、智慧化、集约化的行业管理目标,为客户带来全新体验。

科技赋能,厚积薄发。国药诺达与国际领先科技公司共同研发全新医院物流机器人,率先实现 5G 技术功能,通过大数据管理、定位导航、人机交互、移动互联等人工智能技术,实现国内医疗领域物流运送新突破。

国药诺达智慧后勤一体化服务

智能管理,降本增效。国药诺达致力于医用纺织品的研发生产、租赁洗涤、消毒服务及行为管理规范体系,拥有世界一流的德国 JENSEN 洗涤消毒设备,其中 RFID 芯片追溯系统,智能衣柜收、取系统,运用云数据、人脸识别等技术,实现医用纺织品闭环管理。

通过一系列的软硬件研发上线,国药诺达成功实现了智慧后勤一体化管理服务的样板落地,实现了传统服务到信息化的转型,申报通过了高新技术企业。此时的国药诺达在中国医疗后勤领域披荆斩棘,为中国的健康事业奉献着自己的力量,在追梦的路上不忘初心,砥砺前行!

挺身请战,热衷公益

"我是人民的儿子,应当为人民服务。"2020 年的新冠肺炎疫情期间,范虎城这样说。国药诺达作为医疗第三方服务机构,积极响应党中央、国务院重要部署,坚决拥护党中央绝对领导,全力以赴、科学做好疫情防控工作。范虎城第一时间召开紧急电话会议,向总部员工及各省子公司传达上级单位疫情防控工作动员会会议精神,要求高度重视、加强防控,安排储备后勤应急调拨物资。随后公司收到来自全国各地数百封请战书,申请到医院隔离病区为医护人员和患者做好后勤保障工作。"疫情就是命令,坚守就是责任",在最关键的时刻,国药诺达员工挺身而出,为医护人员和患者做好后勤服务保障工作。

"这就是我们要坚守的阵地和战场""祖国需要我们是我们的光荣,人民需要我们是我们的福气"。疫情期间,在范虎城的带领下,国药诺达 5 000 多名员工坚守阵地,安保人员 24 小时值守登记进出人员,严格量体温,登记信息,服务医患人员;后勤服务人员更是不曾有丝毫懈怠,严格清洁消毒的日常作业之余,做好定时消毒,并严格防护,随时配合医护人员运送医药、标本和辅助工作;医用布草的洗涤消毒工作井然有序地开展;管理和技术人员也不曾有片刻的喘息,从正月初一就开始连续作战。为了更好地做好服务,范虎城亲临一线现场,带领鼓舞员工做好医院后勤服务,并为员工安排食宿。疫情期间国药诺达供应口罩、洗消纺织品、设备等 96 000 多件物资,全力驰援疫情现场。在这场没有硝烟的战场上,国药诺达上下在范虎城的带领下,不忘初心,挺身请战,全力以赴,不畏艰险,积极投身防控疫情第一线,自觉坚守防控疫情工作岗位,以严明的纪律推动疫情防控和药品保障工作落到实处。

国药诺达团队文化

公益事业是范虎城创业以来一直坚持在做的事。早在 2014 年公司发展初期，一次偶然机会，他回老家探亲，顺道回到初中时的母校，发现学校的设施还是十几年前他上学时简陋的样子，他就果断捐助了空调、电脑等教学设备，价值近几十万元。在举国上下共同打响脱贫攻坚战的关键时刻，范虎城做为省青联常委，担任省青联十二组扶贫小组的组长，深入贫困户了解实际困难情况，根据不同的扶贫对象多次组织各方力量精准扶贫，目前各户均已脱贫。

做慈善事业的行动者，当爱心奉献的传播者，范虎城一直把社会公益作为使命和担当，做有社会担当的企业，汇聚爱心力量，共建和谐社会。

梦想不止

人生如逆旅，不进则退。站在新的起点，开始新的征程，范虎城清晰地认识到，要带领企业走向更高峰，需要和企业一起成长。当事业有了新的突破之后，他选择继续提升自身学识。2017 年，范虎城顺利考入了中国社科院攻读经济学博士，继续拓宽视野，加强自身修养，不断沉淀自己，做好国药诺达的掌舵人。

蓝图已绘制,奋进正当时,范虎城将带领国药诺达始终坚持不忘初心,牢记使命,带领党员骨干,树立"四个意识",坚定"四个自信",做到"两个维护",以变革抓住机遇,用创新迎接挑战,为新时代中国智慧后勤事业绘制崭新画卷,共筑健康民生繁荣发展,在实现全球领先的智慧后勤一体化服务道路上栉风沐雨,砥砺前行。

编者语

紧跟国家政策,掌握行业动向,随时调整企业精准战略定位,是范虎城几次成功转型的不二法宝。一个好的战略指挥家,能将理论与实战相结合,眼神犀利,嗅觉敏感,去发现身边潜在的风险与机会。同样,一个优秀的企业家,要具备较高的政治觉悟和强烈的社会责任感,根植华夏,服务人民。范虎城牢牢将企业发展与造福社会紧密相连,做守护人民生命健康安全的"长城后盾"。

新时代的法商人
——改革开放 40 周年《中国法律年鉴》人物　薛少卿

受君之托，忠君之事

薛少卿

个人简介

薛少卿,男,1966 年 1 月出生,中共党员,法学博士,高级工商管理硕士,高级律师、高级经济师,河南鼎卿律师事务党支部书记、主任。从 1987 年 10 月到郑州市二七法院实习至今,从事法律工作三十余年。薛少卿律师具有上市公司独立董事资格,注册专职律师,2006 年度全国律师电视辩论大赛河南赛区明星辩手。曾或现任河南省法学会会员,河南省律师协会刑事风险防范委员会主任,河南省律师协会公司法专业委员会执行委员,河南省律师协会房地产专业委员会执行委员,郑州市律师协会刑事协会秘书长,郑州市惠济区人大代表,郑州市惠济区人大法制委员会委员,郑州市惠济区新的社会阶层联谊会会长,河南惠同心律师讲师团团长,《光明日报》河南记者站、《中国工人日报》河南记者站、郑州市惠济区委等十多家政府、新闻媒体、企事业单位法律顾问,中国政法大学河南校友会副秘书长,郑州大学 EMBA 联合会副会长。薛少卿律师还曾受聘于郑州大学成教学院,河南农业大学文法学院讲授公司法、经济法概论、刑法等课程。多次被评为优秀人大代表、优秀党员律师、优秀刑事辩护律师。

絮语

治强生于法,弱乱生于阿。在高度文明与快速发展的中国,依法治国的理念已深入人心:法治兴,则国家兴;法治强,则国家强。作为一名从事法律工作 30 余年的资深法律人,薛少卿秉承对法律的敬畏之心,以及厚德、博学、明辨、鼎信的执业理念,在多年的工作中始终保持初心、敢于担当、勇于奉献、一身正气。

勇于担当　做新时代的法商人

薛少卿自 1987 年 3 月到郑州市二七区法院实习,至今从事法律工作已有三十余年。扎实的法律知识储备以及多年的行业经验,使他形成了独特的法商思维,由他创立的刑民交叉法律思维与法商思维相融合的跨界模式成为业界典范,同时他也成为国内早期研究该业务领域的实务专家之一。为了能更好地将法律思维和商业思维融合,2013 年秋天,他进入中原第一学府郑州大学商学院学习,这两年的学习历程不仅丰富了其知识结构,与同学们的相处也使得他更能体会企业家在发展过程中的需求和苦衷。

2015 年 9 月,他完成了 EMBA 全部课程,并通过论文答辩,取得了郑州大学 EMBA 硕士研究生学位,使他在刑民交叉法律思维与法商思维相融合思维领域的研究有了新的突破。2016 年 3 月河南鼎卿律师事务所成立,2018 年 12 月事务所党支部成立。律所在各级领导和各界朋友的支持下迅速发展,现有自有办公面积 1 200 平方米,博士研究生一名、硕士研究生 5 名、本科生 12 名,并成功代理了一批在全国和本省有重大影响的刑事、民事案件。如:被中央"扫黑办"评为四大精品案件的、以李某某为首的黑社会组织性质犯罪案,被河南省人民检察院评为 2019 年十大精品案件的邵某某受贿案,等等。

薛少卿创办鼎卿律所

2018年3月3日,由中国政法大学犯罪与司法研究中心主办、中国政法大学河南校友会承办的"扫黑除恶"法律适用研讨会在郑州市紫荆山宾馆召开。薛少卿作为中国政法大学河南校友会副秘书长、河南鼎卿律师事务所主任应邀出席,并主持会议第二阶段。会议就扫黑除恶政策法规和涉黑涉恶案件的律师辩护进行研讨,并取得了圆满成功。同年5月,薛少卿律师参加了北京大学法学院组织的刑民行交叉法律问题高级研修班的学习、交流。这些年来他总是抓住一切学习进步的机会,不断地提高自己、充实自己。

庆十九大中国政法大学河南老校友重阳聚会

作为较早研究刑民行交叉法律问题和法商思维融合的实务专家之一，薛少卿与原最高人民法院刑三庭戴长林庭长、法学界权威北京大学法学院博士生导师陈瑞华教授、陈兴良教授、梁根林教授及来自全国各省市的大律师、学者、教授不断进行交流、学习、沟通，并将研究成果通过各种方式推广开来。2018 年 11 月 26 日上午，由中国政法大学司法与犯罪研究中心主办、中国政法大学河南校友会承办的律师与企业家保护论坛预备会在河南鼎卿律师事务所举行。与会嘉宾畅所欲言，观点新颖，视角广泛，有深度、有价值，会议效果超出预期。2019 年 11 月 15 日上午，薛少卿受河南省社会主义学院邀请，为新的社会阶层人士做题为"民间借贷刑民交叉疑难问题"的法律讲座。此次培训以企业家、民办学校校长、律师、会计师、自由职业者等为代表，汇集了社会各行业精英人士，讲座得到了与会人员的热烈响应，取得了圆满的成功。2020 年受新冠肺炎疫情影响，薛少卿律师以其在刑民交叉法律思维与法商思维相融合思维领域的研究处在业内领先地位，仍然稳步前行。

从业三十余年，薛少卿始终秉承"厚德、博学、明辨、鼎信"的执业理念，以"受人之托、忠人之事"为宗旨，以"案件大于天"为使命。多年来他代理诉讼、非诉讼案件达三千余件，涉案标的逾百亿元，直接挽回和避免企业经济损失数十亿元。他的律师团队不仅擅长商业、金融犯罪的刑事辩护，对于金融、房地产、公司等领域业务也是尤为专业，同时，能为企业的经营发展方向、合规管理、融资、债权债务清偿、公司治理、筹划上市、法律风险防范等方面提供良好的建议和实施方案，并且获得委托人及司法办案人员的高度评价和肯定。

认真履职　关注民生

作为一名律师，薛少卿逻辑思维缜密，理论功底扎实，知识结构完整，实践经验丰富，善于从多角度思考解决问题，是一位具有丰富商业谈判经验的优秀律师。而作为一位人大代表，他这样说："在履行一名人大代表的职责和义务时，首先要做到的就是要遵守宪法和法律，保守国家秘密，在自己参加的生产、工作和社会活动中，协助宪法和法律的实施。"他也实实在在是这样做的。

除办案外，关心关爱弱势群体、热心社会公益也是他一直以来的坚持和坚守，这样的社会活动，虽然很忙很辛苦，但他却忙得不亦乐乎。2017 年重阳节，在郑州市惠济区青寨社会老人院，他为老人们普及关于维护老年人合法权益事项，并送去 2 000 余元的慰问品，他倡导要关爱老人、服务老人，依法维护老年人的合法权益，多年来一直坚持运用法律和道德等手段，加强老年人权益保障工作，促进老年人各项合法权益的实现的重要工作。向老年人这一特殊群体进行法制宣传的同时，他还提倡爱幼的社会美德，2018年六一儿童节，当他得知郑州市迎宾路社区兴建儿童娱乐室这一消息，他第一时间购买3 000余元儿童玩具、书籍送到社区。

薛少卿律师将关爱老年人健康及权益保障，关心下一代人的成长，关注社会民生当作自己一项重要的工作来对待，默默贡献着自己的绵薄之力。

重阳节在青寨进行公益活动

为社区儿童捐赠物品

积极进取　弘扬法治

"梅花香自苦寒来"。改革开放四十多年，中国法治的进步令国人欣喜，更让世人瞩目，四十多年来，国家培养了一大批法律专业人才，逐步建立以《宪法》为轴心的具有中国特色的完整法律体系，《民法典》的颁布，更是具有里程碑的意义。法治的进步凝聚了中央几代领导人的心血，融入了众多法律人的梦想，中国法治的进步，将助推中华民族的复兴，一个法治强国、经济强国、科技强国必将傲视全球，作为新时代的新阶层人士也必将个人的梦想融入国家发展的洪流之中。

2018年5月，作为郑州市惠济区律师工作委员会主任，在郑州市惠济区统战部指导下，在郑州市惠济区司法局大力支持下，薛少卿把全区十余名骨干律师组织起来，成立"惠同心法律顾问团"。顾问团成立以来，薛少卿带领全体团员为社会各阶层组织讲座二十余场，受到社会的广泛关注和群众的一致好评。

"扫黑除恶"是以习近平同志为核心的党中央为夯实党的执政基础，为百姓创造一个幸福美满生活的环境，在全国范围内开展的一项专项斗争。作为一名法律工作者，他积极响应，并与几名法律工作者一起，于2018年3

月3日在郑州市组织了一场300余人参加的"扫黑除恶"法律适用研讨会，会议取得了圆满成功，在全国范围内产生了巨大影响。会后，他又参与编写了《黑社会性质组织犯罪案件法律适用》一书，由法律出版社出版发行，现已经是第三次印刷，反响良好，为"扫黑除恶"工作做出了突出贡献。

2018年11月30日，他受郑州大学法学院邀请，作为评委会主席主持研究生论文答辩，答辩结束后，为在校研究生举办了一场"扫黑除恶与环境保护"专题讲座。他从黑社会性质组织犯罪的特征进行分析，从刑法理论结合办案实践，从打击黑恶势力对环境保护等多角度展开阐述，高水平的讲座受到了在场研究生的一致好评。

2018年12月4日宪法宣传日，受郑州市监管支队邀请，薛少卿为300余在押人员举办了一场"弘扬宪法精神，建设法治郑州"专题讲座，他从宪法保护人权角度展开，宣扬依法治国的理念，尊重在押人员的公民权利，讲授刑法常识，使在场服刑人员深受教育，现场讲座被一次次热烈的掌声打断，精彩的授课受到监管支队领导的高度赞扬。

薛少卿律师为在押人员讲解宪法

作为一名律师，薛少卿律师时刻不忘自己身上的责任和使命，他通过自身的法律专业知识，遵法弘法，为社会的稳定和发展做出来自己最大的贡献。

深入基层 送法下乡

基层工作做不好直接影响到百姓的幸福指数,进而影响到和谐社会的建设。按照郑州市惠济区司法局要求,2018 年 5 月 13 日,河南鼎卿律师事务所应郑州市惠济区迎宾路司法所和迎宾路人大工委邀请,为辖区 200 余名干部举办"扫黑除恶"主题讲座,与会人员纷纷表示,对中央布置的"扫黑除恶"专项斗争有了更深刻的认识。

薛少卿律师为干部群众作专题讲座

2020 年 7 月,随着《中华人民共和国民法典》颁布,这是新时代我国社会主义法治建设的重要成果。为贯彻落实习近平总书记关于颁布实施民法典的重要讲话精神,薛少卿在郑州市惠济区金河社区成立宣讲团队,充分发挥律师在普法宣传工作中的专业优势、职业优势和实践优势,深入基层、深入群众,以饱满的热情、昂扬的斗志、专业的知识、积极投身到民法典宣讲活动中去,为民法典在郑州的贯彻实施做出积极贡献。

贯彻上级领导一村一律师的指示,薛少卿作为郑州市惠济区西黄刘村的法律顾问,每月在村委调解室值班四次,向全村村民公开自己的电话。一年来,接受各种法律咨询一千余件,为社区居民免费代理案件七起,成功地化解了二十余起矛盾。

编者语

步入知天命之年的薛少卿已是河南知名的精英律师,但是他为国为民奉献的热情却一直炽热无比,他们这一辈人在我国社会主义法治建设的道路上,在推进全面依法治国的道路上奉献了的青春,挥洒了汗水。这些经历和精神,将激励着我国一代又一代的新法律人。

"有血有肉"的服务者

——瑞茂通供应链管理股份有限公司董事长　燕　刚

一个朝着既定目标坚定前行的人·全世界都会为之让路

　　燕刚,1978 年 6 月生,1998～2002 年就读于河南财经政法大学,郑州大学 MBA,长江商学院 EMBA。于 2002 年从河南财经政法大学毕业后,从事大宗商品贸易行业近 17 年,作为瑞茂通创始团队的一员,带领公司砥砺前行,深耕供应链管理业务,致力于打造大宗商品贸易和金融的国际化平台,主营商品有煤炭、油品等。现任瑞茂通供应链管理股份有限公司董事长。

絮语

路漫漫其修远兮，吾将上下而求索。创业路不仅漫漫，更是遍地荆棘，但是所有的困难在有着坚定目标的燕刚面前都变成了迈向成功的阶梯。作为企业的"大家长"，他坚定顽强、不忘初心，为企业的发展殚精竭虑，对一起奋斗的家人无微不至。他成就了企业、成就了自己，但他没有止步，一直在路上……

扎 根

梦想的种子一旦扎根，就会像植物一样迅速生长。

2000年，弱冠之年的燕刚还是一位刚刚走出校门的学子，怀揣着对未来的向往和满腔的热血来到了中瑞控股和瑞茂通。燕刚说："加入中瑞控股，我个人感觉到非常幸运。让我一个懵懂少年成长为一个上市公司的董事长，是中瑞控股、瑞茂通给了我这个平台，让我可以带领几百位兄弟姐妹一路攀登、一起成长，实现自己的人生价值。"

"创业初期三个人住一个标间时，领导规定：回来最晚的人睡床上。"燕刚回忆道："那时候大家都出去跑业务，回来最晚的一定是最辛苦的，不能让最辛苦的人寒了心。"正是这种想干事，干实事的工作氛围让燕刚坚定地选择扎根在瑞茂通。

选择扎根瑞茂通，也意味着选择了扎根煤炭行业。成长是扎根的过程，这是漫长的，也是痛苦的，但很少人会像燕刚这样，主动找上门选择"以痛为伴"。他说："煤炭领域，市场够大，痛点也够多。煤炭市场产销分离、供应链条长，流通环节成本占比高，资源配置效率低，但这反而给瑞茂通煤炭供应链业务实现快速发展提供了良机，为瑞茂通将煤炭从中西部和北部运输到东南沿海下游终端用户培育了肥沃的土壤。"

二十年栉风沐雨，在这片土壤上，燕刚由一枚青葱少年一路蜕变成为一个成熟稳重的大男子汉，瑞茂通也从小小的煤炭贸易商成长为大宗商品供应链管理生态企业。岁月中充斥着各种挑战和困境，但对于燕刚而言，这些早已是家常便饭。燕刚说："瑞茂通创立于煤价低谷期——2000年，这便培养了瑞茂通人'生于忧患'的态度。"也正是得益于这种积极的人生态度，瑞茂通顺利地渡过了煤炭十年后的调整期。2002—2012年这十年时间，是煤炭行业快速发展的黄金十年，也是煤炭行业享尽风光与荣耀的十年。一夜之间原来的商业模式不成立了，企业盈利艰难，一系列问题接踵而至。如何

转型？如何稳定团队？如何快速的调整战略？一个个的问号扰得燕刚寝食难安。

但就是在 2012 年煤炭行业的低迷期，瑞茂通逆风飞翔，成功上市，成为中国 A 股板块的成员之一，这标志着瑞茂通新纪元的到来。上市后，企业的品牌价值和市场影响力瞬间提升，为企业的发展开辟了新的融资通道，企业的治理结构和发展战略也得到了进一步的完善，为企业的快速发展奠定了坚实的基础。

2011 年以后我国煤炭消费规模保持在年均 40 亿吨，根据《煤炭工业发展"十三五"规划》显示，到 2020 年我国煤炭消费规模预测为 39.87 亿吨，占能源总消费的比重为 58%。煤炭市场不仅够大，发展前景也是一片光明。

"好的平台、大的市场，特别想做事。"这不仅是燕刚创业初期的简单想法，也是当下的朴实心声。不惑之年的他，依然壮志在胸！

他说："虽然瑞茂通已站稳脚跟，但绝不能有停滞不前的危险想法，过去的 20 年只是瑞茂通扎根的过程，未来才是让梦想枝繁叶茂，开花结果的美妙时期。"

秉承那份初心，扎根平台，砥砺前行，瑞茂通终得"晓来喜报檐前鹊，忽得珠玑璨两篇"，荣获 2017 年、2018 年、2019 年度"中国大宗供应链领域领军企业""2018 中国煤炭运销企业卓越品牌""煤炭行业 AAA 级信用企业""2019 中国煤炭运销卓越品牌"等称号。2019 年 5 月 9 日，瑞茂通成为首批郑州商品交易所服务实体经济"产业基地"。

走出去

把根扎好，活下来，才有机会更好的发展。走出去，无论是一个人，还是一个企业，"活下来，走出去"都是必经之路。

近年来，国家切实采取推进经济全球化的实际行为，积极推动经济全球化"一带一路"合作平台的建设与发展，拓展跨境贸易和大宗商品交易渠道，积累相应经验，为企业"走出去"，扩大全球商业版图铺桥搭路。此外，出海业务也正在为企业带来新的增量市场。15 世纪，郑和七次下西洋、哥伦布发现新大陆，走的就是'全球化'路线。燕刚认为，只有"走出去"，采取国际化战略，瑞茂通才能够有更广阔的视野，才能真正了解大宗商品，更科学、更专业地审视行业。行业形势的变化更加坚定了瑞茂通实施"买全球、卖全球"的战略决心，在燕刚的重大决策下，瑞茂通勇敢地推开了通往世界的大门。

2009 年，我国煤炭进出口形势发生了巨变，首次由煤炭出口大国一跃成为煤炭净进口国，宣告了我国"净进口煤时代"的来临。燕刚认为："要抓住这个时代机遇,让瑞茂通走向海外!"

目前,瑞茂通业务版图已经覆盖到印度尼西亚、马来西亚、俄罗斯、澳大利亚等10余个国家和地区。为了挖掘出全球最优的煤炭资源,开拓国际市场,进一步丰富采销网,燕刚决定并亲自指导设立海外分公司和办事处等组织机构,为"买全球、卖全球"的战略定位做支撑。

瑞茂通运输货物的轮船

从响应政策到落实,瑞茂通随着经济全球化的潮水涌动,争做时代弄潮儿,一步一个脚印,一点一滴努力,在务实合作中落地生根、开花结果。2015年,瑞茂通已经做到我国进口煤第一大进口商(主要是动力煤),每年进口量占我国进口煤炭总量的12%左右,占我国进口电煤总量的15%~16%,占印度尼西亚出口我国煤炭总量的20%左右。

独行快,众行远。燕刚强调:"只有让更多的国家参与瑞茂通的供应链生态圈内,好好合作、互利共赢,才能促进生态圈良性运转。"不放过任何一个机遇,燕刚赋予了瑞茂通全球买手的角色,在每年的中国国际进口博览会上,都可以看到瑞茂通"买买买"的身影。燕刚说:"在2019年举办的第二届中国国际进口博览会上,瑞茂通全资子公司及其参股公司与来自印尼、澳大利亚、俄罗斯、蒙古等多个国家的外商和国内知名企业代表进行了签约仪式,签约项目多达12个,从国际市场采购煤炭约3 500万吨。"

瑞茂通携海外布局亮相第二届进博会

"实践告诉我们,要发展壮大,必须主动顺应经济全球化潮流。未来,瑞茂通将持续探索优化全球资源配置,通过构建全球化的供应链生态圈,不断扩容其'朋友圈',让资源配置更优化、配送服务更精准,为行业上下游企业提供更加优质的产品和服务。"燕刚如是说。

革　新

如果我们不关心自己即将面临什么样的明天,那又怎能掌握什么样的今天?在行业的磨砺、时代的变革中,只有不断提升对用户提供服务、对行业降本增效的综合能力,才能永立潮头。2020年5月15日,燕刚在瑞茂通数字科技转型动员会上,提出了"以新理念引领新发展"的观念。他认为,数字化雨,润物无声,随着区块链、大数据、物联网、云计算等现代信息技术手段的发展和普及,数字化转型已不再是一道选择题,而是一道生存题。目前,国家正在大力发展新基建,这个议题也越来越受到全社会的高度关注。具体到公司层面,所有人员都需要加强自身的数字化能力建设,这也成为关乎企业未来发展的核心指标,必须立刻开始"数字化"变革。

这场会议的顺利召开标志着瑞茂通正式踏上了战略转型的新征程。要从一个商贸企业、供应链管理企业向数字科技企业转型,燕刚表示,"企业数字化改革已非新鲜事,做强才是关键,瑞茂通必须从夯实技术创新,引领行业新方向;线上线下融合,推进混改合资,实行类做市商制度;走高质量多品种道路,开拓企业新局面四个方面着手做好做强。

为落实好战略转型任务,燕刚拿出了二次创业的心态,用一种敢于自我革命的精神带领大家再次出发,直面战略转型路上的一切未知。日新月异的时代变幻中,挑战多于机遇、困难多于机会、不确定性多于确定性,只有随机应变方能跟上时代节奏,在变局中突破,在变量中寻找新的机会,在变动中激发新的动能。

聚　力

集天下英才,聚磅礴之力。

人才是推动企业长久发展和转型升级的核心要素,燕刚一直十分注重人才培养,他认为打造综合素质优良的精英队伍尤其重要。他说"在发挥好现有人才作用的同时揽四方之才,择天下英才而用之。瑞茂通就是为千里马搭建的大舞台,在这里他们可以竞相奔腾,肆意挥洒汗水,用不懈的努力诠释'后浪'风采,用辉煌的业绩回馈清新芬芳如甘露般的年华。"

2020年,瑞茂通成立了领导力学院。在开班仪式上,燕刚作为瑞茂通领导力学院执行院长发表讲话:"人才是瑞茂通前20年迅速发展的强大支撑,也会成为未来20年发展的内生动力,瑞茂通的战略注定了要把人才发展,尤其是公司内的人才梯队建设,作为公司的发展重点来抓。在领导力学院中,我们努力营造开放包容的学习型组织氛围,学院作为瑞茂通人才培育体系中重要一环,值得全体员工重视和参与,全体员工与公司同学习、共进步,使整个瑞茂通大家庭加快成长步伐。"

瑞茂通领导力学院开班

为更好地发激发人才的潜能和积极性,瑞茂通引入了合伙人制度,自2012年底上市,公司三年内先后实施两轮股权激励计划。此外,无论是新进员工还是中层干部,公司都制定了相应的培养方案,为了鼓励员工不断学习、提升自己,公司大力赞助员工就读在职研究生或 MBA、EMBA 等,并且与南开大学携手开展了人才培养合作。

　　目前,瑞茂通拥有员工 500 余人,平均年龄 28 岁,本科及以上学历达93%,211、985 毕业生占全员比例 50% 以上。燕刚说:"从国内到走出国门,瑞茂通之所以可以一路披荆斩棘、乘风破浪,正是青年团队挥洒青春、奋勇拼搏的结果。未来,瑞茂通仍坚持把人才作为第一发展资源,通过多维度引进人才、培育人才、留住人才,并且让人才红利充分释放出来。"

责　任

　　把关爱注入大地,把责任写上天空。

　　2020 新年伊始,一场突如其来的疫情席卷全国,医疗物资十分紧缺,这深深牵动着瑞茂通人的心。1 月 26 日,中瑞实业集团领导嘱托海外业务团队,要充分利用集团海外资源广、渠道多的优势,想尽一切办法,通过一切渠道,紧急购买、调运医疗物资,竭尽全力支援国内的防疫战线。燕刚亲自上阵,担任组长,部署成立防疫物资小组,发动境内外业务团队,助力战"疫"、共克时艰。

　　疫情就是命令,防控就是责任。回忆起那场与时间赛跑的"守护天使"行动,燕刚百感交集:"随着疫情蔓延,医疗物资成为全球稀缺资源,再加上很多国家停止了飞往中国的航班,公司内几位负责筹措物资的小伙伴都着急地哭了。但他们不放弃任何一个渠道,协调当地的货运代理,寻求政府、协会和当地相关机构的帮助。

　　"困难来了,不做逃兵,勇敢面对!"燕刚表示,位于英国、美国、新加坡、印尼、越南等多地的海外业务团队四处奔走,利用一切资源渠道采购医疗物资,以实际行动诠释了责任和担当。越南物资分批次人肉运至新加坡,印尼物资从雅加达运到香港再到郑州,还有部分物资由同事的家人托运带回,然后再通过物流运抵信阳、郑州战'疫'一线。一桩桩一件件发生在"战疫"路上的感人事件至今仍让大家心怀感触。

　　作为一家国际化企业,随着疫情在全球全面爆发,瑞茂通密切关注海外合作伙伴所在地区的疫情动态,实时了解其防疫物资需求。在得知印尼疫情日趋严重,防疫物资十分紧缺的消息后,瑞茂通迅速行动,筹措到 20 万只医用口罩并加速运送至印尼。燕刚说:"在中国抗疫物资最缺乏的困难时刻,是瑞茂通海外的合作伙伴出于信任与爱,通过'我能征集多少,就支援多少'的质朴方式,尽全力帮助中国。如今这些老铁们身处疫情困境,瑞茂通大家庭感同身受,必将尽己所能回馈支援,希望这些口罩能够及时帮助到他们。"

瑞茂通驰援国内疫情

万里驰援,铁肩担道义。对内,瑞茂通做到了一个企业对国家、对同胞的责任;对外,瑞茂通做到了一个大国的企业在危难之中对于人类命运共同体的责任。

精　神

不要让安逸的生活,把我们心中那颗梦想的种子给掩埋掉了。

"欲齐其家者,先修其身;欲修其身者,先正其心。"所以在瑞茂通不需要唱高调,不需要拍马屁,更不需要耍计谋——这是一家能让你认认真真做事的公司。在公司甚至有一些奇特的规定:不给领导转菜碟,不给领导开门,等等。在一次会议上,有高管问为什么这样。燕刚回答:"我们到今天靠的是这帮兄弟筚路蓝缕、拼搏奉献,我们的未来也要靠这帮兄弟,我们是家人。"也正因为这种"家文化",这么多年来瑞茂通从没有主动辞退过一个员工。

这是一个只要肯付出,就可以安身立命的时代。燕刚说:"目前公司的老员工,大部分都是农村出来的娃娃,那时候能拼的只有我们自己。我们就如同沟边路旁的狗尾巴草,给点阳光、给点雨水,就能顽强地生长。今天,无论企业发展到怎样高大上的地步,都不能忘记自己曾经是'草根'。"在很多场合,燕刚多次强调,瑞茂通就是"草根"大本营,我们不能丢掉自己的本色。他说:"我希望每个瑞茂通人都能秉持'草根'精神,互相影响,不论今后遇到怎样的大风大浪,都能像小草一样坚强地生存下去,并能散发出灿烂的光彩与无穷的活力。"

曾记否,到中流击水,浪遏飞舟? 燕刚说:"我时常问自己瑞茂通什么样子?'家'的文化,'草根'的精神! 但这似乎早已不仅仅是瑞茂通的样子,依然转变成了一种情怀,一种信仰,一种传承!"

匠　心

世间一切的美好,都源于匠心。

时间在变,瑞茂通优化全球资源配置的初心不变。燕刚说:"二十年来,瑞茂通人秉承为行业降本增效的理念,针对产业链用户需求,设计出了综合、多样、个性化的服务产品。从贯穿南北的大秦线,到遍布全球十余个国家的采销网络,瑞茂通始终贯彻'买全球、卖全球'的战略使命,竭力挖掘优质资源,坚持为用户提供全面、高效、精准、精细化的服务体验。"

初心在方寸,咫尺在匠心,服务无止境。二十年的时光,足以锻造一个企业的口碑;二十年的沉淀,足以让一个嗷嗷待哺的稚儿蜕变为一个年轻有为的青年;二十年的坚守,足以成为行业里最闪耀的星……

二十年里,有困惑,有迷茫,有失落,也有犹豫。燕刚说:"创业路上,几经波折,我也从一位稚嫩少年成了孩子的父亲,我要感谢生命中为我撑伞的家人们,是他们在我失落时耐心地聆听倾诉,在我犹豫时鼎力支持……"

"在郑州大学商学院学习经历,已经成为我奋斗路上'黑暗'时刻的指路明灯。在这里我通过系统的学习,全面掌握了经济学、管理学、人力资源等学科最精华的知识,并且开拓了眼界、拓宽了人脉。感谢商学院的教师们,正是在他们的谆谆教诲下,我更多地了解了中国企业的实际,更加从容和明晰地带领企业向前进。"燕刚每次提起商学院的经历,都感慨不已。

正是不断地风雨洗礼,磨炼了燕刚的匠心。燕刚说:"一个人坚持一事,难;一群人坚持一事,难上加难。匠心是做好服务最基本又最重要的东西,只有胸怀匠心,才能找到甘之如饴的心境。只有胸怀匠心,才能鞭策自我,不断向前。只有胸怀匠心,一群人才能为了同一个梦想,不负韶华。"

编者语

青丝付韶华,不负国与家。岁月磨平了燕刚的棱角,但无法浇灭他心中的少年心志。他不忘初心,甘愿做一名"服务者",用他宽厚的肩膀挑起了对国家、对社会、对携手同行的兄弟姐妹们的责任和担当。

让管理成就卓越

——太平财险河南分公司党委书记、总经理　文晓娜

座右铭

天道酬勤

个人简介

　　文晓娜，河南省平顶山市宝丰县人。郑州大学商学院 MBA 2005 级学员。现任太平财险河南分公司党委书记、总经理。

絮语

　　对于很多初级管理者来说，"管理"是一件劳心费力的事。尤其把精力放在"管"上时，你会发现付出和效果不成正比，方式不当可能还会适得其反。其实管理是一门科学，更是一门艺术，讲究"术"，更讲究"心"。也许看了文晓娜的故事你就会明白，为什么客户认可她、信赖她，员工钦佩他、敬重她。她又是如何用有形的管理学知识与无形的人格魅力，影响着公司的建设与发展的呢？

初识文晓娜,你会被她巨大的亲和力所吸引:一身得体的职业装,一头浓密的齐耳短发,眼镜后面一双睿智而深邃的眼睛,热情、干练、阳光,态度谦逊,气质温和大气,充满了一股神奇的魔力。

熟识后,你会了解她刚毅热血的另一面:从小对军人充满崇敬,年少毅然离开父母家乡走入军营,成了一名保家卫国的军人。四年艰苦紧张的部队生活,塑造了她一身铮铮铁骨,满腔战斗豪情,磨练出坚韧不拔的性格品质,为今后的人生之路,打下了一个坚定而扎实的基础。

文晓娜的家乡,在河南省平顶山市宝丰县。这里是"中国曲艺之乡""魔术之乡"和"民间文化艺术之乡",物华天宝、人杰地灵。深厚的文化底蕴让她获得了人生成长的无限养分,在人生之路上,以巨大的热情和勇气,一路前行,一路奋进。

腹有诗书气自华

在文晓娜内心深处,她始终奉行着终生学习的理念。青年时离开校园步入工作岗位,她坚持利用一切空余时间,以惊人的毅力,拼命地学习、充电。她就像一块海绵,不断地吸取知识的营养。伴随着在管理岗位上的不断晋升,她发现在宏观战略、管理理念、管理方法上还需要有新的质的突破。在对知识渴求的驱动下,她凭借自身的努力成为郑州大学商学院 MBA2005级的一员,在这里和全国各界精英一起,在商学院教授的指导带领下,重温世界管理学大师的经典理论、复盘经典商业案例、研讨在复杂的国内外经济、社会和技术环境下制定企业发展战略、探究企业日常经营管理决策方案。她发现,曾经在管理岗位上解决的问题,在课堂上找到理论支撑和案例对应,很多工作上的困惑也在复盘中得到了新的启迪。她更意识到,MBA 课堂上给予学员们思考模式和勇于创新、主动寻求突破的进取精神,将成为她未来职业生涯不断进取的动力。

从郑州大学商学院顺利毕业后,文晓娜还经常利用周末时间,参加各种公司经营管理、论坛和学术研讨会,不断提高自己的企业管理水平和文化底蕴。在日常工作中,她也注意用 MBA 课堂上的管理思想引导培养公司的干部员工,成为郑州大学商学院精神在太平财险的"播种人"。

唯宽可以容人,唯厚可以载物

2004 年 1 月,从部队回来的文晓娜进入太平财险河南分公司工作,成了一名开拓、勤奋和执着的太平财险人。从此,太平财险河南分公司实现了从蓓蕾初绽到鲜花盛开的华丽蜕变,谱写了太平财险在中原大地上阔步向前的新篇章。

以心交心,以情换情,在工作中,文晓娜交了很多真心朋友。

太平财险河南分公司战略合作伙伴,某运输集团董事长谈起文晓娜,评价她是一个很有思想的人,跟她打交道感觉放心、舒心。一是能给你解答工作中的难题;二是能给你找到出路;三是和你共同想办法解决问题。"比如指导我们公司建设党建文化墙,将党的思想根植企业发展,也成为我们公司发展的不竭动力。""她是一个干什么事都很认真的人,工作起来更是如此。有次她生病住院做了一个大手术,却没跟任何人说,而且还经常跟我发微信谈工作。她饱满的工作状态和敬业精神让人由衷佩服,跟她合作我放心。"

在该运输集团副总经理的眼里:"文总口才好,还低调,很谦虚的一个人,好接触。我们集团和太平财险河南分公司做业务,其实不是在跟太平财险做业务,而是在跟太平的人在做业务,要没有文总这样优秀的太平人,我们不会建立业务关系。"

强将手下无弱兵,当一个人被认可的时候,浑身是劲。

太平财险焦作分公司的总经理对文晓娜充满了敬佩之情:"我当初为什么选择来太平,就是因为文总的个人魅力。作为一个企业,一要讲究企业文化理念,二要讲究做业务的品质。很多重要业务,文总亲力亲为,她有那种大气磅礴的劲头,想尽一切办法和客户建立密切合作关系,这是文总的一大特点。跟着文总学习,她是我最好的老师,对自己是一种历练。"

他说,"文晓娜对公司如何发展思路非常清晰,专业性强,对市场保持有很好的洞察力、敏锐性,河南分公司这几年每到关键节点或者遇到瓶颈时候,她都能够根据形势发展,指挥得当、做出最正确的研判,体现出一个领导者的思维和思想,这一点让我们非常佩服。"

排兵布阵、现场指导、多次调研;想思路、出点子、找路径。这些都是文晓娜让太平财险河南分公司地市经理们钦佩的地方。

现太平财险驻马店分公司总经理,2016年4月从原来的单位跳槽之后,毅然加入太平财险河南分公司,负责筹建驻马店分公司。

"在驻马店公司筹建期间,让我最感动的是文总对我们很关心,让我们放心、放手去筹建公司,其余的事都交给她办。由于文总多方协调,我们筹建公司少了很多麻烦。我们驻马店公司当年实现保费6 000多万,提前三个月完成全年的预算任务,这得益于文总经常到驻马店对我们工作进行指调研、指导,担当了导师兼领导的角色。"他深有感触。

太平财险商丘分公司副总经理,是2018年11月才加盟太平财险河南分公司的。他说："我跟文总见第一面，并没有在商丘分公司办公地，而是在一个茶馆见的面，她比我们约定的时间早到几分钟。说实话，一见如故，当时她像一个知心大姐一样，我们一直谈了两个多小时。她把太平财险河南分公司整个体系的建设以及业务规模，介绍得非常详细。那天，阳光也比较好，我俩在茶馆一个窗户旁边坐着，发现她也在不停地擦汗，我当时觉得文总是不是身体有一点虚弱？后来加入公司后才知道，那时她刚刚做完手术。所以我到公司不是冲着利益、金钱而来，而是冲着文总人格魅力而来。"他现在回忆起当时的情景，还历历在目。

企业最大的资产是人

文晓娜对工作一向要求很严，一点情面不讲，有时吵起员工能让人心生惭愧但又心悦诚服；但她也有女性温柔的一面，对员工十分关心和体贴，比如家里孩子上学、老人生病，这些事她都要过问，教员工先做人再做事。

太平财险河南分公司销售管理部室主任，2009 年 7 月来到公司，至今已有 11 年了，说起文晓娜对自己的人文关怀，就哽咽起来："我跟文总一同共事已经快七年了，作为公司的一名基层员工，我个人的感受特别深。我觉得，我能够深刻感受到文总细心培养员工、关心员工这种温暖的情怀，对我以后的人生和职业生涯，都是宝贵财富，我一直不会忘记。"

她说，日常工作中，文总态度非常亲切，永远都有阳光的微笑。她把她个人的魅力，传导到了公司所有基层员工的心里。如果偶然正面遇到文总的时候，她都会主动和我们示意、温和地打招呼。

"还有一件事，让我永远难以忘怀：2016 年年底，我生了一场大病，做了一个手术，那段时间因为在家休养不能上班，我的心里是非常煎熬的。文总多次安排同事到家里探望我、宽慰我安心养病，让我非常感动。本来医嘱让我休息三个月，但心里放不下工作，两个月之后我就提前回到公司上班。回来之后，文总还亲切地询问我身体恢复的状况，并叮嘱我注意身体，令我感动不已。"说到这里，她忍不住掉泪。

在她眼里，文晓娜是一个非常有担当和务实的领导，公司的企业文化，在她身上体现得淋漓尽致。"河南分公司这么多年发展非常好，我觉得首先是文总把经营企业作为己任，并且能够日复一日、勤勉奉献，我作为一名基层员工，我觉得文总这不光是对党对国家的忠诚，更是体现了她对企业背后千百个家庭的负责和担当。"

她说，文总身体力行和呕心沥血的付出，给我们撑起了这片晴天，为我们打造了一个安全的港湾。所以，我们没有任何理由埋怨工作的辛苦和委屈,所有的一切,都化为大家更加努力工作的动力。

春风化雨暖人心

在文晓娜身上,不但有男人的刚性,还有女性的温柔。企业不仅仅是员工工作的地方,更应该给予员工以家的温暖,这是她在郑州大学 MBA 课堂上的感悟,也在工作中不断提升企业员工凝聚力。

太平财险河南分公司车险部负责人说:"我来公司后的第二天就停电了,连着停了三天,当时特别热的天。文总来了之后,第一件事就是想尽一切办法解决了电路问题,既保证了公司正常工作,也改善了员工工作环境。"

太平财险河南分公司销售管理部负责人,是太平财险河南分公司一名老员工,充分感受了公司总经理文晓娜带给员工的温情:"在一年的'三八'节座谈会上,文总讲自己家庭的时候动情至深,周边人都很感动,都是含着泪在听。她主要讲如何处理公司工作和家庭关系,通过自己切身的经历,鼓励我们年轻员工一定要处理好家庭和工作关系,她说,家庭不好,工作一定干不好,给了我们很多的人生启迪。"

真抓实干、设身处地、身先士卒

对文晓娜而言,在复杂环境下保持敬业高效,带领企业不断走向胜利,是管理者的本责,为此她不知道何日是假期,几乎天天都是工作日。

太平财险河南分公司人力资源部负责人,说出了一组让人感动的数字:"文总对工作执着的敬业精神,有很多鲜活的例子,从她休假的情况就知道了。从 2014 到 2020 年,这近 7 年期间,文总只休了 2 次假:一次是 2014 年休了几天假,一次是 2018 休了 10 天假,中间再也没有休过假。只是到了 2018 年年底,她才因为做手术休了不到一个月的病假。"

"文总刚请假的时候,我们不知道是什么原因,后来我们才知道她生病住院了。出院不久,文总就来公司上班了,我们很多伙伴都很心疼她,劝她在家休息;但她一直在坚持工作。直到现在,文总对自己的身体也没有足够的呵护和保养,一直坚持带病工作。"太平财险河南分公司战略银保部负责人动情地说。

"虽说文总工作上是很严厉的女强人,但给我们员工内心感觉,她是一个暖心的导师。为什么这么说?因为这几年,太平财险河南分公司一直在抓企业文化建设。由于太平财险河南分公司年轻人特别多,独生子女也比较多,他们结婚之后,可能和婆媳、家庭,还有孩子,关系处理很不融洽。文

总和大家沟通交流,做员工的心理导师,我觉得很受教育。"

以人为本,打造一支风清气正的干部员工队伍。

文晓娜坚守用人的底线,公司招过来的人,都是德才兼备的人。

从进入太平财险河南分公司的那一天起,文晓娜经常讲的一句话就是:把太平财险河南分公司打造一支纪律严明、作风硬朗、能打胜仗的部队;建成一个充满人间温情、团结友爱的大家庭。

现在,已有很多行业内优秀人才主动加盟太平财险河南分公司,为太平财险看河南而辛勤耕耘、奋勇向前。

"做一个干净,有担当、有责任感的人。"这是文晓娜经常说的一句话。

真抓实干 打造风清气正高效队伍

清正廉洁、严于律己、严管厚爱,是文晓娜工作生活的真实写照,正是她的率先垂范,引领了河南分公司风清气正的企业廉政建设。

"不忘初心、牢记使命",文晓娜的党课,接地气、很通俗。太平财险郑州分公司基层某渠道经理谈起文晓娜,特别感动:"太平财险是央企,时时体现出央企的氛围。最感动是听文总讲党课。我还在想着,文总抓企业抓经营是一把好手,党课讲什么水平我得听听。那天她给大家讲党课,以具体、生动的故事,讲我们国家从原来贫穷落后的面貌,到我们今天的幸福生活,是无数的革命先驱,抛头颅洒热血换来的。大家觉得非常接地气,受益匪浅。"

渠道经理表示,文总讲党课从不是简单的照本宣科,而是结合身边的实例娓娓道来、至情至理。我们很多基层员工通过听文总讲党课,感觉到自己有很大的变化,对党的认识更全面、更深刻。文总要求我们所有党员,都要在工作岗位上严格要求自己,起表率作用,要热爱党、忠诚党,绝对不能做违法或者违背党纪的事。

企业的成功靠团队,而不是靠个人

"天道酬勤",这是文晓娜的座右铭。

"我相信付出一定有回报,只要你努力,一定有收获! 永远做好自己!"文晓娜说。

硕果压枝头,太平财险河南分公司的经营业绩和发展成果,一切要靠数字说话。

2014 年以来,在文晓娜带领之下,太平财险河南分公司呈现业务快速发展、效益不断提升的良好经营态势,主要表现在:一是业务快速发展,保费规模连续迈上新台阶;二是盈利能力显著增强,效益水平居行业前列;三是各产品线增势显著;四是渠道均衡快速发展;五是做强三级机构,实施县域拓宽计划;六是客户经营能力不断增强,客户满意度不断提升;七是党的建设持续加强,党员干部队伍在公司发展中充分发挥着先锋模范作用。

短短的六年时光,太平财险河南分公司创造了惊人的业绩,截至 2019 年,公司保费规模从 3.5 亿一路飙升至 12.94 亿元,几年时间翻了几番,取得了经济效益和社会效益的双丰收,成为太平集团旗下公司的一匹黑马。

火车跑得快,全靠车头带。

六年来,太平财险河南分公司获得了 2014 年度、2016 年度、2017 年度、2018 年度集团"优秀管理奖",并获得"河南百姓最认可保险品牌""河南杰出品牌影响力保险公司"等社会荣誉。

成功的鲜花,总是盛开在悬崖峭壁之上,正是基于文晓娜的努力和勤奋,她个人也收获了各种荣誉。

太平集团系统的荣誉奖励:2014 至 2016 年度和 2018 年度太平集团"优秀管理人员银奖"、2017 年度集团"太平三级勋章"、2017 至 2018 年度集团"管理能手"、2019 年度集团"优秀管理银奖"、2019 年集团"感动太平人"荣誉。

工会系统荣誉奖励:2014 年 12 月,被中国金融工会河南工作委员会授予"河南金融五一劳动奖章";2015 年 2 月,被中国金融工会授予"全国金融五一巾帼标兵称号";2015 年 3 月,被中国太平保险集团工会评为"太平巾帼标兵";2018 年 3 月,被中国太平保险集团工会评为"管理能手";2019 年 3 月,被中国太平保险集团工会评为"管理能手"。

社会荣誉奖励:2014 年度"新浪·金麒麟"河南保险业魅力领袖、河南金融行业年度总评榜(保险类)"2018 年度河南金融业杰出领军人物"。

企业文化展示图

新时代、新征程、新思维、新梦想、新蓝图。为深入贯彻习近平新时代中国特色社会主义思想和党的十九大精神,全面落实中央经济工作会议、全国金融工作会议精神,全面推动集团高质量发展,2019年4月,中国太平保险集团有限责任公司制定了《中国太平保险集团新时代发展战略规划》。

此规划在深入把握中央关于重要战略机遇期的基本判断和时代内涵基础上,综合研判行业发展趋势,提出了集团新时代发展战略的指导思想、实施原则、规划目标、主要业务板块定位、重点任务和保障措施,是全集团经营发展的行动纲领和战略蓝图,加快建设具有全球竞争力的国际化现代金融保险集团。

身为河南分公司党委书记、总经理,文晓娜带领全公司围绕太平新时代发展战略,聚焦转型升级,加快创新变革,提升服务品质,凝聚发展正能量,在快速变化的保险市场中探索"太平之路",在激烈竞争中保持强大的太平优势。

同时作为金融央企的管理者,文晓娜更是以身作则,带领全体干部员工认真学习贯彻党的十九大精神和习近平新时代中国特色社会主义思想,在深入开展"不忘初心、牢记使命"主题教育活动中,牢固树立"抓好党建促发展"意识,把党的领导作为联系经营、发展、管理的一条红线,为公司实现高质量发展提供了坚强政治保证。

坚持党性 党建引领促发展

文晓娜始终牢记党的宗旨、上级的重托和干部员工的信任,始终以"堂堂正正做人,兢兢业业做事"作为立身处事的原则,事事处处以党员领导干部的标准要求自己,抓发展不敢有一刻懈怠,抓管理不敢有丝毫放松,为分公司高质量发展竭尽全力。

雄关漫道真如铁　而今迈步从头越

九十年的辉煌历程与艰辛岁月,赋予了中国太平厚重的文化底蕴;植根于本土,发展于海外的独特经历,成就了中国太平与众不同的文化内涵和特质。中国太平企业文化体系包括发展理念、使命、愿景、价值观和企业精神五大要素,成为所有太平人的定海神针。新时代的中国太平人,他们以"为万世开太平"的人文情怀,以宏大的理想目标,为中华民族的伟大复兴增砖添瓦、孜孜以求。

从郑州大学商学院 MBA 课堂走出来的文晓娜,是极具前瞻性和战略眼光的太平财险河南分公司领头人,她审时度势、因势而动、顺势而为,以谋大事、做大事、敢干事、能干事、干成事的格局和气魄,带领河南分公司深入贯彻集团"国家所需、太平所向"的战略要求,积极服务国家战略,贯彻落实国家"六保六稳"部署,持续实现大项目带动战略,服务国家战略在河南全面落地。

2019 年河南分公司服务国家战略板块业务实现保费收入 2 485 万元,其中承保智利水电站"一带一路"项目,是建司以来海外项目第一单。2020 年中标郑州地铁 7 号线、河南联通车险采购项目、中电建 100MW 光伏发电项目工程一切险及三责险项目等重大项目,开封、许昌医责险统保示范项目顺利续保落地,标志着分公司服务国家战略能力达到了新高度。

黄河流域是我国重要的生态屏障和重要的经济地带,是打赢脱贫攻坚战的重要区域,在我国经济社会发展和生态安全方面具有十分重要的地位。黄河流域生态保护和高质量发展,同京津冀协同发展、长江经济带发展、粤港澳大湾区建设、长三角一体化发展一样,是重大国家战略。太平财险河南分公司"把准中原更加出彩的前进方向",牢记初心和使命,在知行合一中,主动担当作为,为黄河流域生态保护和高质量发展添增光添彩。

雄关漫道真如铁,而今迈步从头越。

面对行业深刻反复变化的形势、持续的严监管态势,太平财险河南分公司如何找准业务增长和市场监管之间的平衡点? 如何实现高质量发展与风控合规管理相协调、相促进? 一系列问题成为摆在文晓娜带领的管理团队桌前的新挑战。

"我们要进一步提升洞察力和对复杂局面的掌控力,以更勤奋的工作、更超常的努力,抓好今后的工作,不辜负大家的期望和信任!"这就是文晓娜代表太平财险河南分公司全体员工立下的铮铮誓言。

文晓娜工作照

编者语

《孙子兵法》有云：将者，智、信、仁、勇、严也，强调将帅不仅要拥有威武之仪，还需要怀揣仁爱之心。作为一名成功的企业管理者，文晓娜以身作则，率先垂范，立言立行，勇往直前，让自己成为一把标尺，一方模范，成为团队的精神领头羊。同时，她又有女性春风化雨般的关怀与柔情，以诚待人，以心暖人，给员工以家的温暖，这样的领导人，谁会不愿意追随呢？

人才，始终是新田最核心的资产

——新田集团人力行政中心副总经理　吴珊珊

信心是命运的主宰.

——吴珊珊

个人简介

　　吴珊珊，1981 年 12 月出生于河南郑州，毕业于郑州大学，硕士研究生，郑州大学商学院兼职教授和兼职硕士生导师，中国人民大学首席人才官（CHO），高级人力资源管理师，17 年人力资源管理经验。2012 年加入新田集团，现任职新田集团人力行政中心副总经理。2012 年加入新田集团，全面负责集团人力资源管理及行政管理，加入新田后围绕企业发展战略、组织、流程、文化和人才体系开展工作，为新田集团化发展提供了坚实支撑，现任职新田集团人力行政中心副总经理。

絮语

优秀且合适的人才始终是企业发展的核心力量。但不容忽视的是，随着企业不断发展壮大，势必会暴露出提高用人标准与现有人才库存不足、制度化管理与人性化关怀、硬性KPI考核与良性企业氛围打造之间的矛盾和问题。尤其是"90后""00后"陆续涌入职场，带来丰富创造力和多元文化的同时，也加深了人员管理的复杂性。因此，相信吴珊珊和新田集团的用人模式会带给企业家们新的启发与思考。

结缘新田，践行价值观

在20多年的发展过程中，新田集团在"房地产开发+商业运营"的双轮驱动战略的引领下，形成了以房地产开发、商业运营、酒店管理、物业服务、农业开发、影院投资管理为核心的多元化产业布局。其中，新田商业更是成为郑州独树一帜的商业品牌。

2012年，新田360广场郑州国贸店已经开业，吸引了众多国际品牌商业入驻，成功的引领了郑州的商业潮流；新田城一期湖山联排已经面世，洞林湖·新田城从幕后走到了前台。当年冬季，吴珊珊加入新田置业。入职前她与董事长田中飞先生进行了一个多小时的谈话，谈及了新田对郑州的"美好愿景"——要打造一个国际城邦。这个7平方千米的土地有山有水有湿地，集聚居住、商业、教育、农业、医疗、旅游度假等多种业态和功能为一体，要打造一个郑州的"堪培拉"。同时，也谈到了对新田多元化发展战略下的组织管理及人才发展的迫切期望，"我们要让员工知道自己往哪个方向走，不仅要让团队更创新、更高效、更专业，也要让大家的生活更好、更快乐、更幸福，只有把人管好了，新田才能越做越大"。通过这次聊天，吴珊珊发现新田与之前经历的企业不同，它肩负着"美好生活"的责任和期待，它心怀热爱、满腔真诚，而这恰恰是最打动吴珊珊的。自此，她便作为一个职业经理人在新田扎根。

因为相同的价值观，吴珊珊快速融入了新田，深入了解公司发展规划，走进一线业务了解团队人员及管理现状，同时结合自身专业，从人力资源规划、招聘、培训发展、绩效管理及薪酬福利等方面不断地推动新田的组织变革。

2013年，她发现，当时的新田正处于快速发展期，公司人才却青黄不接，需要战略性地构建人才梯队。为了吸引更多新鲜血液，培养一批优秀的未来骨干,新田启动了校招品牌"新翼计划"。从 2014 年起,每一年新田都会从国内外最优秀的高校挑选和储备未来发展需要的管理人才,经过重点培养与经验积累,让"新翼"在短时间内走上管理和专业岗位,迅速成为新田集团未来发展的中坚力量。吴珊珊带领团队走进一所所高校,在现场与学生们交流,谈及新田的"美好愿望"时,告诉每一位学生,在新田能收获什么,能为学生们创造什么样的机会。"我们招的人这么优秀,你们机会肯定很多。所以肯定也会有人在成长的过程中离开,但只要我们把人才培养得有正向价值观,那你到别的企业去也仍然能够为社会做出很好的贡献。"就是抱着这样的想法,反而留下了更多的优秀人才,这一届的校招生中,已经有 70%在新田走上了管理岗位。

在组织管理方面,当时公司仍采用强制分布、末位淘汰,强调外在激励(胡萝卜+大棒)的管理方法。但外部大环境在变化,互联网、高科技等都处在快速发展期,越来越多的新生代高知识水平员工加入,传统的绩效管理需要迎合新的组织发展需要。企业随之出现了一连串的问题:如何为企业营造一个更良好的氛围,而不是硬邦邦的考核?如何重新定义整体奖酬?如何通过考核体现公司的企业文化?如何让中高层关注绩效辅导和反馈?此时,绩效变革已成必然,但有些高层不理解,甚至觉得太复杂、浪费时间。最终在她的坚持努力下,新田从过去的"硬 KPI"为主导的考核体系走向一个更温暖、更强调互动、更公平的"软硬结合"的绩效管理 2.0 体系。

吴珊珊说,企业的管理,最核心的就是人员的管理,只有把人才激活,企业才有生机和动力。而未来更多的年轻骨干,则是最容易被激活的那些人,如同哲学家康德所说,"人,是目的本身,在任何时候都不能当作工具",我们帮助这些人获得成功,给这些人创造机会,而不是仅仅以功利的态度聘用这些人给我们创造价值,只有这样,新田的美好愿望才能实现。

转型发展,迎接新挑战

2013 年 11 月,新田置业与恒大集团签署战略合作协议,双方共同开发恒大山水城。2014 年 8 月,碧桂园集团郑州第一个项目也花开新田城。随后,新田正式进入了多元跨越发展阶段。除了早期的地产、商业、物业,在2015—2017 年又围绕"美好生活的供应商"企业愿景,相继成立了农业公司、酒店公司、园林景观公司、广告公司、装饰公司、文旅公司,2017 年初,公司总人数已经达到了 1 800 余人。

"我该怎么控制集团下属的众多家公司?"这是很多职业经理人刚上任时遇到的难题。随着新田多元化发展,吴珊珊同样也在思考如何帮助董事长来管理诸多分子公司。当时还未成立集团公司,为了快速发展,各个业务模块前期都是独立运营,有自己的业务流程和管理模式。经历了1~2年发展,公司要思考如何从"机会导向"向"战略导向"转变,从"巧妙运作"向"系统管理"转变,从"人治"向"法治"转变。如果不能建立适当有效的集团化管控模式,就难以发挥系统功能并实现规模效益,公司整体管理有失控风险,而公司业务的多元化进程也会受阻。

"是否成立、什么时间成立集团公司""怎样才能使集团总体效益最大化""集团如何合理参与下属公司的经营""所属各业务板块该如何协同""如何通过规模效益有效降低成本"以及"如何优势互补、取长补短"等,就这些组织结构问题甚至是公司发展问题,吴珊珊斟酌再三。为了帮助新田顺利实现多元化跨越发展,她与国内人力资源专家和各行业人力资源负责人不断深入探讨,并与赛普咨询建立咨询合作。2017年,她走进了中国人民大学商学院,研修了CHO首席人才官课程。大约有1年时间,每个月她都会从郑州到北京,除了上课之外,更多的是向同行交流取经。

经过与董事局主席、董事长、总裁等高管的深入研讨,公司决定于2018年4月成立集团公司,并明确了集团及分子公司组织架构及权责流程。自此,新田正式进入集团化发展阶段。

在谈及集团化人力资源工作的挑战时,吴珊珊说:"集团公司成立之后,人力资源管理和行政管理工作很多跟之前已经不太一样了,之前是只负责地产单条线,工作更聚焦和细分,但现在集团好比是一个联合舰队的主舰,必须考虑如何最大化地发挥自身功效,即考虑从过去的'单线组织管控者'角色向'多线价值提供者'角色升级转型,要站在公司整体经营的角度,去平衡整体的效益与成本,这是一个很大的挑战。"

赋能成就,三大关键词

2012年7月6日,在洞林湖·新田城展示中心,新田置业、郑州大学MBA联合培养基地成立,洞林大讲堂盛大启动。郑州大学校方领导与新田集置业共同参加揭牌仪式,并签署合作协议,新田置业、郑州大学MBA联合培养基地正式成立。吴珊珊说:"感谢母校,回顾在郑州大学读MBA的学习生活,至今难以忘怀,点点滴滴、历历在目。郑州大学MBA给了我学习与锻炼的平台,让我在人生的道路上不断成长,接下来希望能够帮到更多的学弟学妹,共同成长,为社会创造价值。"

在企业发展的过程中,吴珊珊非常注重管理型人才培养。通过与郑州大学商学院采取校企合作,一方面引入商学院优秀师资资源,开展"人力资源管理方面""企业战略管理方面""企业营销管理方面"课题研究及合作,解决企业实际遇到的管理难题;另一方面,鼓励并输送中高层管理者进入商学院进行深造学习,将所学管理知识在实际工作中进行实践,培养了一批高素质的综合性管理人才。

苹果公司 CEO 库克曾经说过,"我每天、每周、每月、每年都在思考三个问题,并把它们放进三只水桶:人、战略和执行。"战略是依据市场趋势、竞争对手、政府政策三项要素制定出来的,而战略制定和执行落地的主体就是人。因此,最重要的因素是人。新田集团董事局董事会主席田太广说:"集团未来的发展,靠的就是人才。人才,是新田集团的核心竞争力。"在新田集团成立后,亟需可持续地提供适当的人才,以满足公司战略目标,建立新田人才战略提上日程。在思考未来人才战略的过程当中,吴珊珊重点关注了三个关键词:人才供应链、关键岗位策略、培养基地。

关键词一:人才供应链

人才供应链是人才培养工作的直接目标。足够的人才,就是人才的数量问题(有没有人);合适的人才,就是人才的质量问题(好不好用)。一言以蔽之,人才问题关注的本质是:快速找到合适的人才以组建起持续的、有战斗力的团队。

吴珊珊以商业管理的视角解决问题的方法是:"招聘+培养"。一部分岗位通过外部招聘方式,一部分岗位则通过人才梯队培养。在企业内部通过人才梯队成长起来的骨干,需要花一定的时间去培养,他们在这段时间里完成了与企业的磨合和技能落地,对企业的适配度、忠诚度更高,发生流失的概率也较低。通过外部招聘的人才到岗速度更快,但需要花更长的时间去和企业磨合,熟悉工作流程和规则,甚至存在一定的在试用期"水土不服"的可能。"人才供应链"为新田提供了人才战略持续的、稳定的人才来源,高度支持了业务战略的落地。

新田学院揭牌仪式

吴珊珊在新田学院揭牌仪式上发言

关键词二：关键岗位策略

在打造人才供应链的同时，还必须锁定"关键岗位"，建设"培养基地"，才能有效保证人才供给的数量和质量。吴珊珊认为，关键岗位是在制定企业战略和进行人才发展时的一个极其重要的基础，甚至可以称之为人才发展和培养的"引爆点"。因为如果我们找准关键人才，并以适当的方法去识别、界定和培养的时候，公司用在人才培养上的投入才能极大程度得到回报。简单来说，组织的资源是有限的，只能把有限的资源投放到和战略强相关的人才和岗位上去，而不是阳光普照，这才符合管理的"精益性"，才能确保人才战略的有效性。

在关键岗位打造上，吴珊珊根据自己十多年的人力资源管理经验梳理出"五步法"，分别是界定、供给、识别、培养、评估。这五项工作，重在日常，是一种过程性管理。关键岗位直接影响组织的发展及绩效，有着至关重要的作用，其打造关键在于强化内部供给，并以外部供给补位为辅，从而培养出适应企业文化、对职能管控有序、对公司事业坚定不移的人才。

关键词三：培养基地

一个有效的人才培养基地应该涵盖三个维度的作用，分别是战略、运营、员工成长。在战略端，人才培养基地既要考虑人才培养的任务，也要考虑老板的未来战略布局变化带来的新的人才培养需求。在运营端，要具有提升业务部门为完成指标所必需的关键能力的运作。在员工成长端，也要具有为员工执行战略和达成业绩提供必要的学习工具与平台培养作用。

新田学院物业分院储备干部军团开营仪式

2018年6月22日,新田人的培养基地和孵化中心——新田学院揭牌成立。围绕"公司战略及企业文化宣贯""专业及管理能力提升""公司战略性人才培养"三个核心,通过企业内外部优秀资源的整合,不断向公司引入新的观念、知识和方法,打造集团人才队伍。在成立的前四个月时间,新田学院就有序组织开展了432次培训,参训总人次达9 768次,授课时长855小时,覆盖地产、商业、物业等板块。与此同时,通过"1+2+3"的人才培养机制,新田集团打造了一条"立体化、多层次、全体系"的人才供应链,源源不断地为公司输出优秀的人才。

吴珊珊在新田学院成立时提出:"新田学院要牢固坚持'企业建设大学,大学服务企业'的办学宗旨,以服务新田集团发展战略为使命,以培养高素质员工队伍为目标,以提升干部能力、促进业务发展为核心,紧紧围绕'企业发展和经营管理需要什么就培训什么,员工适岗胜任和素质提升需要什么就培训什么'的工作原则,创新培训理念,规范培训体系,健全培训架构,完善培训内容,让培训工作'上接战略,下接绩效',实现企业战略发展与员工成长成才的双促进、双提升。公司上下一心,共同把企业大学建设成新田人才教育培训的基地、学习交流的平台、健康成长的摇篮。"

21世纪的竞争归根结底就是人才的竞争,人才是企业最宝贵的资源和财富,奉行人才是第一战略,正是为了不断把企业做大做强,乃至基业长青。

契约文化,铸幸福人生

美国历史学家戴维·兰德斯在《国富国穷》一书中断言:如果经济发展给我们什么启示,那就是文化是举足轻重的因素。许多公司或许在创建之初忙于扩大经营,忽视了企业文化的建设,但是不管你重视与否,文化因素贯穿始终。应聘者前来应聘,会看这个企业的工作环境、同事之间的关系、领导是否有本事带领企业走得长远。同样,客户在选择与你合作时,也要考虑你企业的实力。

员工在企业工作追求的不仅仅是经济利益,更多的是将公司视为发展自我、实践自我、成就自我的平台,认为依靠公司才能更好地实现自我价值。吴珊珊说,新田很重视与员工的契约。每一位员工入职时都与新田有两种契约。一种是劳动合同,书面的,以此契约来约束双方的劳动关系。另一种是心理契约,不成文的,但又是双方潜在的心理期望,这是一种心理约定,这种约定不是建立在书面条款上,而是建立在相互信任的基础之上。员工期望得到和谐的工作环境、合理的报酬以及对企业的归属感和有自己的发展晋升空间,同时向企业提供满意的出勤率和工作业绩;作为回报,新田向员

工提供培训机会和工作保障,以及一系列福利制度。新田坚持始终做到与员工平等对话,维持顺畅和谐的心理活动,努力建立充满人文关怀而又理性的心理契约。

新田集团社团活动、黄河徒步挑战赛、家庭开放日活动

当前,许多企业只追求发展和业绩,却忽视了员工的心理状况和身心健康。多数员工感到工作压力过大,一些与压力和心理问题有关的身心疾病已较从前凸显,员工的身心健康深深地限制响到企业的发展。现代企业应该重视与员工的心理契约,让员工在公司得到归属感和尊重感,将个人的发展融入企业的大发展中,才能创造生生不息、充满活力的企业组织。

生活不只有工作,还有诗与远方。新田鼓励平衡工作与生活。除了在制度层面、心理层面,公司对员工实施人文关怀外,公司还十分重视对员工身心健康的关怀,定期组织员工身体检查;建立住院慰问制,对生病和因公负伤住院的员工进行慰问;实行年假制,每年安排员工年休假一次;员工婚育大事,公司都会准备礼金并安排拜访;组织丰富员工文体娱乐活动,六大社团活动丰富多彩;把员工的家属邀请到公司内参观,组织家庭开放日;组织全员参加的黄河徒步挑战赛,共同磨炼意志,挑战自我……

新田一直以来都致力于做一个有温度的企业,连续5年获得"中原最佳雇主"和"最佳工作体验"雇主称号。坚持做员工事业开始的地方,梦想实现的地方,以及进步、学习、创造价值,收获幸福的家!

公司发展到不同的阶段,面临的问题都不一样。人力资源部门必须保证企业有优秀的个人、优秀的组织和优秀的文化。为支撑新田各项业务的持续发展,吴珊珊也对集团的人力资源管理做了未来1~2年的发展规划。

她认为,沉淀文化、凝聚人才、提高人效是其中的重中之重。

新田未来要关注的不仅仅是产品,而且是基于新田集团这个平台上关乎人们美好生活的所有内容。而"美好生活的供应商"这个美好愿景,一定是靠人才才能实现的。

新田集团获得中原最佳雇主评审颁奖盛典

编者语

引进人、留住人、培育人、成就人。在这种理想的人员管理模式下,员工会以更加高效的投入和业绩产出,来"反哺"企业,形成一种健康良性的生态互动。吴珊珊作为新田集团人才战略的"瞭望者"和"领航员",以过硬的专业素养和极强的主人翁意识,不断为企业学习和引进优秀管理模式,创新管理方法,顶住压力推动新田组织变革,在企业硬性发展需求与员工人性化关怀、企业价值观塑造的调和中,找到了一条更加科学有效、可复制、可传承的路径。